"法与社会科学"论丛

法律的经验研究方法

THE METHOD OF
EMPIRICAL LEGAL STUDIES

陈柏峰 著

社会科学文献出版社
SOCIAL SCIENCES ACADEMIC PRESS (CHINA)

写作一本法律经验研究方法论的著作，是我最近数年的愿望。这里面有教学、研究、学派等多方面的需求和动力。

在教学方面，动力主要来自指导学生写作的需要。从硕士毕业留校任教开始，每年都有不少本科生前来找我寻求论文写作指导，其中不乏很有想法、很有热情的同学。他们关心法治和社会，往往选择法治实践问题作为论题，同时有着雄心勃勃的社会调研计划。然而，拿出来的调研报告或论文，鲜有让人满意的，其中的绝大部分，不需要细看，就能知道"没上道"。这些调研成果存在一些通病：缺乏问题意识，没有中心论点，论证过程不清，堆砌调研材料，材料不能服务于论证。同学们关心法治实践问题，但在写作中缺乏中心论题意识，往往是围绕一个论域展开，写作成为堆砌相关论域的各种调查材料。面对同学们的求教，我告诉他们，需要有一个中心论点，然后运用调查材料进行论证，让材料围绕中心论点展开。然而，他们可能既找不到中心论点，也不知道如何展开论证。因此，指导起来十分费劲。不仅本

前言

科生如此，研究生同样存在这些问题。指导学生针对法治实践问题进行论文写作，促使我深入思考法律的经验研究方法。

在研究方面，动力主要来自方法论总结的需要。从攻读社会学博士学位开始，笔者每年都会到基层调研，最初是农村，后来延伸到城市社区，又扩展到县乡基层执法部门和司法机关，几乎涉及所有的党政机关、人民团体、事业单位、社会组织等。最初是跟随老师，后来是带领学生。我们的基层调研并不预设论题，而是在调研中发现论题并在深入调研中展开研究。这种研究方式可以称为基于田野调研的经验研究，它具有相当的独特性，并非源自社会学方法的教材，而是华中村治研究学者在田野调研过程中逐渐摸索而来的。只要深入基层调研，迟早会产出不错的学术成果。不过，与民众的"日用而不知"类似，学者能做出研究成果，却不一定能讲清其中的学术研究进路和成果产出机制。在近20年的学术生涯中，笔者开展了针对不少问题的经验研究，形成了相当的经验质感，对田野调研有了深切的体会。经验研究特别适合用于理解中国法治与中国社会，也具有相当的独特性，需要进行方法论的总结。

在学派方面，动力主要来自社科法学的发展需要。21世纪初，苏力概括了改革开放后中国法学发展的三个阶段和三种流派：政法法学、诠释法学（法教义学）、社科法学。① 目前，这三种流派同时并存，各有其影响力，各自所起的作用不同，

①　参见苏力《也许正在发生——中国当代法学发展的一个概览》，《比较法研究》2001年第3期。

在法治和法学中功能互补。政法法学出现分化并以新的形式出现，其右翼自由主义政法法学，从学界转向社会，主张约束公权力，推动社会维权；其左翼国家主义政法法学，从国家和政治维度重新思考法治，分析党政、政法等问题。而随着中央正式明确提出习近平法治思想，相应的阐释研究呈磅礴发展之势，这为政法法学增添了新的巨大活力。而作为诠释法学升级版本的法教义学，其功用在于建立作为"常规科学"的法学，为法律实务提供法律方法和技术，为法律职业共同体奠定执业基础。社科法学主张用社会科学方法研究法学问题，在法学领域而非法律领域承担重要的功能，其重要功用在于分析作为"常规科学"的法学难以回答的转型期问题和法治改革问题。

　　自 2014 年"社科法学与法教义学的对话"学术研讨会在中南财经政法大学召开以来，法教义学、社科法学相关主题就一直是学术热点。法教义学有较为统一的方法论内核，学者在方法上有高度共识，相关的研究方法易于讲授、传承。与之形成对照的是，社科法学缺乏统一的方法论，其不同领域法经济学、法社会学、法人类学、法律认知科学等使用的方法各不相同，同一领域（法经济学除外）内部同样缺乏容易操作、便于传承的研究方法。就法律经验研究而言，从 20 世纪 80 年代开始就有不少法学家做出尝试，90 年代苏力基于田野调查的研究还在法学界掀起过"浪潮"，[①] 然而，一直没有形成成熟

---

　　① 　参见陈柏峰《法律实证研究的兴起与分化》，《中国法学》2018 年第
　　　　3 期。

的方法论。苏力曾经总结过"语境论"方法，① 但"语境论"只能说是一种分析问题的方法，并非法律社会学的系统方法，难以成为容易操作、便于传承的方法论。着眼于这种情形，总结基于田野调查的法律经验研究方法，就更为重要。这虽然无助于在社科法学形成统一的方法论内核，但至少可以在法社会学方面增加方法论工具。

教学、研究、学派三个方面的需求和动力是综合起作用的。2014年11月，应本校本科生刊物《南湖法学》编辑部的要求，我给学生做了题为"法律经验研究的机制分析"的演讲。2016年，受尤陈俊、车浩的邀请，我先后在中国人民大学、北京大学与学生交流过"法律经验研究方法"。后来，在几次演讲录音稿的基础上整理成论文发表。② 记得车浩读过论文后曾建议：能否考虑将此文扩展为一本小书，在每个部分增加一些具体的研究案例，通过"以身说法"来让行文更加生动，更加便于学生理解和掌握。笔者仔细思考后，觉得他的建议操作起来很困难。因为田野调研方法其实不适合课堂教学或著述表达，需要在调研中体悟，最有创造性的"一跃"通常是难以言说的。经验研究强调体悟，而体悟出学术创新的过程，很难用描述或分析性的语言准确表达出来，可以表述出来的是研究的机制。法律经验研究方法的总结，提炼的是研究机

---

① 参见苏力《语境论——一种法律制度研究的进路和方法》，《中外法学》2000年第1期。
② 参见陈柏峰《法律经验研究的机制分析方法》，《法商研究》2016年第4期。

制，目的在于帮助调查者更加有方法论自觉，而非教调查者如
何具体开展调研，它很难替代调查者在田野中的探索，因为
"纸上得来终觉浅"。

此后，我又写作了几篇法律经验研究方法方面的论文，它
们都不是教人如何做调研的，而是从不同的侧面展开去分析经
验研究，将不同流派和学者（包括我自己）的研究方法作为
分析对象，从而透视、总结法律经验研究方法。这些讨论研究
方法的论文，虽然评论了一些有重要启发的流派和学者，但主
旨还是对我自己所使用的研究方法的梳理、总结和反思。就个
人研究历程而言，我先是做很多具体研究，研究时对方法并不
一定有思考和自觉；逐渐才开始有意识地透视这些研究的过
程，并从中总结、提炼自己所践行的研究方法。梳理、总结基
于田野调研的法律经验研究方法，可以帮助研究者意识到学术
创新如何从田野调研中产生，从而具有方法论的自觉，进而严
肃对待田野调研，有效生发问题意识，科学进行机制分析。

法律经验研究特别强调经验，而田野调查是获取经验的最
主要渠道。在复杂的现代社会中，学生、老师甚至实务工作
者，都不敢轻易说了解实践，因为每个人都只了解涉及自己工
作和生活的一部分信息。对不熟悉领域的研究，往往需要通过
田野调研来获取相关信息和经验现象。进而言之，田野调查是
经验研究的学术训练方法。今天，大部分研究生的生活经历单
一，缺乏丰富的人生阅历。他们开展学术研究时需要具备基本
的社会感，田野调研正是这样一种涵养社会感的合适方法。无

论研究生还是学者，坐在书斋中都难以有贴近现实的问题意识。田野调研可以提升研究者的经验质感，成为学术发现的重要渠道，因此是社科法学的重要场域。当代中国处于一个大转型、大改革的时代，阐释法治实践、建构法治理论、提出改革建议，都需要了解中国社会、理解法治实际，田野调查必不可少、十分有效。因此，基于田野调查的法律经验研究，有着不可或缺的理论和实践作用。

　　基于以上原因，本书以田野调研为中心讨论法律经验研究方法。全书在前期相关方法研究论文的基础上修改而成。不过，在写作这些论文时，我已有大体的方法论著作框架设想。一定程度上，本书也是有计划的产物。

目 录

第一章　学术传统 / 001

第二章　社科法学 / 041

第三章　经　验 / 079

第四章　事理与法理 / 101

第五章　机制分析 / 118

第六章　理论创造 / 158

第七章　典型进路 / 206

附录一　华中乡土派的经验训练方法 / 237

附录二　基于田野调研的法律经验研究 / 261

附录三　《法律的经验研究方法》编辑手记　李晨 / 304

本章提要

改革开放后，最早的法律实证研究受到中国共产党的调研传统影响，以描述法律实践状况、提供立法和政策参考为依归。后来的研究受法制现代化思潮影响，以农民的法律意识、权利意识为研究内容，有较强的价值预设，但因问题意识外在于实践而未形成学术传统。苏力的研究着眼于微观场景反思法律现代化范式，诉诸事理阐释法理，以理论关切回应现实，在学界掀起了一股浪潮，但因实践取向不彻底而未形成可传承的学术传统。目前，法律实证研究在回应法治实践需求中繁荣发展，问题意识更加广泛，研究视野更加开阔，方法运用更加丰富；同时，也出现了分化，在不同学科中分布不平衡，形成了"法律实证研究"与"法律经验研究"的分野。在繁荣与分化的背后，法律实证研究面临着总体性挑战——缺乏宏大集中的问题意识和理论关怀。因此，需要开拓多学科的理论视野，强化面向中国的问题意识和理论意识，开展多层次学术共同体的建设。

第一章

学术传统

一　法律实证研究的范畴

法学研究方法可以概括为三类：价值分析、规范研究、实证研究。价值分析处理"应当"问题，往往从价值偏好出发对法律规范做出"好"、"坏"的判断，研究法律规范应当如何。规范研究关注法律规范本身，运用法律自身的原理，遵循逻辑和体系的要求，以原则、规则、概念等要素制定、编纂和发展法律，以及通过适当的解释规则来阐释法律。实证研究关注事实问题，研究"法律实践是什么"的问题，一般通过对法律现象的观察、调查和实验，获取客观材料，归纳出法律现象的本质属性和发展规律。

实证研究关注的重心不是法律规范本身，而是法律规范在社会中的实践，以及在社会实践中所造就的诸多现象之间的关联。"实证"一词，意味着"形而下"，实证研究是法律规范的"形而下"研究。"法律实证主义"是法学史上的一个流派，虽然名曰"实证"，但与实证研究方法相距甚远，倒是靠近规范研究。因为"法律实证主义"之"实证"是相对于自然法而言的。在近代以前的西方法学传统中，世俗政权制定的法律，总是需要从自然法（或神法）中寻找合法性依据，自然法构成了国家法律的"高级法"背景。① 法律实证主义之"实证"，就是将目光从自然法（或神法）转移到了"形而

---

① 参见〔美〕爱德华·S. 考文《美国宪法的"高级法"背景》，强世功译，生活·读书·新知三联书店，1996，第 1~16 页。

下”的世俗国家政权制定的法律。相对于国家制定的法律，法律规范背后的政治条件、社会结构、文化因素、实施过程、社会效果等诸多方面，都是“形而下”的“实证”内容，属于法律实证研究的范畴。

法律实证研究关注制度外的事实问题，以法律实践及其治理问题为研究方向。法律实证研究的问题意识来源于法律实践，通过对法律现象的观察、调查和实验，获取客观材料，归纳出法律现象的本质属性和发展规律。中国法律实证研究是一种运用实证研究方法，探讨支撑法条背后的社会历史根据，探讨制定法在中国的实际运作状况以及构成这些状况的诸多社会条件的研究领域。

在中国做实证研究天然具有正确性，原因有二，一是中国人的思维结构本来就比较实用主义，二是与中国共产党的实践和主张有关。我们党在革命时期就吃过教条主义的亏，因此一直强调调查研究，在掌握政权后也是如此。在革命危难时期，毛泽东主席就提出“没有调查，没有发言权”、①“不做正确的调查同样没有发言权”、②“调查就像‘十月怀胎’，解决问题就像‘一朝分娩’。调查就是解决问题”③等著名论断。改革开放初期，邓小平提出“我们办事情，做工作，必须深入调查研究，联系本单位的实际解决问题”④。改革开放以来，在

---

① 《毛泽东选集》第一卷，人民出版社，1991，第109页。
② 《毛泽东文集》第一卷，人民出版社，1993，第268页。
③ 《毛泽东选集》第一卷，人民出版社，1991，第110页。
④ 《邓小平文选》第二卷，人民出版社，1994，第123页。

党和国家领导人大力倡导和亲自带领下，以调查研究为核心的社会调查传统得到了迅速恢复和发扬，这些都为中国法律实证研究的兴起营造了良好的实践环境。

近年来，法律实证研究得到了快速的发展，一是运用实证研究方法的学术群体不断壮大，二是基于法律实证研究的知识生产不断增多，三是法律实证研究的研究领域不断拓展，研究方法越来越多元。从方法论的角度，法律实证研究大体可以分为三种：一是历史实证研究，关注历史上法律规范背后的历史依据、政治社会条件、影响因素等，[①] 其中既有质性的分析，也有一些量性的分析；二是现实问题的量性研究，这是典型的实证研究，用数据统计方法分析法律现象中的数量关系，包括规模、水平、结构比例、概率分布、因素关联等；三是现实问题的质性研究，通过对法律现象的参与观察，对当事人和知情者的深度访谈，掌握大量的经验材料，了解当事人的生活经历，把握法律现象的形成过程，探讨法律制度的实践背景、过程和效果。

目前，学者通常所说的法律实证研究，主要指代对当下现实问题的研究。因此，本书所指的法律实证研究，主要指第二和第三种研究。从研究对象和材料的来源上看，实证研究既包括基于实地调查获取材料的研究，也包括访谈、问卷、信息收

---

① 历史实证研究的作品，例如尤陈俊《清代讼师贪利形象的多重建构》，《法学研究》2015 年第 5 期；吴佩林：《法律社会学视野下的清代官代书研究》，《法学研究》2008 年第 2 期；黄宗智：《实践与理论：中国社会、经济与法律的历史与现实研究》，法律出版社，2015。

集等各种方法获取材料和数据基础上的研究，还包括运用年鉴资料、既有数据、新闻媒体素材等二手资料所进行的研究。从某种意义上讲，对司法案例的研究，也可以算实证研究，但由于案例研究有其专门的研究传统，且主要回应法律规范的适用问题，因此本书不讨论案例研究。

知识需要回应社会发展的需求，也因此与社会变迁联系在一起。法律实证研究的兴起与分化需要置于历史和社会进程中去考察，在社会变迁中理解知识生产。在不同历史时期，法律实证研究所面临的和需要解决的问题不一样。① 随着中国法治建设的深入，对法律实证研究的现实需求也会越来越大。基于此，本章将以知识社会学为视角，对改革开放以来中国法律实证研究的学术史进行述评，对其领域分布、知识生产、方法分野、理论脉络等进行梳理，考察法律实证研究的兴起与分化，分析其对法治事业的意义，并进行反思与展望。

二 法律实证研究的兴起

其实，法律实证研究在改革开放之初就存在，而且研究规

---

① 例如美国"法律与社会运动"兴起于 20 世纪 60 年代，第一代学者主要进行"差距研究"，目的是减少"行动中的法"与"书本上的法"的差距，对法律实施进行改善，其社会背景是黑人民权运动、女权运动、反主流文化运动等，尝试推动社会变革；在第二波则兴起了以法律现实主义为基础的批判法学，发生了文化转向的理论范式转换；到了 20 世纪 90 年代，在种族、性别和阶级矛盾持续尖锐的社会背景下，兴起了第三波研究。参见刘思达《美国"法律与社会运动"的兴起与批判——兼议中国社会科学法的未来走向》，《交大法学》2016 年第 1 期。

模不算小。以《法学研究》杂志为例，其发表了不少基于实地调查的研究报告。① 这些实证研究，可以视为第一波法律实证研究，它们以调查法律现象或与法律有关的社会现象为主，反映法律实践的状况。相关研究论文中，描述和记录以事实白描为主，也会有一些数据性描述，但一般限于简单的数量和分布统计。例如，《大包干合同制的产生和发展——凤阳县农村调查报告》一文，介绍了大包干合同的产生和它的内容、村集体的提留情况、合同的订立和履行情况、合同的管理和公证情况等，并对合同的性质展开一些议论。② 这一阶段的法律实证研究主要以描述社会事实，反映法律实践的状况，提供政策参考为研究重心，问题意识是以政策和立法为导向的。例如，1979 年第五届全国人民代表大会第二次会议上，国家领导人提出民事立法。当年中国社会科学院法学研究所召开了"民法与经济法问题学术讨论会"，民事法律实证研究成果开始出现。③

---

① 如梁慧星、王金浓《关于重庆市推行合同制的调查报告》，《法学研究》1980 年第 2 期；杨紫烜、田建华、寇孟良《关于扩大企业自主权与加强经济立法的调查报告》，《法学研究》1980 年第 2 期；薛恩勤、陈彰明《审理经济纠纷案件要认真执行政策和依法办事——鞍山市中级人民法院审理经济纠纷案件的情况调查》，《法学研究》1982 年第 4 期；史探径《大包干合同制的产生和发展——凤阳县农村调查报告》，《法学研究》1983 年第 4 期；伍再阳、陈思聪、涂政权《对重庆市联营的调查与思考》，《法学研究》1988 年第 3 期；郭润生、董国强《城市化与少年犯罪——山西省城市少年犯罪管窥》，《法学研究》1988 年第 4 期。
② 参见史探径《大包干合同制的产生和发展——凤阳县农村调查报告》，《法学研究》1983 年第 4 期。
③ 参见梁慧星《难忘的 1979—1986》，中国法学网，http://www.iolaw. org. cn/showArticle. asp？id＝2665，最后访问时间：2017 年 10 月 4 日。

　　第一波法律实证研究还没有进入理论解释的层次，更没有理论提炼意识。可以说这种研究属于政策研究，还不能算开启了学术传统，它没有学术研究的问题意识和关切。改革开放初期，学者的思想刚刚从禁锢中解放出来，学术传统尚处于中断状态，学术问题意识的重建并不能马上到位。由于在中国共产党的传统中，领导人一贯强调调查研究，因此调查研究之风自然就进入了尚没有学术传统的法学研究之中。尤其是，此时法律体系尚未建立起来，整个国家面临巨大的立法任务，针对相应法律问题开展的调查既有现实需要，也符合问题思考的一般逻辑。例如，1979 年北大法律系就组织了全国经济立法调查。①这种立法和政策的调查，当时颇受中央和地方各级领导的支持和鼓励。

　　第一波法律实证研究兴起之时，法律社会学在理论建设上已经开始有所作为，但其成果尚未反映到法律实证研究之中。早在 1981 年，沈宗灵在与陈守一合作的《论法学的范围和分科》一文中就指出，法律社会学着重研究法律制定后在社会中的实施，以及法律在社会中的作用和效果等。②当时的青年学者季卫东、齐海滨在赵震江的指导和帮助下，开展了一系列的法律社会学理论研究和学术活动。③这一时期，西方法律社

---

① 参见刘俍《道心惟微 神理设教——访著名法学家芮沐教授》，《法学杂志》1984 年第 6 期。

② 参见沈宗灵《法律社会学的几个基本理论问题》，《法学杂志》1988 年第 1 期。

③ 参见刘思达《中国法律社会学的历史与反思》，《法律和社会科学》第 7 卷，法律出版社，2010，第 26~29 页。

会学思想也不断被译介到中国，例如庞德的著作《通过法律的社会控制 法律的任务》中译本于 1984 年由商务印书馆出版；中国学者也开始讨论西方学者的法律社会学思想，包括韦伯、庞德、布莱克、塞尔兹尼克、罗杰·科特瑞尔等。但是，这一时期理论的引介和研究似乎对法律实证研究并未产生影响，法律社会学理论研究与实证研究走在两条不同的轨道上。在理论研究上积极活跃的学者沈宗灵、赵震江、张文显等都未进行过实证研究，季卫东、齐海滨等青年学者虽然对实证研究有所关注，[①] 但并未身体力行地付诸实施。

1990 年代初，法律实证研究迎来第二波。第二波法律实证研究以农村田野调查为基础，通过抽样问卷调查和入户访谈，对调查数据和访谈材料进行统计分析，展开对中国农村法制状况和法律发展的讨论。其中的代表性成果之一可能是郑永流、马协华、高其才、刘茂林等人对湖北农村法制的研究，其成果主要体现在《当代中国农村法律发展道路探索》、《农民法律意识与农村法律发展》[②] 两本著作中，相关成果精华也在权威学术期刊上有所展示。[③] 这些实证研究的关注重心是中国

---

① 季卫东在一篇英文文章中提到了几项实证研究，包括齐海滨 1987 年对河南省和沈阳市的合同纠纷的调查。Ji Wei-Dong, "The Sociology of Law in China: Overview and Trends", *Law & Society Review*, Vol. 23, No. 5, 1989.

② 参见郑永流《当代中国农村法律发展道路探索》，上海社会科学院出版社，1991；郑永流、马协华、高其才、刘茂林：《农民法律意识与农村法律发展》，武汉出版社，1993。

③ 参见郑永流、马协华、高其才、刘茂林《中国农民法律意识的现实变迁——来自湖北农村的实证研究》，《中国法学》1992 年第 6 期。

农民的法律意识和中国农村的法律发展。在那个时代，法律发展体现为对法律手段在农村的运用及前景的判断，而这又与农民法律意识的实际状况息息相关。在论者心中，提高农民法律意识的关键，在于着力把握好"法律乡村化"的主旨，通过制定、执行、宣传诸环节让法律植入农村社会，走进农民生活。

几乎与此同时，云南的张晓辉、徐中起及贵州的吴大华等对少数民族习惯法进行实证研究，从习惯法来探讨法的起源、习惯法与国家法的关系、少数民族法律文化等，试图建构有关国家法律在少数民族地区实施的一般理论。① 这些研究在西南地区的高校中产生了持续影响，在部分高校中形成了民族法学学科，并成为法律人类学研究的部分早期源头。

第二波法律实证研究的另一代表性成果是夏勇等人的研究著作《走向权利的时代：中国公民权利发展研究》。② 这项成果源自中国社会科学院法学研究所组织的"中国社会发展与公民权利保护"研究课题，在夏勇、高鸿钧、张志铭等学者的主持下开展了大规模的田野调查，在北京、吉林、河南、广东、贵州、甘肃六省市发放了大量问卷，试图通过描述和解释当代中国人权利的发展来把握中国社会和法治的发展。

第二波法律实证研究中，研究者一般秉持很强的价值预设。"法律意识"、"走向权利的时代"，从这些研究主题甚至

---

① 代表作参见徐中起、张锡盛、张晓辉主编《少数民族习惯法研究》，云南大学出版社，1998。
② 参见夏勇主编《走向权利的时代：中国公民权利发展研究》，中国政法大学出版社，1995。

就可以直接看出研究者的价值倾向。他们试图从法律规范出发开展对法治发展问题的探讨，期望法律制度能够推动社会和法治的发展。也许正是因此，与第一波法律实证研究中多有部门法学者不同，第二波法律实证研究几乎都是法学理论学科的研究者。在立法开始增多、司法适用问题日益凸显的 20 世纪 90 年代，也许法律规范性问题更能吸引部门法学者，而部分法理学者的兴趣则被吸引到了中国法制发展问题上来。由于当时在整个理论界、政策部门、法学界，现代化范式一路高歌、如日中天，法理学者头脑中尽是法制现代化的理念，而农村在学者头脑中属于"落后"的"异邦"、法制建设的薄弱之地，是法制建设所需要改造的对象。可以说，第二波法律实证研究是现代化理论范式下，法理学者以实证的方式对农村法制落后现状和权利意识萌芽的一次证成。

与第一波法律实证研究类似，第二波法律实证研究也未能延续下去，没有形成一种学术传统。这些学者后来也没有继续从事法律实证研究，郑永流转入了德国法哲学和法社会学理论的研究，刘茂林则回到其宪法学研究的老本行。稍有例外的可能是高其才，一直耕耘在民间习惯法研究领域，[①] 其研究虽有平面扩展，但理论上的纵深推进却不够。第二波法律实证研究缺

[①] 参见高其才《中国习惯法论》，湖南出版社，1995；高其才：《中国少数民族习惯法研究》，清华大学出版社，2003；高其才：《瑶族习惯法》，清华大学出版社，2008；高其才：《多元司法——中国社会的纠纷解决方式及其变革》，法律出版社，2009；高其才：《国家政权对瑶族的法律治理研究》，中国政法大学出版社，2011；高其才：《习惯法的当代传承与弘扬——来自广西金秀的田野考察报告》，中国人民大学出版社，2015。

乏传承，有很多原因，最重要的也许是这种研究自身的缺陷，它很大程度上只是学者用来证实既有认识的工具，而非发现学术问题的工具。这一波法律实证研究的意义在于获取更加详细的素材和数据，来展示农村法制状况；其实证研究结论可能比既有认识更加细致，但与学者的既有认识并无大的出入。这种实证研究，并不生产问题意识，这就注定了其不可持续性。另外一个原因可能是，法学教育和研究日渐步入专业化轨道，法律学者从事社会调查日益"不经济"，实地调查、抽样问卷调查等方法在法学界难免日渐衰落。与此形成对比的是，此后社会学界仍有人关注乡村法制问题，实地调查、抽样问卷的方法依旧主流，代表性的有中国人民大学法社会学研究所的研究成果。①

三　苏力掀起的浪潮

在改革开放以来中国法律实证研究的历史中，苏力是一个掀起浪潮的人物，他在学界掀起了有重要影响的一波浪潮。苏力与第二波法律实证研究的代表人物郑永流等人年龄相仿，其由于出国求学的经历而在那一代学人中略显特殊，他进入学界时间略晚，从事法律实证研究也略晚。他的研究在时段上属于第二波法律实证研究，但因其学术观点、论述方式、广泛影响和争议而具有特殊性。也许受到第二波法律实证研究视野的影响，苏力刚回国时的研究也是关注乡村法制发展问题。不过，

---

① 可参见郭星华、陆益龙等《法律与社会——社会学与法学的视角》，中国人民大学出版社，2004。

苏力没有拘泥于当时"社会学意味"更浓的实地调查和问卷方法，几乎是在"直觉"的基础上进行个案实证研究。

他对从资讯（电影和新闻报道）中获知的具体案件进行评析，然后从中引申出对宏观问题的论述，如国家法与民间法的关系、法律多元或纠纷解决方式多元、法律规避等问题，其成果体现在《法治及其本土资源》①这一著作中。讨论并不限于具体问题，而是着眼微观场景和社会关系，上升到一般性的法律现象，从中讨论中国的法律体制、法律运行等问题，在经验基础上阐释法治实践。不久，他又深入基层派出法庭展开实地调研，在个案基础上开展对基层司法制度的研究。②他站在一个很高的话语平台上讨论基层司法，将司法体系与乡土社会之间的知识紧张关系、司法官僚体制的内部结构等纳入思考范围，并将基层司法置于现代民族国家建构这个20世纪以来的总体目标之中予以考量。苏力的研究建构了这一研究领域的话语高峰，后来的许多研究都在此平台上进行。在苏力的带动下，出现了一批以个案调查为基础的实证研究论文，由强世功、赵晓力、郑戈等人撰写，这些作品散见于一些文集中。③

苏力的研究构成法律实证研究历史中"浪潮"，原因在于它

① 参见苏力《法治及其本土资源》，中国政法大学出版社，1996。
② 参见苏力《送法下乡：中国基层司法制度研究》，中国政法大学出版社，2000。
③ 参见王铭铭、〔英〕王斯福主编《乡村社会的秩序、公正与权威》，中国政法大学出版社，1997；强世功《法制与治理：国家转型中的法律》，中国政法大学出版社，2003；赵晓力《通过合同的治理——80年代以来中国基层法院对农村承包合同的处理》，《中国社会科学》2000年第2期。

有着特别的转折意义。这种转折对法律实证研究有着巨大的影响，甚至在形塑法学学术的性格方面，也有着未被明确估量的巨大贡献。苏力的研究对法律社会学成为一门"显学"起到了极大的推动作用，为法学甚至其他社会科学学科的知识转型做出了贡献，推动了社会科学对乡村法制问题的广泛关注。更为关键的是，苏力的研究让法律实证研究变得在方法上可以学习，在学术上可能创新，从而带动了许多模仿学习者。从个案素材出发，运用理论进行分析的实证研究方法，似乎特别适合法律学人关注社会，因为研究成本不高，法律学人可以从文艺作品、新闻资讯、社会调查中低成本地获得个案，然后展开理论分析。正因为如此，苏力成为法律实证研究中的一个关键性人物。以下几个方面的转折意义，使得法律实证研究具有了理论吸引力。

第一，诉诸事理阐明法理。苏力的研究与其同时代学者最大不同在于，从事理切入讨论法理问题，而不是抽象地讲法理。[①] 从事理讲法理，诉诸的是常情常理常识，讲述的是生活经验。这对于读者而言，很容易接受，也很容易被说服。不过，这种说理方式看起来学理意味不浓，因此一些人认为其不是法理。法律和法学最早来自西方，源自对西方社会生活规则的提炼和研究，建立在其上的理论必然也是以西方社会和西方法治为基础。对于改革开放不久的中国人而言，西方社会和西方法治毕竟是外来的，难免有隔膜感，因此理解建基于西方社

---

① 参见陈柏峰《事理、法理与社科法学》，《武汉大学学报（哲学社会科学版）》2017年第1期。

会和法治的法理就存在很大困难。从而，法理给人的印象就是抽象的，甚至是晦涩难懂的。这背后的原因，不是因为法理本身晦涩难懂，而是法理因与中国人的生活隔膜而难懂。苏力的研究，从常情常理出发，将法治实践置于具体人的生活中予以省思，从而将法治还原成生活经验，让法律人从社会生活去理解法治、接受法理。

第二，灵活运用社会科学理论。与当时的法律实证研究学者相比，苏力对社会科学理论（包括哲学、社会学、政治学、社会生物学等多学科的理论）运用都更有广度和深度。从 20 世纪 80 年代开始，法理学者就开始学习、译介、研析西方社会科学理论，20 世纪 90 年代达到了一个顶峰。例如，当时中国政法大学出版社引进的"当代法学名著译丛"系列作品，就是由在日本留学的季卫东组织编译国外法律社会学与法理学领域具有影响力的著作。这套译丛为早期中国法律实证研究提供了宝贵的理论资源积累。学界学习理论热情虽高，但结合理论有力分析中国法治实践的实例，却还比较缺乏。虽然夏勇等人在分析中国公民权利意识问题时，也运用了权利理论、现代化理论、国家与社会理论等，但这种运用主要体现在研究框架上，与对经验现象的解释结合得并不紧密。相比而言，苏力对社会科学理论的运用，就十分娴熟。他在田野中研究基层法院的司法实践，将"送法下乡"的日常司法现象与中国现代民族国家的建构联系起来，运用国家与社会理论、吉登斯的民族国家理论，几乎自然而然、了无痕迹。《法治及其本土资源》、《送法下乡：中国基层司法制度研究》两本著作，对格尔茨、福柯、韦伯、吉登斯等西方学者的社会理论的运用、变用随处可见，对国家与社会理论、民族国家理论、科层制理论的运用也是如此。强世功、赵晓力、郑戈等人的作品也呈现出类似特征。

第三，从理论关切回应现实。20 世纪 90 年代，中国开始全面推进社会主义市场经济建设，并提出建立社会主义法治国家的宏大目标，法制现代化的思潮一路高歌猛进，如何实现"法制现代化"是法学家讨论的话题。在此背景下，苏力却通过实证研究反思法制现代化，反思现代性的法学话语，并反思作为其制度基础的法律移植。苏力的这一问题意识本身来源于法制现代化的历史进程，眼光放在当时的时代最前沿，是高度回应现实的。而且，他对问题的关注不是从宏大视角而是从微观视角着眼，关注人的基本生存境况，例如秋菊，例如村子里被强奸的女性。同时，苏力对现实的回应，不是政治或政策方式的，而是有着深厚的理论关切。例如，在讨论言论自由问题时，他以司法个案为基础，诉诸事理的同时，运用制度经济学的理论分析框架，提出权利配置的制度化问题。① 苏力看到了以西方法治为理想模型的中国建构主义法治实践的种种悖谬之处，提出要重视"本土资源"，力求"语境化理解任何一种相对长期存在的法律制度、规则的历史正当性和合理性"②。"本

① 参见苏力《〈秋菊打官司〉案、邱氏鼠药案和言论自由》，《法学研究》1996 年第 3 期。
② 参见苏力《语境论———一种法律制度研究的进路与方法》，《中外法学》2000 年第 1 期。

土资源论"是当时苏力对中国法制发展道路的理论回应。

苏力的研究,是在法学界掀起的一波浪潮,有很大学术影响,也备受争议。由于他眼光向下,提出要重视"本土资源",对当时占主流地位的法律现代化范式有所反思。学界因此对苏力产生了很多误解,也给了他不少"帽子",如"反法治"、"保守主义"等。[①] 苏力似乎以一种被"主流"重视的方式成了法学"非主流"学者。

在学术上,苏力的研究也存在不少缺陷和问题。第一,实践取向不够彻底。苏力有超凡的理论想象力,因此在面对实证材料时容易一触即跳,反而容易让理论遮蔽实践逻辑,从而使得其实践取向不够彻底,这反过来影响其社会调研的深入性。例如,在"依法收贷案"的分析中,简单介绍完案例后,苏力即指出,司法下乡是为了保证或促使包括法律力量的国家权力向农村有效渗透和控制,遵循的是现代民族国家建构的逻辑。[②] 其判断基础是,案件发生地在靠近沙漠的陕北农村,是"法律不入之地",因为当地政府上午十点半以后就找不到人了,当地欠贷不还的情况比较普遍。[③] 但实际上,在那个年代

---

① 参见谢晖《法治保守主义思潮评析——与苏力先生对话》,《法学研究》1997 年第 6 期;刘大生:《从"本土资源"到"本土法治"——苏力本土资源理论之学术解构》,《山东大学学报(哲学社会科学版)》2001 年第 3 期。

② 参见苏力《送法下乡:中国基层司法制度研究》,中国政法大学出版社,2000,第 30 页。

③ 参见苏力《送法下乡:中国基层司法制度研究》,中国政法大学出版社,2000,第 37 页以下。

的乡镇政府，上午十点半找不到人很正常，因为工作人员早上上班时碰头后，都下乡忙各种事情去了。对于此类问题，侯猛已有所批评。[①] 不过苏力仍然回应强调实证研究的想象力。[②] 在笔者看来，想象力当然重要，但如果实践取向不彻底，社会调研不深入，就可能使得理论的想象力走偏。

第二，未能形成可传承的学术传统。由于实践取向并不彻底，使得苏力的研究方式带有很强的个人特性，从而使这种法律实证研究的可传承性有所折扣。在《送法下乡：中国基层司法制度研究》之后，苏力基本上离开了法律实证研究领域，转向社会热点案件的分析研究（当然这是另一种实证研究），以及法律与文学、中国古代宪制研究。当年受其影响的强世功、赵晓力、郑戈等人也无一在此领域坚持。甚至苏力的学生，也只有个别从事法律实证研究。这背后可能有各种原因，其中之一可归因于不彻底的实践导向及"消费"理论的倾向。这使得苏力的研究论域不稳定，他后来离开法律实证研究也就可以理解了。尤其是"消费"理论的浓厚倾向，导致其在具体实证问题研究上的可持续性受到限制。他们关于乡村法制问题的论文，高度依赖福柯、格尔茨等人的理论，这与当时社会学界的乡村研究同属于一个学术共同体。[③] 应该说，苏力对福柯理论的应用

---

① 参见侯猛《社科法学的跨界格局与实证前景》，《法学》2013 年第 4 期。

② 参见苏力《好的研究与实证研究》，《法学》2013 年第 4 期；苏力：《中国法学研究格局的流变》，《法商研究》2014 年第 5 期。

③ 当时社会学界的研究论文，参见《清华社会学评论》（特辑），鹭江出版社，2000。

和"消费"本身是很成功的，随着其学术兴趣延伸至其他领域，核心成员转向研究其他主题，法律社会学的"北大学派"未能得到维系，这一时期的法律实证研究传统未能传承下去。① 这种研究未能使得后来者找到容易直接学习的方法论，不足以支撑乡村法制的实证研究成为长久的学术传统。学术传统的塑造需要一代代学者的研究脉络传承，形成系统的研究体系和成熟的研究方法。遗憾的是，苏力并未将法律实证研究带到这个高度。

四　浪潮之后的发展

尽管留有遗憾，苏力的研究仍然构成法律实证研究中的重要浪潮，形塑了后来法律实证研究的风格，也对法学研究的发展产生了重要影响。法学研究越来越多地从微观上关注法治实践，从不同角度回应处于经济社会转型巨变中的中国问题，"不满足于对法条、概念的解释，试图探讨支撑法条背后的社会历史根据，探讨制定法在中国社会中实际运作的状况以及其构成这些状况的诸多社会条件"②。虽然苏力和最早受其影响的学者逐渐退出了法律实证研究领域，但是全国各地年轻一辈的学者受其感召不断加入这一领域，并汇集成更为宽阔的潮流。

首先是苏力的学生以及在北京大学学习的学生。贺欣最早从事基层执法的研究，对北京工商户经营执照中"法律合谋"

---

① 参见刘思达、侯猛、陈柏峰《社科法学三人谈：国际视野与本土经验》，《交大法学》2016 年第 1 期。
② 苏力：《也许正在发生——中国当代法学发展的一个概览》，《比较法研究》2001 年第 3 期。

及北京市人民政府管理"浙江村"问题进行实地调查研究；①
后来又对法院内的各种现实问题展开实证研究，至今仍在此领
域耕耘。② 侯猛一直对最高人民法院展开观察研究，③ 还实地
调查研究涉诉信访问题，④ 并对全国法学院、法学期刊、法学
学者声名等展开实证研究。⑤ 艾佳慧则对法院管理开展了系列
研究。⑥ 刘思达对中国法律服务市场进行了深入实证调查，对
其竞争与规范相关问题进行了社会科学分析。⑦ 汪庆华在山东
等地长期实证调查的基础上，对中国行政诉讼的制度功能、经

① 参见贺欣《在法律的边缘——部分外地来京工商户经营执照中的"法律合
谋"》，《中国社会科学》2005 年第 3 期；He Xin, "Why Do They Not Comply
with the Law?", *Law & Society Review*, Vol. 39, No. 3, 2005, pp. 527–562；He
Xin, "Sporadic Law Enforcement Campaigns as a Means of Social Control：A Case
Study from a Rural‐Urban Migrant Enclave in Beijing", 17 *Columbia Journal of
Asian Law*, Vol. 17, No. 1, 2003, pp. 122–145.
② 参见贺欣《街头的研究者——法律与社会科学笔记》，北京大学出版社，2021。
③ 参见侯猛《中国最高人民法院研究——以司法的影响力切入》，法律出版
社，2007；侯猛《司法的运作过程：基于对最高人民法院的观察》，中国
法制出版社，2021。
④ 参见侯猛《最高法院访民的心态与表达》，《中外法学》2011 年第 3 期；
侯猛：《进京接访的政法调控》，《法学》2011 年第 6 期；侯猛：《进京上
访的社会管理——从"黑监狱"现象切入》，《法学》2012 年第 5 期。
⑤ 参见侯猛《CSSCI 法学期刊：谁更有知识影响力？》，载《北大法律评论》
第 10 卷第 2 辑，北京大学出版社，2009；侯猛：《精英法学院的形成与
转型：个案研究》，《学习与探索》2014 年第 9 期；侯猛：《中国法学的
实力格局——以青年学者的引证情况为分析文本》，《中国法律评论》
2017 年第 5 期；侯猛《知识结构的塑造——当代中国司法研究的学术史
考察》，《现代法学》2019 年第 4 期。
⑥ 仅举一例这方面的文献，参见艾佳慧《中国法院绩效考评制度研究——"同
构性"和"双轨制"的逻辑及其问题》，《法制和社会发展》2008 年第 5 期。
⑦ 参见刘思达《割据的逻辑：中国法律服务市场的生态分析》，上海三联书
店，2011。

验逻辑和实践效果展开追问。① 这样的名单还可以继续列下去。这些研究的田野调查都是各自独立完成的，并未受到苏力直接的田野指导，虽然在分析方法上可能受到了影响。

其次，在北京大学之外，有不少学者自发进行实证研究。徐昕从华南城市的"收债"个案调查切入，对中国社会中普遍存在的私力救济问题展开分析，并梳理国家对待私力救济的态度，探讨多元化纠纷解决机制。② 喻中在田野调查获得的素材的基础上，在现代都市与传统乡村、政治中国与市井社会的空间对比中，解析了当代中国乡村司法的实态。③ 王启梁运用边疆少数民族地区丰富的田野调查资料，围绕秩序是如何形成的问题，透视了法律与多元社会控制之间的复杂关系。④ 笔者则在华中村治研究传统下，以田野调研为基础，对乡村"混混"、乡村司法、地权制度、信访、城镇化法治等多种基层法治问题进行了深入研究。⑤ 这些学者因为各种各样的机缘和考虑走上法律实证研究的道路，或多或少也受到了苏力的影响和启发。他们中有的人做完一项研究后学术兴趣就发生了转移，如徐昕、喻中；有的则延续至今，如王启梁和笔者。

---

① 参见汪庆华《政治中的司法：中国行政诉讼的法律社会学考察》，清华大学出版社，2011。
② 参见徐昕《论私力救济》，中国政法大学出版社，2005。
③ 参见喻中《乡土中国的司法图景》，中国法制出版社，2007。
④ 参见王启梁《迈向深嵌在社会与文化中的法律》，中国法制出版社，2010。
⑤ 参见陈柏峰《乡村江湖：两湖平原"混混"研究》，中国政法大学出版社，2011；陈柏峰：《乡村司法》，陕西人民出版社，2012；陈柏峰：《传媒监督的法治》，法律出版社，2018。

　　谢晖多年来所推动的声势浩大的"民间法"研究，也是法律实证研究发展潮流中的一支。在《法治及其本土资源》中，苏力发现现代性法律制度的干预破坏了熟人社会中的社会关系默契和预期，进而用"民间法"来反思法制建设的"现代化方案"，从而涉及外来法与本土资源、国家法与民间法的复杂关系。受此启发，很多学者进一步推进了"民间法"研究。谢晖教授一直主持《民间法》年刊，至2022年5月已出版27卷；他先后在《山东大学学报》、《甘肃政法学院学报》等开辟"民间法"研究专栏，还主编了一套"民间法文丛"①，其中多篇是他指导的博士论文。

　　此外，人类学、社会学领域也有一些从事法律实证研究的学者。例如朱晓阳、赵旭东、嘉日姆几等，他们的研究总体上聚焦于纠纷或社会控制，对具体的部门法问题较少涉足。② 这

---

① 中国政法大学出版社2010年开始出版。包括王新生的《习惯性规范研究》、魏治勋的《民间法思维》、厉尽国的《法治视野中的习惯法》、贾焕银的《民间规范的司法运用》、龙大轩的《乡土秩序与民间法律：羌族习惯法探析》、徐晓光的《原生的法：黔东南苗族侗族地区的法人类学调查》、尚海涛的《当代中国乡村社会中的习惯法——基于H村的调研》、淡乐蓉的《藏族"赔命价"习惯法研究》、陈文华的《民间规则在民事纠纷解决中的适用》等等。

② 参见朱晓阳《罪过与惩罚：小村故事（1931—1997）》，天津古籍出版社，2003；朱晓阳：《面向"法律的语言混乱"——从社会与文化人类学视角》，中央民族大学出版社，2008；朱晓阳：《小村故事：地志与家园（2003—2009）》，北京大学出版社，2011。此外，朱晓阳在其最近出版的《地势与政治：社会文化人类学的视角》（社会科学文献出版社，2016）一书中汇集了其最重要的研究文章，其他学者的研究参见赵旭东《法律与文化：法律人类学研究与中国经验》，北京大学出版社，2011；赵旭东：《权利与公正——乡土社会的纠纷解决与权威多元》，天津古籍出版社，2003；嘉日姆几：《尊严，利益？——云南小凉山彝汉纠纷解决方式的人类学研究》，云南大学出版社，2014。

些研究与前述一些研究（如苏力）有所对话，其中的人类学、社会学方法和视野对法学领域的研究产生了方法论和视野上的影响。另外，社会学的法律社会学研究者郭星华、黄家亮等还积极推动与法学界的学术对话。

这些多少有些"个体户"式的研究，在问题意识、思维方式、分析思路上，更多受制于每个人自己的知识积累和学术视野。例如，"民间法"研究中有不少学者，或从概念上梳理民间法，或从经验中寻找民间法。这不能不说是一个学术视野的误区。他们将"国家法与民间法"的理论框架实体化，在二元对立模式对基层法律实践进行切割，从而陷入纠缠于概念的民间法研究。从法律实践中选取个案来说明民间法及其与国家法的关系，将法律实践处理为城市与乡村、国家与社会、西方与中国等简单的二元对立。殊不知，当代中国农村早已不具备均质性，并不存在实体性的民间法。此外，很多学者所在的地域和学术团体的影响也不可忽略，例如：王启梁身处云南，属于多民族边疆地区，对边疆社会秩序问题较为敏感，在研究方法上也受到民族学、人类学的影响；笔者身处武汉，师出华中乡土派，研究旨趣、田野、方法等都属于华中村治研究，[1]在乡村治理研究传统中开拓基层法治研究。

学术发展从来不是单线的。苏力之后的很多学者从事法律实证研究，或多或少受到了苏力的影响，但都并非苏力研究的

---

① 参见陈柏峰《华中村治研究：问题与方法》，《甘肃行政学院学报》2010年第 3 期。

自然延续，各自的研究有着自身独特的问题意识和发展路向。同时，还有许多法律实证研究并未受 20 世纪 90 年代"苏力浪潮"的影响，典型的就是法律问题的定量研究。

最早从事法律定量研究的是北京大学白建军教授，他从 1999 年就开始对刑事法领域的犯罪、刑罚、死刑等问题展开定量研究，并一直延续至今。2004 年，白建军出版了也许是中国第一本法律定量研究著作——《罪刑均衡实证研究》。该书以"罪刑关系具有均衡性"为理论假设，以全部法定犯罪和"法意案例数据库"中全部抢劫罪案例为样本，提出理论假设并加以检验的大规模（立法全样本、司法大样本）实证研究。[①] 在持续进行多年实证研究后，白建军出版了法律定量研究的方法论著作。[②] 他的学生程金华也一直沿着法律实证研究的定量分析路向发展，并发表了不少高质量研究成果。[③]

法律定量研究运用最为广泛的是在诉讼法学界，有大量关于诉讼程序、非诉程序的研究发表。左卫民自 2004 年开始带领团队开展实证研究，用定量方法分析刑事诉讼各个环节的法律问题，产出了大量学术成果，持续发表刑事诉讼、司法改革问题的实证研究著作，几乎涉及刑事诉讼的全部过

---

① 参见白建军《罪刑均衡实证研究》，法律出版社，2004。
② 参见白建军《法律实证研究方法》，北京大学出版社，2008。
③ 例如程金华《中国行政纠纷解决的制度选择——以公民需求为视角》，《中国社会科学》2009 年第 6 期；程金华：《四倍利率规则的司法实践与重构 利用实证研究解决规范问题的学术尝试》，《中外法学》2015 年第 3 期。

程和环节，^① 以及司法改革中的重大问题，^② 并深入探讨实证研究方法。^③ 差不多与此同时，王亚新也开始带领团队对民事诉讼进行实证研究，通过实地调查取得的第一手资料，接近社会转型期的民事诉讼和纠纷解决制度，关注法律程序实际上如何运作，分析运作程序的主体、影响程序运作的资源获取等。^④ 不过，完成此项研究后，王亚新的学术兴趣就离开了法律实证研究，转入民事诉讼法的解释学研究。

陈卫东及其学术团队，2002 年就开始进行实地调研和实证研究并一直延续^⑤到 2008 年开创了实验研究方法，通过与检察院合作开展了"羁押场所巡视制度"试点，在试点过程中开展实证研究，设置实验组与对比组案件，采取观察、调取司法统计数字、问卷、个别访谈、阅卷等多种方法开展研

---

① 左卫民：《中国刑事诉讼运行机制实证研究》，法律出版社，2007；左卫民等：《中国刑事诉讼运行机制实证研究（二）：以审前程序为重心》，法律出版社，2009；马静华：《中国刑事诉讼运行机制实证研究（三）：以侦查到案制度为中心》，法律出版社，2010；郭松：《中国刑事诉讼运行机制实证研究（四）：审查逮捕制度实证研究》，法律出版社，2011；左卫民等：《中国刑事诉讼运行机制实证研究（五）：以一审程序为侧重点》，法律出版社，2012；左卫民、马静华等：《中国刑事诉讼运行机制实证研究（六）：以新〈刑事诉讼法〉实施中的重点问题为关注点》，法律出版社，2015。

② 参见左卫民等《中国基层法院法官任用机制研究》，北京大学出版社，2015；左卫民等：《中国基层司法财政变迁实证研究（1949—2008）》，北京大学出版社，2015。

③ 参见左卫民《实证研究：中国法学的范式转型》，法律出版社，2019。

④ 参见王亚新等《法律程序运作的实证分析》，法律出版社，2005。

⑤ 参见陈卫东《人大刑事诉讼法学的特色与贡献》，《法学家》2010 年第 4 期。

究。① 他还用实验型实证研究方法研究了量刑问题。② 同一学术团队的李奋飞还通过模拟实验的方法，研究由公众意见主导形成的强大舆论场对轰动案件中的司法自洽性产生的影响。③ 这种实验性的实证研究方法，在学术界和实务界都产生了积极反馈。

从 2002 年开始，民法学的陈小君团队就开始用实证方法研究农村土地权利问题，包括权利归属、权利行使、权利流传、权利实现、权利保障等，以及与此相关的政府、集体和农民三者的关系；④ 后来又从田野经验延伸到土地权利体系构建，⑤ 以及农村集体经济有效实现的法律保障研究。⑥ 这些研究虽然在方法上创新不多，但对于长期关注法律规范重于法律实践的民法学界，无疑有着十分重要的意义。

近年来学界开始关注的法律发展、法治评估给定量的法律实证研究带来了新的增长点。朱景文及其学术团队自 2007 年开始发布《中国法律发展报告》，至 2022 年已出版 11 卷。在运用

---

① 参见陈卫东《羁押场所巡视制度研究报告》，《法学研究》2009 年第 6 期。

② 参见陈卫东、程雷：《隔离式量刑程序实验研究报告——以芜湖模式为样本》，《中国社会科学》2012 年第 9 期。

③ 参见李奋飞《舆论场内的司法自洽性研究：以李昌奎案的模拟实验分析为介质》，《中国法学》2016 年第 1 期。

④ 参见陈小君等《农村土地法律制度研究——田野调查解读》，中国政法大学出版社，2004。

⑤ 参见陈小君等《田野、实证与法理：中国农村土地制度体系构建》，北京大学出版社，2012；高飞：《集体土地所有权主体制度研究》，法律出版社，2012；耿卓：《传承与革新：我国地役权的现代发展》，北京大学出版社，2017。

⑥ 参见陈小君等《我国农村集体经济有效实现的法律制度研究：村庄经验与域外视野》，法律出版社，2016。

其中数据的基础上，朱景文对法律发展和法治评估中的重要问题展开学术研究。^① 其团队中的彭小龙也运用这些数据，对人民陪审制度的历史实践进行实证研究。^② 钱弘道团队自 2008 年起就开始关注法治评估问题，设计了余杭法治评估指标体系，并以余杭法治发展为实验点，用社会调查、量化分析方法，探索法治实践规律，观测法治方案效果。在此过程中，产出了一批学术论文。^③ 这一过程逐渐扩展为"法治浙江"实践，伴随着发生在浙江的法治指数、司法透明指数、电子政府发展指数等一系列法治实验，"法治浙江"成为法学家深入基层法治实践、进行协同创新的一个契机，法治指数的实验因此成为法治创新实践的平台，钱弘道自称已经孕育出了一个"中国法治实践学派"。^④

2010 年之后出现的法律认知科学研究，产出了一批成果，也给法律实证研究带来了新视野。^⑤ 法律认知科学集中讨论人

① 参见朱景文《中国诉讼分流的数据分析》，《中国社会科学》2008 年第 3 期；朱景文：《中国法律工作者的职业化分析》，《法学研究》2008 年第 5 期；朱景文：《论法治评估的类型化》，《中国社会科学》2015 年第 7 期。
② 参见彭小龙《人民陪审员制度的复苏与实践：1998－2010》，《法学研究》2011 年第 1 期。
③ 参见钱弘道《法治评估及其中国应用》，人民出版社，2017。
④ 参见钱弘道《中国法治实践学派的基本精神》，人民出版社，2017。
⑤ 参见李学尧、葛岩、何俊涛《认知流畅度对司法裁判的影响》，《中国社会科学》2014 年第 5 期；葛岩、秦裕林、林喜芬：《为什么自愿守法——自动化社会行为发生机制研究》，《法律和社会科学》第 14 卷第 1 辑，法律出版社，2015，第 1~29 页；刘庄、冯时：《法律教育与法律决策的内在一致性——基于实验的研究》，《法律和社会科学》第 12 卷，法律出版社，2013，第 48~71 页；吴旭阳：《陪审团模式之行为实验比较研究》，《学术月刊》2017 年第 1 期；吴旭阳：《从演化博弈看"司法裁判"的本质和完善——行为策略实验的视角》，《自然辩证法通讯》2017 年第 2 期。

的认知能力对其行为的影响，由于法律需要通过人来实施，在法律实施过程中，作为主体的人的所思所想，就会影响到法律的运行，成为法律认知科学观察、审视和研究的对象。法律认知科学一般通过实验方法开展，在关涉法律的人性基础、法律认知与判断、司法证据等多方面为法学研究带来新知识，[①] 以温和的科学主义方式，重申法律实践的规约性特征和法律价值的科学基础。[②]

五　经验研究与实证研究的分化

目前，法律实证研究呈现出多元的格局，定性研究与定量研究并存，各自都有着巨大的发展空间，获得了前所未有的发展。与"苏力浪潮"及其之前相比，目前的法律实证研究问题意识变得多元，研究视野更加开阔，研究方法的运用更加丰富。研究者开始进入具体的法律制度领域，研究视角从宏观的理论话语转向具体法律运作的制度逻辑和经验处境。这与中国社会快速转型，法治建设有了各种需求、暴露出各种问题密切相关。显然，这些需求和问题为法律实证研究带来丰富的素材，各种法治的公共议题也急需实证研究予以关注。实证研究成为分析法律制度和法律实践的重要视角，乃至于某种程度上成为学界的一种趋势，法律实证研究迎来发展机遇。法律实证

---

① 参见葛岩《法学研究与认知—行为科学》，《上海交通大学学报（哲学社会科学版）》2013 年第 4 期。

② 参见王凌皞《走向认知科学的法学研究——从法学与科学的关系切入》，《法学家》2015 年第 5 期。

研究正是在回应这些时代问题中发展前行。

不过，法律实证研究在学科间呈现出不均衡性。在传统法律部门中，法律实证研究成果最集中的是诉讼法学领域。原因也许是学科知识体系化、专业化程度的差异。诉讼法学学科教义化程度比诸如民法、刑法等部门法要弱，学科知识的实践性更强，诉讼法学研究针对的是司法实践中出现的问题。法律实证研究强调亲历性或经验性，运用访谈、实验、问卷调查、量化分析等实证研究方法更容易发现"行动中的法"与"文本中的法"之间的差距。而且，诉讼法领域中诸多有影响力的学者都已进入法律实证研究队伍，这也促进了诉讼法研究范式的转型。[①] 而司法改革、行政执法、土地问题领域的研究，具有学科交叉的特点，很难说属于哪个学科，本身就是问题导向的，需要关注法律和其他社会因素的互动，受社会科学理论的影响程度要更强。尤其是涉及法治发展和改革的问题，既涉及对现实情况的了解，又更多依赖法学之外的社会科学知识，交叉学科和实证研究的重要性就不言而喻。另外，在一些新兴的学科如金融法、证券法、网络法等领域，法律实证研究方法的运用也越来越普遍。

2013 年底，以《法律和社会科学》编委和作者群为依托，具有学术共同体意义的"社科法学连线"成立。来自国内数十所高校的中青年教师参与了这一学术共同体，同时与国外的中国法律社会问题研究学者保持着常态联系。在"社科法学

---

① 参见宋英辉《实证方法对我国刑事诉讼法学研究之影响》，《法学研究》2012 年第 5 期。

连线"的整合和推动下，青年学者们继续轮流承办年会，轮流执行主编《法律和社会科学》杂志，出版"社科法学系列读本"，举办"社科法学系列对话"、"社科法学连线系列讲坛"。"社科法学连线"整合和推动的活动，可以称为一场社科法学运动，发起者试图建立"无形的学院"，推动不同知识背景的法律社会学者、法律经济学者、法律人类学者，以及其他跨领域社科法学者的跨界对话，[①] 并与法教义学、部门法学者进行学术对话。参与"社科法学连线"的多数学者都从事法律实证研究，其中最积极的参与者如侯猛、王启梁、尤陈俊以及笔者等，主要从事基于田野调查的质性研究，从事定量研究的法律实证研究者也有所参与。

"社科法学运动"本意在于推动运用社会科学理论和方法来研究法律和法学问题，法律实证研究所运用的方法，当然属于社会科学方法，理应属于社科法学的范畴。[②] 然而，左卫民指出，法律实证研究是一种基于数据的研究，因关联于社科法学而具备社科法学的某些"血缘特征"，但在研究对象选取、数据运用、法律现象阐释等方面已显著不同于社科法学。[③] 他认为，未来中国的法律实证研究，应当利用定量的比较优势，挖掘并利用各种数据，改变目前以描述性统计为主的现状，走

①　参见侯猛《社科法学的跨界格局与实证前景》，《法学》2013 年第 4 期；侯猛《法学研究的格局流变》，法律出版社，2017。

②　"社科法学"只是部分学者定义和使用的，事实上在学界也遭到各种质疑，包括语词上的，也包括方法上的。

③　参见左卫民《一场新的范式革命？——解读中国法律实证研究》，《清华法学》2017 年第 3 期。

出一条量化程度和规范化程度更高的实证研究路径，打造"定量法学"更广阔的前景。左卫民如此强调区分他所从事的定量的法律实证研究与社科法学的区别，一个原因可能是，社科法学运动中的最积极的参与者主要从事质性研究，从事量性研究的参与者处于边缘地位。

左卫民在定量研究意义上使用"法律实证研究"这一概念，这与通常的用法似乎有所冲突。也许有必要对法律实证研究中的质性研究和量性研究加以区分。为了区分这两类研究，以更好地揭示法律实证研究当下的分化状况，笔者曾对法律经验研究和法律实证研究加以区分，将对法律问题的定量实证分析称为法律实证研究，将对法律问题进行田野调查基础上的质性研究称为法律经验研究，后者特别强调对研究对象的质性把握，甚至要求进入研究对象的精神世界，强调研究者的经验质感。[1] 当然，两者的区分并不绝对，不排除两种方法的结合使用。[2] 这样一来，广义的法律实证研究，包括狭义的法律实证研究和法律经验研究。需要提及的是，法律经验研究与法律实证研究所对应的英语词汇都是 empirical legal research。

法律实证研究和法律经验研究的分化，源自当下法律实证研究与社科法学运动主流的分化，其根源在于社会科学研究中

---

[1] 参见陈柏峰《法律经验研究的机制分析方法》，《法商研究》2016 年第 4 期。

[2] 例如，基于田野调查形成数据进行量化分析，量化分析会反馈服务于田野调查，最终为了更好地进行质性把握。参见李娜《守法作为一种个体性的选择——基于对建筑工人安全守法行为的实证研究》，《思想战线》2015 年第 6 期。

长久以来的质性研究与量性研究的区隔。一般来说，狭义上的法律实证研究一直受自然科学的思维逻辑和研究进路的影响，[①] 以"主客二分"的二元思维为基础，以物理学为模范，主张社会科学的研究对象必须是客观的、可观察的经验事实，将研究任务定位为发现跨越个别现象的普遍规律，通过逻辑演绎来说明变量之间的规律关系，通过中立观察所获取的数据来验证理论假设，寻找量化的社会因素之间的规律关系，从而揭示社会事务的运作机制。

而法律经验研究要求对研究对象及其所在的环境有质性了解，甚至要求进入研究对象和相关主体的精神世界，要求对法律现象相关关联因素全面把握；强调研究者的经验质感，强调研究者对法律问题的质性理解。这与受实证主义影响的实证研究方法有所区别。费孝通曾指出，传统"主客二分"的实证主义方法论，无法把握中国社会的日常生活世界的"理"、"心"和"性"等，而诸如儒道这些中国的社会思想影响中国社会数千年，确实起到维护中国社会秩序的作用，却无法用现代主流的社会科学方法加以研究，因此需要找到"与古人跨越时间和历史交流的手段"，需要从社会科学知识论和方法论的角度，扩展社会科学的传统界限。[②] 法律经验研究强调研究

①　参见黄宗智、高原《社会科学和法学应该模仿自然科学吗?》，《开放时代》2015 年第 2 期；赵鼎新：《社会科学研究的困境：从与自然科学的区别谈起》，《社会学评论》2015 年第 4 期。
②　参见费孝通《试谈扩展社会学的传统界限》，《北京大学学报（社会科学版）》2003 年第 3 期。

者的经验质感，要求研究主体进入研究对象的精神世界，这被认为可以克服传统实证主义方法论的缺陷。

法律实证研究与法律经验研究在任务上是一致的，都需要运用社会科学方法对法律实践现象做出因果解释，但在方法上存在差异，这源自认识论上的实证主义与阐释主义分歧。应该说，任何研究方法都有其优势，也有其劣势，并不存在所谓天然更好的研究方法，但面对不同问题时有更合适的方法。法律实证研究和法律经验研究，既存在学术范式上的竞争关系，也有不同问题适宜不同方法的分化。无论运用何种方法，有说服力的研究才能在学术市场上获得认可和竞争优势。

法律经验研究要从研究者的体验出发，从调研经验中分析事物的内在联系，分析现象或要素之间的关联和作用机制，其中最主要的是因果关系。它要求研究者建立良好经验质感，对研究对象的精神世界有深入理解，在对研究对象及相关现象透彻理解和把握的基础上，对要素、现象、事物之间的因果关系做出判断。法律经验研究的具体方法包括参与观察、深度访谈、试验等。当今中国处于前所未有的社会转型期，法治建设在转型社会中探索前行。这决定了法学研究需要对作为法治基础的转型期社会性质，以及法治进程中丰富复杂的法律现象做出质性判断，尤其是常常需要在很短时间内、有限资源投入的前提下做出精准的质性判断。此时，法律经验研究有其用武之地，经验研究方法往往也更加有效。即使是有足够的时间、更多的资源投入研究，但在实证研究之前，往往也需要必要的观察和判断，法律经验研究因此必不可少。如果缺乏这一环节，贸然对法律现象做出预设，并投入资源进行研究，可能造成资源的大大浪费。

法律实证研究以法律规范为参照，通过逻辑演绎来说明变量之间的规律关系，通过中立观察所获取的数据来验证理论假设，用数据统计方法分析法律现象中的数量关系。[①] 法律实证研究强调针对研究对象收集较大范围内的样本和数据，根据大样本数据的分析得出结论，阐述因果关系。在当今越来越复杂的数据化社会，很多法律社会现象的因果关系，很难通过通常的观察—判断或假设—验证模式得出结论，而涉及大量数据的处理，质性认识建立在数据处理的基础上。高度复杂性和高度异质性的社会生活，有时适合通过实证研究统计处理的对象，用可靠的科学方法对之进行计量分析，并在此基础上进行因果关系阐释。此时，法律实证研究常常比经验研究显得更为有效。通过对较大范围数据的收集、整理、分析和运用，可能以更加具有科学性的方式呈现法律现象背后的因果关系。伴随着移动互联网所带来的社会形态的变化，人们在互联网上留下的活动痕迹和数据，变得有法律意义。这些有法律意义的数据客观上需要进行捕捉、管理、收集、处理、分析，从而形成具有全面、准确、前瞻、科学分析和判断法律现象的基础。这给法

[①] 法律实证数据的运用，可参见何挺《刑事司法实证研究：以数据及其运用为中心的探讨》，《中国法学》2016 年第 4 期。

律实证研究带来了巨大的机遇。在网络法、金融法等领域，大数据对学术研究的影响和意义越来越凸显，法律实证研究方法越来越有效，也越来越有必要性。

六　面临的挑战

总体上说，越来越多的问题需要法律实证研究,[①] 加上不断壮大的研究群体的推动，法律实证研究呈现上升的发展趋势，相应的文献数量和比例较之前都大大提高，近年的学术产出还在持续增多。而且，法律实证研究在学术市场上显露出有效的竞争力。统计分析显示，法律实证研究成果呈现上升的趋势，且形成了较大的知识市场，法学核心期刊和课题基金项目对于"实证研究"（至少是字面上带有实证的）接纳程度也更高。[②] 然而，学术成就绝不是以数量来衡量的，也不是以学术市场上课题经费的获取为标准，这些都不能从实质上证明当前法律实证研究的成就。坚实的学术立场、新颖的理论范式、可行的方法进路、有效的问题回应策略、可持续的发展脉络，才是衡量学术研究成就的重要标准。

在理论和方法方面，目前的法律实证研究并未获得认可。强世功指出，它缺乏统一集中的理论范式或问题意识，呈现出

[①]　由于本节不涉及法律实证研究的分化，因此笔者还是在广义上使用法律实证研究这一概念，它既包括狭义的法律实证研究，也包括法律经验研究。

[②]　参见程金华《当代中国的法律实证研究》，《中国法学》2015年第6期；雷鑫洪：《方法论演进视野下的中国法律实证研究》，《法学研究》2017年第4期。

一种分散化的研究取向。法理专业的研究者较多关注部门法的剩余范畴，对部门法的具体问题把握不够，而且常常受到理论框架的预先束缚，而部门法的研究者过分关注具体问题却忽略了对理论问题的思考。"缺乏更大的问题意识和理论关怀，变成了在研究问题对象化之后的专业操作，许多研究往往是用经验数据或田野故事包装出来的、千篇一律的学术工业品。"①他将目前困境的原因归结为法律教育体制所造成的隔离，法律实证研究者缺乏人文社科理论的系统训练，受制于专业壁垒，社会科学知识和方法主要基于个人兴趣摸索而来，因此在理论上难以提升。同时，理论法学与部门法学在法律实证研究中未能真正共享问题，丧失了对话的能力和基础。

　　这一批评无疑是有力的。中国法律实证研究兴起已有三十多年，至今每年产生大量实证研究的作品，但同时面临着知识生产内卷化的困境。尽管从学术产量上看，法律实证研究呈现出繁荣的景象，但知识增量和理论创见远远不够，真正运用实证研究方法在把握法律实践机制上有所创新的研究不多。类似的问题，世界多国都曾面临或正在面临。英国的法社会学研究，同样呈现出分散性和碎片化，未能发展出有影响力的理论和方法，跨学科方法似乎成为各个学科的边缘地带，实证研究日渐衰落。②美国也不例外，弗里德曼曾批判法律与社会运动："除了老生常谈的怀疑主义之外，它似乎没有什么贡献，

---

① 强世功：《中国法律社会学的困境与出路》，《文化纵横》2013 年第 5 期。
② 参见何勤华、李琴《英国法社会学研究 70 年——以"社会-法律"研究的变迁为重点》，《法学》2017 年第 12 期。

其最核心的意涵是，一切都是相对的。偶尔也出现一些宏大理论，但它们并没有生命力，而被个案研究蚕食，缺乏精髓。"①而当前的权力/不平等范式下，美国法律社会学产生了大量实证研究成果，理论核心却越来越单薄，少有突破。② 法国似乎有些例外。二战以后，法国的法社会学研究虽然呈现出多元化，但根植于大陆法系和中央集权传统，这些研究趋同于以政治化视角审视法律的问题，关注"政治司法化"、"司法与国家权力的关系"、"律师的公共政治身份"等问题，发展出"关于法律的政治社会学"的理论范式。③ 中国的"政治－法律"关系结构与法国有类似之处，法律实证研究可以从中汲取经验。

在面对时代的挑战方面，与面对法律社会问题的研究需求相比，法律实证研究做得远远不够。如何回应法治实践、书写未来图景，这是法律实证研究所面临的时代任务。在笔者看来，以下几个方面恐怕难以回避。

第一，多学科的理论视野。很多人容易把理论研究与实证研究对立起来，这完全是一种误解。其实理论视野对于实证研究极为重要。在田野调查研究中，面对杂乱无章的经验现象，如果没有丰富的理论视野，根本就提不出问题；如何提问、如何切入问题，都取决于调研者的理论准备。在定量研究中也有

① Lawrence Friedman, "The Law and Society Movement", *Stanford Law Review*, Vol. 38, No. 3, 1986.
② 参见刘思达《美国"法律与社会运动"的兴起与批判——兼议中国社会科学法的未来走向》，《交大法学》2016 年第 1 期。
③ 参见杨帆《法国法社会学的发展与转型——兼议中国语境下的法学研究范式之争》，《法学家》2018 年第 1 期。

类似问题，面对海量的信息，没有有效的理论视野，根本就不知道如何收集有用的数据，也不知道通过何种方式去抓取数据，更不知道如何用模型去分析数据。目前，大数据法学研究的学者已经感受到这一问题，即在丰富的大数据面前，缺乏开发有法律理论意义的数据的能力。① 而且，实证研究的问题很难说单纯属于法律或法学问题，无疑要借助其他学科的理论，视野越开阔，看待问题就越是多面，就越能得出有效的判断。部分出于这个原因，强世功主张从"法律与社会"研究转向"法律与公共政策"研究，不仅从社会学、经济学、人类学等学科获得理论资源，更需要从政治哲学、政治学和公共行政学等学科中汲取理论营养。② 如此，可以把微观描述与宏观理论思考结合起来，把部门法的规范与其作为公共政策的政治导向和后果分析结合起来，把法律的历史、现状与未来发展结合起来。虽然当下的法律实证研究大多面对具体问题，缺乏统一的宏大理论，但并不能因此而丧失了理论关怀。

第二，面向中国的问题意识和理论意识。法律实证研究的问题意识应当来源于中国社会生活和法治实践，研究者需要保持理论自觉，从实践出发提出中国的法治理论。目前，在诉讼法、刑法等专业，初步具有面向中国的问题意识和理论意识，但在民法、宪法等专业，这种问题意识和理论意识亟须加强。

---

① 参见钱宁峰《走向"计算法学"：大数据时代法学研究的选择》，《东南大学学报（哲学社会科学版）》2017 年第 2 期。

② 参见强世功《中国法律社会学的困境与出路》，《文化纵横》2013 年第 5 期。

费孝通晚年提出了社会科学研究的"文化自觉"问题，他指出："充满'东方学'偏见的西方现代化理论，常成为非西方政治的指导思想，使作为东方'异文化'的西方，成为想象中东方文化发展的前景，因而跌入了以欧美为中心的文化霸权主义的陷阱。"① 在费孝通看来，实现"文化自觉"的关键在于田野调查，这与法律实证研究是相通的。只要以中国的社会实践为出发点，实证研究的田野就无处不在，法律存在、运作或产生影响之处都可以是法学研究的"田野"。② 当前中国剧烈的社会转型和法治实践，无疑会为研究带来丰富的素材。从中国实践出发建构法学和法治理论，需要充分理解中国法治展开的宏观背景、资源条件、政治架构、制约结构、社会基础等，理解中国法治各具体环节的实践过程、机制、后果、制约条件等，对它们进行提炼和概括，揭示出重要的结构、因素和机制，并有相当程度的概念化、体系化、理论化。这种理论对内可以在意识形态、政法构架、法治策略、治理技术、话语模式等方面为中国法治建设和发展建言献策，对外很可能溢出中国的范围，为世界法治和法学理论发展做贡献，为其他国家法治发展提供选择性方案。

第三，多层次学术共同体的建设。现代社会科学的卓越贡献，已经不是一个人所能独立做出的，常常需要学术共同体的

---

① 费孝通：《我对自己学术的反思——人文价值再思考之一》，《读书》1997 年第 9 期。
② 参见王启梁《法学研究的"田野"——兼对法津理论有效性与实践性的反思》，《法制与社会发展》2017 年第 2 期。

长期努力。法律实证研究的突破，可能需要多层次的学术共同体的形成和努力。既要有具体地域和大学里着力于某一主题和领域的研究机构的小共同体，这些小共同体如果取得成功便可能成为学派；也需要国内外相同研究方法和旨趣的松散联合体构成"无形的学院"，如发起社科法学运动的"社科法学连线"；还需要在法学学术圈乃至社会科学学术圈内建立更广泛的联系和学术共同体，如社科法学与法教义学基于对话而构成的学术共同体，或者法学学者与社会学、政治学、人类学等学科学者基于相同研究领域而建立的学术共同体。这与西方各国法社会学发展经验相契合。例如，法国在 20 世纪 70 年代后期开始形成清晰的学术共同体，著名学者在不同大学创办研究中心，共同成立松散的组织"法社会学与法律规范学连线"，后来升级为"法国法律与社会协会"，并组织"欧洲法律与社会网络"，创办同人刊物《法律与社会》，召开全球性学术会议，出版了系列出版物，极大地推动了法国法社会学的发展。[①]

　　不同层次的共同体有着不同的功能，以某一大学为中心形成的小共同体处于基础性地位，也许也是最重要的。美国社会学之所以可以在全世界范围内长期独占鳌头，相当程度上就是因为存在一代代的学术流派，如芝加哥学派、哈佛学派、哥伦比亚学派、符号互动论者、冲突论者等，生生不息，绵延不绝。以芝加哥社会学派为例，潜藏于学派繁盛表象之下的是学

---

① 参见杨帆《法国法社会学的发展与转型——兼议中国语境下的法学研究范式之争》，《法学家》2018 年第 1 期。

派在组织上、智识上、立场上的共识，这些构成了学派凝聚与维系的根基，也是学派作为一个知识共同体存在的根源。[①] 这些都非常值得中国法律实证研究借鉴。同时，芝加哥学派理论与经验相结合的学派特质，也值得目前阶段中国的法律实证研究者学习。当前兴起的法律实证研究仍然较为"业余"，如何探索有效的研究路径，聚合力量建立联系紧密的学术团队，形成稳定而有延续性、有生命力的学术传统，不因个别人学术兴趣转移而中断学术传统，如何在实证研究中进行跨学科交流协作，保持有效沟通和研究合作，塑造良好的学术环境，成就积极向上的学术共同体，还需要持续深入的进一步探索。

---

① 参见何雨《社会学芝加哥学派》，社会科学文献出版社，2016，第 415 页。

本章提要

　　社科法学由诸多不同的研究取向构成，它们因主张用社会科学（甚至自然科学）理论和方法来解释法律现象而与法教义学有所不同。社科法学最早在美国法律现实主义运动后兴起，并取得了与判例法学比肩的地位，目前在中国已有相当的研究积累和学术地位。社科法学有着诸多前提倾向性，其研究对象具有经验性，问题意识来源具有实践性，对法规范和法秩序保持中立性态度，对法规范和法秩序的评判标准具有多元性。其研究工作力图从经验进路辨析因果关系，从实践出发提炼概念和理论，从实际出发探索立法和实施对策。社科法学在转型期的中国有着深刻的发展土壤和现实功用，着力于理解中国法治实践，参与中国法治建设，提炼中国法治和法学理论。社科法学应当成为当前法学研究的重要进路之一，成为发展中国法学理论的基础性学术进路。

　　在法学的众多研究方法和领域中，能够体现法律人知识和思维独特性的，当属

第二章　社科法学

法教义学；而更具有社会亲和力，更能回应社会需求和公共政策需求的，当属社科法学（Law and Social Sciences）①。社科法学力图用社会科学的方法分析法律现象、预测法律效果。最近十多年来，社科法学已经有了长足的发展，日渐受到法学界的重视，包括受到学人的批评。② 相比于在方法论上直面批评、澄清社科法学的学术进路而言，③ 建设社科法学的任务更为棘手，它需要长期的努力。已有越来越多的法学论著宣称其运用了"经济学分析"、"社会学建构"、"人类学进路"，社科法学的学术进路得到广泛的承认，这固然令人欣喜。但社科法学是否因缺乏界定而模糊，因运用广泛而显随意？值得追问的是，社科法学究竟是一种怎样的研究立场、进路和方法？与将法律规范作为信条的法教义学相比，其必要性和功用何在？与以借鉴西方先进法律制度为思维定式的对策法学相比，其优势何在？目前，社科法学在具体问题的研究上着墨颇多，对社科法学研究的具体方法也有不少讨论，但缺乏系统梳理社科法学的源流、特征、功能、作用、意义、优势等的学术成果。本章

---

① 国内学人曾用社科法学、法律和社会科学、法律与社会科学、法律社会科学等不同词语指代这一研究领域，它们与美国的 Law and Social Sciences 基本同义。2013 年 10 月，在云南大学召开的"法律和社会科学"年会上，相关青年学人达成了基本共识：从词语的表意重心和简洁性出发，尽量用"社科法学"来指代这一研究领域和学术进路，个别情况下也用"法律和社会科学"。

② 参见陈景辉《法律与社会科学研究的方法论批判》，《政法论坛》2013 年第 1 期。

③ 参见王博阳《关于法律和社会科学的一种非典型性误读——与陈景辉先生商榷》，《政法论坛》2013 年第 6 期。

尝试描绘社科法学的全景图像，并提出相应的主张。

一　社科法学在美国的源起

从法学的发展史来看，法教义学使其具有独特性，甚至可以说，在很长时间内，法学便是法教义学。近代法学源于12世纪意大利的波伦亚大学，其直接原因是《查士丁尼国法大全》的重现，人们以对待《圣经》的态度对待它，将其视为权威，不断加以注释。[①] 19世纪以后，欧洲国家逐渐出现法典，法学研究就变成了对法典的注释，法律推理也成为法律文本与社会现实的联结。法教义学运用法律自身的原理，遵循逻辑与体系的要求，以原则、规则、概念等要素制定、编纂与发展法律以及通过适当的解释规则运用和阐释法律。[②] 虽然从法律之外的自然因素和政治社会因素讨论法律现象在欧洲一直存在，其代表人物早期如孟德斯鸠、梅因、萨维尼等，后来如马克思、耶林、埃利希、涂尔干等，北欧甚至出现了法律现实主义运动；但是，这些思想对欧洲法律实践和法学教育的影响和改造并不大，未能撼动法教义学的地位。直到社科法学在美国兴起，才逐渐改变这种局面。

社科法学源起于19世纪末20世纪初的美国。在此之前，美国的判例法学遵循着类似于法教义学的形式主义思维（兰德尔主义）：法官从精挑细选的少量先例中寻找规则，通过逻

① 〔美〕约翰·H. 威格摩尔：《世界法系概览》（下），何勤华、李秀清、郭光东等译，上海人民出版社，2004，第846页。
② 参见许德风《法教义学的应用》，《中外法学》2013年第5期。

辑推理得到唯一正确的司法判决，司法是一个演绎性过程。"兰德尔主义以回避现实的方式回应现实，在基因里就藏着隐患。凭借原理和演绎逻辑裁剪法律实践，牺牲现实多样性以获得理论统一性，必然造成法律僵化，阻碍社会发展。"① 当时美国处于社会转型期，经济日益繁荣，社会的不平等也不断加剧，形式主义司法无视经济垄断和贫富分化，这些成为激发"进步运动"的重要因素。进步运动要求发展社会福利，限制大公司的经济垄断，保障劳工及妇女的平等权益。在新兴社会科学影响下，法律精英阶层也加入进去，他们主张摒弃形式主义司法，运用经济学、社会学和心理学的研究成果，指导社会改革和司法裁判。② 与此同时，形式主义思维不断受到质疑，人们逐渐认识到法律问题的答案会随着社会背景而变化，规则可以经由解释呈现不同的意义，形式主义的演绎推理并不妨碍法官获得想要的结果。相应的，对规则的分析和解释的重要性有所降低，而关于社会运行的知识越来越重要。这一转型过程中，霍姆斯、庞德、布兰代斯等人起到了重要的推动作用，他们批判了旧法学理论的形式化和机械化，同时支持了法律与社会的关联。

1. 霍姆斯。霍姆斯批判了"法律发展中唯一起作用的力量是逻辑"的观念，这种观念来自法律人所接受的逻辑训练。

---

① 陆宇峰：《美国法律现实主义：内容、兴衰及其影响》，《清华法学》2010 年第 6 期。
② 参见陆宇峰《美国法律现实主义：内容、兴衰及其影响》，《清华法学》2010 年第 6 期。

类比、区别和推理是法律人擅长的技术，司法判决的语言也主
要是逻辑的语言；逻辑方法和形式能够满足人们对确定性的渴
望。但这些只是幻觉，实际上，人们可以为任何结论赋予逻辑
形式。霍姆斯认为，历史和社会利益决定了法律的内容及其发
展。如果想要知道法律规则具有何种特定的形式，以及它为什
么会存在，就应该深入历史传统中去。① 霍姆斯认为，"法律
的生命不是逻辑，而是经验"。这种经验包括历史的经验，更
重要的是社会的经验。"一个时代为人们感受到的需求、主流
道德和政治理论、对公共政策的直觉，甚至法官与其同胞们共
有的偏见，在决定赖以治理的规则方面的作用都比三段论推理
大得多。"② 除了历史之外，取代逻辑的更重要方法是社会利
益和社会目的，为此霍姆斯还说，"对于法律的理性研究而
言，现在需要的或许是精通文字的人，未来所需要的则是精通
统计和经济学的人"③。

2. 庞德。庞德强调"法律的生命在于实施"，正式提出社
会法理学，指出其主要任务是推动法律规则在制定、解释和适
用时能更多地、更明智地将社会事实纳入考虑范围，因为它们
是法律产生之源，也是法律适用的对象。社会法理学包括六个
方面：第一是研究法律制度和法律原则的实际社会效果；第二

① 参见〔美〕霍姆斯《法律的道路》，载《霍姆斯读本：论文与公共演讲
选集》，刘思达译，上海三联书店，2009。
② 〔美〕霍姆斯：《普通法》，冉浩、姚中秋译，中国政法大学出版社，
2006，第1页。
③ 参见〔美〕霍姆斯《法律的道路》，载《霍姆斯读本：论文与公共演讲
选集》，刘思达译，上海三联书店，2009，第29页。

是立法准备过程中与法学研究相联系的社会学研究；第三是使法律规则实际有效执行的方法；第四是法律史的社会学研究；第五是个案中的合理和公平；第六，以上各点都是更有效实现法律秩序的目的的手段。① 社会法理学对法律体系、法律原则、法律制度的理解，是在与社会现象相比较的层面展开的，也是从社会环境、社会发展的角度进行论述和批判的。庞德关注法律的运行，主张法律应该被看作达到社会结果的指引，而不是僵化的；认为法律能够通过智力劳动加以改进；并提出了纸面上的法律与实践中的法律的区分。

　　3. 布兰代斯。布兰代斯在出任美国联邦最高法院法官之前，就有了很大的智识影响。在"马勒诉俄勒冈州"一案中，俄勒冈州存在一项禁止妇女每日劳动超过 10 个小时的立法，而马勒洗衣公司不愿遵守此法，上诉到联邦最高法院，理由是该法违反第 14 条宪法修正案关于劳资订立契约自由的规定；律师布兰代斯代表俄勒冈州向联邦最高法院呈交了一份长达一百多页的辩护状，其中只有两页是传统的辩诉理由，其余都是相关的社会调查材料，包括物理学家、经济学家、工厂监察员等的言辞。辩护状有力地说明工时过长损害劳动妇女健康，不利于她们完成母亲职责，导致人口质量下降，并降低整个社会在物质上、精神上、道德上的水准。② 联邦最高法院最终被这份辩护状说服了，布兰代斯开启了社会科学影响司法的先河。

---

① Roscoe Pound, "The Scope and Purpose of Sociological Jurisprudence", *Harvard Law Review*, Vol. 25, No. 2, 1912.

② Muller v. Oregon, 208 U. S. 412（1908）.

布兰代斯曾说："一个没有学过经济学和社会学的法律人很容易成为人民公敌。"[①]

上述法学家（法官）对以规范为中心的传统法学展开批判，揭示法律运作的现实，并影响了司法实践。伴随这一过程，社会科学知识开始进入法学院和法律实践。1916年，耶鲁大学法学院向校长提交了一份把法学院扩展为法律与法理学院的建议，强调法学院的三个基本目标："从历史的、比较的、分析的和批评的角度对法律及其变革进行研究，其目的是直接指导法律未来的发展，提高法律的管理，完善立法方法。"[②] 对传统法学的批判最终走向了法律现实主义运动，这场运动吸引了大批的追随者，其代表人物中最著名的是卢埃林和弗兰克。这场运动对美国的法律实践和法学研究都产生了非常广泛的影响。

与传统的法教义学相比，现实主义法学有着鲜明的特点。第一，从实证主义的视角看待法律现象，重视法院在现实生活中的具体行为，比较忽视法律的规范性特征，倡导以预测论的观点看待法律，通过法院在将来可能做出的判决来分析解释法律。第二，现实主义的社会模型具有功利主义色彩，它认为人有不同的利益诉求，但由于社会资源有限而得不到满足；法律

[①]　转引自苏力《也许正在发生——转型中国的法学》，法律出版社，2004，第3页。

[②]　〔美〕罗伯特·斯蒂文斯：《法学院：19世纪50年代到20世纪80年代的美国法学教育》，阎亚林、李新成、付欣译，中国政法大学出版社，2003，第178页。

是社会利益分配的工具，通过法律的社会控制，可以用最小的代价获取最优的结果。第三，主张法官应该在创制法律的过程中发挥重要的作用，认为法官的工作不仅仅是将规则运用于案件而得出判决。第四，实践中诸多司法判决不是基于法律规则、原则、先例，而是根据法官无意识的偏见做出的，司法过程中对规则和先例的引用仅仅是对判决的理性化表达。弗兰克认为，判决并非是将法律规则运用于事实的结果，而是法官在受到外界刺激的情况下，根据自己的个性而做出的。[1] 第五，以法律运用的效果来评判法律，社会科学和历史在其中有重要作用。

现实主义法学极力主张社会科学在法律职业和法学教育中的重要作用，并身体力行地投入相关实践中。例如，弗兰克在1927年接受了精神分析治疗，从此以后他就以非常独特的精神分析视角来看待法律职业，强调法官人格在司法运作中的关键作用。他在谈到法官由于之前的经历而具有内在偏见时，甚至主张"每个将要成为法官的人都应当有点类似于精神分析的经历。这种'自知'在很大程度上有利于削弱司法偏见所造成的不良后果"。[2] 卢埃林则在其第一次婚姻破裂之后研究了离婚。[3] 法律教育发生了一些显著的变化，更多的社会科学

①　Jerome Frank, *Law and the Modern Mind*, Coward - Mccann Publishers, 1930, p. 281.
②　〔美〕杰罗姆·弗兰克：《初审法院》，赵承涛译，中国政法大学出版社，2007，第273页。
③　Karl Llewellyn, "Behind the Law of Divorce", *Columbia Law Review*, Vol. 32, No. 8, 1932 & Vol. 33, No. 2, 1933.

家进入了法学院，课程和教材开始发生变化，选修制、研讨课的逐渐引入，诊所式教学开始兴起，这些使得传统课程体系的崩溃成为可能。[①] 现实主义法学还推动了一些研究新尝试。在1927年成为耶鲁大学法学院院长的哈钦斯的支持下，社会科学和法律相关性及其经验研究在耶鲁得到了特别的重视，法院运作、公司破产、银行业、交通规则的遵守等问题的经验研究都得以展开。不过，仅仅几年之后，经验研究就衰落了，这有多方面的原因：一是1929年开始的大萧条使学者获取研究经费变得困难；二是哈钦斯离开了耶鲁大学法学院，去芝加哥大学做校长；三是经验研究工作耗时，难以满足通过研究来达到短期改革目标的需求，而且，研究结果也不一定支持研究者的政策偏好。[②]

　　作为一个独立的社会运动，法律现实主义很快就失去了力量。然而，换个角度去看，法律现实主义也是很成功的。第一，现实主义法学的很多观念融入了大环境中，其主张被广泛接受，"我们都变成了法律现实主义者"。"法律现实主义在终结时几乎打败了其所有的敌人。今天，如果你告诉一个法律教授（或律师等）群体，你认为政治对法律制度起着重要的影响，法治并非像表面上的那样确定而是相当灵活的；你相信法

---

① 参见〔美〕罗伯特·斯蒂文斯《法学院：19世纪50年代到20世纪80年代的美国法学教育》，阎亚林、李新成、付欣译，中国政法大学出版社，2003，第211页。

② 参见〔美〕约翰·莫纳什、〔美〕劳伦斯·沃克《法律中的社会科学》，何美欢、樊志斌、黄博译，法律出版社，2007，第19页。

律不是也不可能是中立的，以及诸如此类的观点，他们可能会哈欠连天并表示同意。"[1] "法律应该在广泛的社会背景下进行考察"成为常识，没有人再会为同一案件的不同判决而感到吃惊。第二，法律现实主义造就了一种氛围，其使法学院接纳社会科学课程成为普遍现象。"法律现实主义使得法学院的人们对社会科学保持了开放的心态，包括心理学、经济学、社会学、政治科学、人类学。没有人能确定哪一门将会是有帮助的，但大家都愿意去尝试一门。"[2] 经济学很快就被证明分析力极强，与法学问题之间有着很强的亲和力。[3] 第三，在实践层面，法律问题的解决越来越使用社会科学材料。从 20 世纪50 年代以后美国联邦最高法院、新泽西州最高法院以及其他一些法院判决中引证的法律材料和非法律材料来看，不仅司法判决中引证的非法律材料的总量增加了，而且相对于这些判决中所引证的法律材料的百分比也增加了。[4]

在美国，法律以客观性为基础的观念日益遭到否定，法律规则不再被认为是价值无涉的，社会科学在法学研究、法学教

---

[1] Lawrence Friedman, *American Law in the 20th Century*, Yale University Press, 2002, p.493. 转引自〔美〕斯图尔特·麦考利《新老法律现实主义：今非昔比》，范愉译，《政法论坛》2006 年第 4 期。

[2] Edmund Kitch, "The Fire of Truth: A Remembrance of Law and Economics at Chicago", *Journal of Law and Economics*, Vol.26, No.1, 1983.

[3] 也有学者否认法经济学接受了法律现实主义的遗产，例如，波斯纳认为，"法律经济学运动几乎没有什么可归功于现实主义法学"，参见〔美〕波斯纳《超越法律》，苏力译，中国政法大学出版社，2001，第 3 页。

[4] Frederick Schauer & Virginia Wise, "Nonlegal Information and the Delegalization of Law", *The Journal of Legal Study*, Vol.29, No.S1, 2000.

育和法律实践中的地位和作用日益显著。社科法学也因此成为与判例法学相对应的法学教育和研究范式，并对法律实践产生了深远的影响。"在美国各大法学院的《法律评论》中，已经较少见到纯粹的判例法学论文，而是更强调社会科学方法的运用，或注重对判例的社会情境的考察。"① 可见，社科法学在美国日益占据主流地位。

在中国，从 20 世纪 90 年代起，就有很多学者不满足于对法条、概念的解释，试图探讨支撑法条背后的社会历史根据，探讨制定法在中国的实际运作状况以及构成这些状况的诸多社会条件，其知识进路就被概括为社科法学。② 时至今日，社科法学在中国已有相当具体的研究积累。在研究方法和进路上，与法教义学主要受欧陆法学传统的影响不同，中国的社科法学主要（并非全部）受美国法学传统的影响，运用的工具也多来自美国社会科学。

二　社科法学的前提倾向性

法律现实主义是社科法学的起源。然而，法律现实主义并没有统一的立场和方法，甚至现实主义法学的代表人物都否定法律现实主义作为学派的存在。卢埃林就指出："把这些人都归为现实主义者的理由并不是他们在信念或者工作上有类似的地方，而是他们从对于古典主义法学的一些共同的偏离点出发

① 侯猛：《社科法学的跨界格局与实证前景》，《法学》2013 年第 4 期。
② 参见苏力《也许正在发生——转型中国的法学》，法律出版社，2004，第 13 页。

进入了一系列的工作之中，这些工作看起来将他们建成了一个整体，这个整体是无人计划、无人预见，而且还可能没有被任何人很好地掌握。"① 同样的道理，社科法学内部不同研究之间其实有着不同的学科和方法背景，将它们统一在社科法学的"旗下"，缘于它们都主张用法学以外的社会科学（甚至自然科学）理论和方法来解释法律现象，从而与法教义学（或规范法学）有所不同。与法教义学相比，社科法学并没有统一的方法论内核，也缺乏共同的前提预设和价值立场。作为一个整体，社科法学缺乏学科或学派性计划。既然要将互相之间颇有张力的研究囊括在社科法学的"旗下"，那从中析取最大公约数，概括其前提倾向性就显得比较必要。

（一）研究对象的经验性

社科法学和法教义学一样，都以法律现象为研究对象，但是其研究对象上的倾向性有很大不同。"法教义学视野中的法现象是一种以规范现象之身份出现的法，它设定人们应当如何行为与交往的标准。此行为标准属于规范性范畴，其有效性的主张不受其是否具有实效性的影响。"② 与法教义学形成鲜明对比，社科法学视野中的法律现象是以经验现象出现的，它涉及的是法律运作的实然状态。从社会科学的不同视角切入，便

---

① Karl Llewellyn, "Some Realism About Realism", *Harvard Law Review*, Vol. 44, No. 8, 1931.
② 白斌：《论法教义学：源流、特征及其功能》，《环球法律评论》2010 年第 3 期。

从不同层面观察法律运作的实然状态。法社会学观察的是作为社会现象的法以及法与社会的关联，诸如法的社会作用、法的社会效果、社会对法的塑造、法对社会的塑造等等。法心理学关注的是法律运作过程中的心理现象，观察作为心理现象的法律现象，诸如有法律上后果的行为的心理动因、司法活动的心理过程、法律过程的心理效应等等。法人类学观察特定人类社群中的法律运作和法律秩序，诸如社群生活中的权力结构、法律过程、法律意识和法律世界观等等。法经济学观察实际起到了稀缺资源分配作用的法律活动，用市场竞争模型揭示立法的政治过程，用成本—收益模型评估立法和司法裁判的合理性，关注立法的资源分配效果、司法的效益等等。这些研究虽然视角不同，但其研究对象都具有经验性。

社科法学所研究的问题，一般都涉及经验世界，具有可观察性。这种可观察性体现为可能通过人的视觉、听觉直接感受，也可能借助工具进行测量。就像人们用望远镜观察天体，很多法律现象则需要借助工具进行测量。例如，法官的心理活动，可以通过深入访谈方法加以揭示，但前提是法官对心理活动有明确的意识；在法官缺乏明确的心理意识时，则可以通过实验的方法加以测量，并利用统计学知识加以分析。[1] 社科法学认为法律不是在真空中运行，而要受到各种各样的现实制约，从不同角度可以看到不同的制约，例如，社会结构、运行

---

[1] 参见李学尧、葛岩、何俊涛《认知流畅度对司法裁决的影响》，《中国社会科学》2014年第5期。

成本、文化和生活样式、执法组织和个人、执法对象等等。这些制约都是经验现象，是可观察的。有些现象看起来在现实世界中并不存在，而因其相对面是经验性的而成为社科法学的研究现象，例如科斯定理中所谓的"交易费用为零"①的情形。社科法学的任务就是要通过对经验现象的研究，来揭示并解释相关制约的逻辑关系和机制。总之，与法教义学通过排除对法律之下的生活、法律现实等的研究而划定其自身界限不同，社科法学力图将法律现象还原到现实生活之中，并置于可观察的地位。法律现象的经验性是社科法学研究的起点。

（二）问题意识来源的实践性

社科法学的研究对象是经验性的法律现象，其问题意识来源于法律实践。社科法学的前驱者们研究区别于"纸面上的法律"的"行动中的法律"，② 区别于"纸面规则"的"现实规则"，③ 其本质都是研究真实世界的法律现象。社科法学一直坚持问题意识来源于实践的这一品格。首先，研究的问题是现实生活中真实存在的问题，或者通过某种理想状态来凸显现实生活中真实存在的问题。诸如"连体人法律人格"的问题

---

① 参见〔美〕罗纳德·哈里·科斯《社会成本问题》，胡庄君译，载〔美〕R. 科斯等《财产权利与社会变迁——产权学派与新制度学派译文集》，上海三联书店、上海人民出版社，1994。

② Roscoe Pound, "Law In Books and Law In Action", *American Law Review*, Vol. 44, No. 1, 1910.

③ Karl Llewellyn, "A Realistic Jurisprudence—The Next Step", *Columbia Law Review*, Vol. 30, No. 4, 1930.

至少在目前中国不是一个现实性的问题，因为中国目前没有连体人存活，即使有也不是亟须面对的问题。其次，问题意识来源于法律实践的需求和困惑，而非学者在书斋里的想象。例如，社科法学不太可能去研究"借鉴国外沉默权制度"的问题，因为能否借鉴属于主观性很强的判断，无法进行经验性的分析和"科学化"的操作。然而，一旦沉默权制度实际进入了中国法律，就可能成为社科法学的问题意识来源，沉默权制度的实践效果如何？为什么会如此？沉默权一旦成为制度现实，这些问题才可能成为实践中的困惑，否则就只是学者假想的问题。最后，问题意识在实践层面先是追问"为什么"，然后才是讨论"怎么办"。法教义学也会遇到实践层面（尤其是司法实践）的疑难问题，其问题意识是如何通过解释法律规范来解决问题，不追问为什么实践中会出现这一问题，更不会将问题放到法律之外的政治社会系统中去思考。社科法学面向真实的法律实践，追问"为什么"，在得到有效回答后才继续思考"怎么办"的问题。

（三）对法规范和法秩序态度的中立性

社科法学对待现行法规范和法秩序的态度与法教义学有着根本性的不同。法教义学在展开具体研究之前，就断定现行法规范和法秩序是合理的，并将法规范当作信条予以遵守。[1] 而

---

[1]　参见〔德〕拉伦兹《法学方法论》，陈爱娥译，商务印书馆，2003，第77页。

且，法教义学几乎不过问法规范和法秩序为何如此，而是不加质疑地相信现行法规范和法秩序的正义性，并将之当作研究的起点。与此形成鲜明的对比，社科法学对法规范和法秩序的态度是中立的，既不认为它是不可动摇的信条，也不认为它理所当然地正义或不正义。现行法规范和法秩序的合理性，需要运用社会科学方法，深入法律实践和社会生活中进行经验性研究，才能做出实质意义上的判断。正如庞德所说："法律的生命在于实施，因此迫切需要对怎样使大量立法与司法解释有效而进行认真的科学研究。"[①] 当然，并非所有的法规范都在其生效后才能通过经验性研究来做出合理性判断；在法规范生效之前，也可能在法律实践和社会生活经验的基础上，运用社会科学方法对其合理性进行预测。苏力就曾针对最高人民法院关于"奸淫幼女"的批复展开批判和预测，[②] 其预测在此后的实践中逐渐被证明，[③] 遗憾的是当时未能引起权力机关的重视。

必须说明的是，对法规范和法秩序保持绝对中立性是不可能的。社科法学的中立性是相对于法教义学的倾向性而言的，后者认为法规范和法秩序天然具有合理性。社科法学经过经验性研究之后，才会对法规范和法秩序的合理性进行评判。然

---

① Roscoe Pound, "The Scope and Purpose of Sociological Jurisprudence", *Harvard Law Review*, Vol. 25, No. 2, 1912, p. 512.

② 参见苏力《司法解释、公共政策和最高法院——从最高法院有关"奸淫幼女"的司法解释切入》，《法学》2003年第8期。

③ 2013年最高人民法院、最高人民检察院、公安部、司法部联合发布的《关于依法惩治性侵害未成年人犯罪的意见》对之前司法解释存在的问题已经做出了修正。

而，社会科学的任何视角、理论和方法，不可能完全中立而不带任何先见或偏见。韦伯所说的社会科学研究的"价值无涉"①，只是说在选定研究对象以后开展研究的过程中，研究者应当保持中立，不能让价值偏好影响了对经验材料的解读，替代了对问题的判断；然而，选定研究对象本身需要特定的视角和理论，这种视角和理论背后可能有价值偏好在起作用。社科法学选择法律实践而不是法律规范文本作为研究对象，可能就潜含了对法律规范的实践效果的疑问。因此，在研究中需要清晰理解和把握所选取的视角、理论和方法的价值立场，不能让这种立场左右甚至替代经验研究。即使研究结论不符合研究者的价值倾向和政策偏好，也应当保持客观中立的态度。

（四）对法规范和法秩序评判标准的多元性

与法教义学将现行法规范和法秩序视为信条，很少展开批判不同，社科法学对法规范和法秩序的批判是常态。有学者认为，除法教义学以外，其他法学研究都倾向于概括地研究法，以整个法秩序作为批判或者分析对象，不专心探究某个条文、某条规范的正义内涵，而是将整个法秩序还原为现实力量对比关系，从而全面、彻底地批判现行实在法制度。② 就社科法学而言，这种看法当然是粗浅的。社科法学对法规范和法秩序的

① 〔德〕马克斯·韦伯：《社会科学方法论》，李秋零、田薇译，中国人民大学出版社，2009，第4页。
② 参见白斌《论法教义学：源流、特征及其功能》，《环球法律评论》2010年第3期。

批判，既可能针对具体法条，也可能针对法律原则或整体性的法律制度。与法教义学在不多见的批判立场中采取法律体系的内部标准不同，社科法学的批判标准往往是外部的、非规范性的。由于社科法学本身是不同研究进路的统称，不同研究进路的标准自然有所差异，因此社科法学评判法规范和法秩序的标准也是多元的，或者说，社科法学并没有评判法规范和法秩序的统一标准。法社会学倾向于将社会效果、法律与社会的适配程度等作为评判标准，法人类学倾向于将受众的法律意识、法律世界观、地方性正义等作为评判标准，法经济学则倾向于将效率、成本—效益等作为评判标准。不同的标准表明了不同研究进路的倾向，现实世界的法律也许需要在这些标准以及其他更多的标准中寻求平衡，而这种平衡往往取决于现实生活和法律实践的需要。

有学者批评当下中国的规范法学（法教义学）陷入了封闭的理论循环之中：从西方法律理论中寻求灵感，从外国法律制度中发现法律发展的经验；进而展开对策研究，提出相关的立法建议或制度改革方案；在成功推动成文法颁布实施之后，便开始对法律进行逐条释义，以为司法提供指引；[①] 如果中国成文法与西方主流法律理论和法律制度不同，便会遭到以西方为标准的批评。如此，法教义学评判法律制度的标准难免受到"殖民地标准"的讥讽，也背离了其将一国法律制度作为信条的根本出发点。在评判法规范和法秩序时，社科法学显然不会

---

① 参见陈瑞华《从经验到理论的法学方法》，《法学研究》2011 年第 6 期。

醉心于逻辑建构的规范世界，不会以某一标准居高临下地对法律实践进行形式主义批判，而会根据现实生活和法律实践需要选择评判标准。在某种意义上，评判法规范和法秩序标准的多元性，表明社科法学总体上是实用主义的。这种多元性和实用主义恰恰是社科法学力量之所在。用某一种学科和知识进路来解释法律现象可能会有理论或逻辑上的美感，但其局限性显而易见。到目前为止，没有一种学科或理论进路能较好地解释所有的法律现象。即使是有较强解释力的法经济学，也不能有效解释所有的司法活动；有较强影响力的法社会学，面对法律中的价值判断问题也无能为力。

三　社科法学研究工作的特色

作为一个整体，社科法学虽然缺乏规划，没有统一的方法论内核，也缺乏共同的前提预设和价值背景，但与法教义学相比，其研究工作还是具有一些鲜明的特色：从经验进路辨析因果关系，从实践出发提炼概念和理论，从实际出发探索立法和实施对策。这些工作特色决定了社科法学需要来自法学之外的知识资源，表明社科法学是法律与其他社会科学交叉的产物。

（一）从经验进路辨析因果关系

"经验进路"一词刻画了社科法学提问题的一般倾向。进一步说，经验进路包含了社会科学在提出问题时的三个一般性目标：希望预测所研究事件的发生；希望有能力控制事件的发生；希望理解事件发生的原因。① 其核心便是发现事物或现象间的因果关系。传统的宏大社会科学理论受自然科学的影响，着眼于从公理出发建立推演性的逻辑体系，从一些初始条件出发，根据理论、定理（类似于自然科学中的牛顿定律）来推定因果规律所导致的社会性后果，从而达到分析、解释社会现象的目的。由于社会现象十分复杂，这种理论尝试往往事倍功半；而且，人们在研究具体问题时往往很难事先知道前设性的公理和定理。所以社会科学逐渐从宏大层面转向中层理论，越来越关注具体的"因果机制"，② 也就是从经验进路辨析因果关系，从具有经验性、可观察的因果关系去分析问题、解释问题，而不是建立庞大完整的逻辑体系，寻找普遍意义的因果规律。这是一个相对比较容易把握的分析方式。社会科学研究有两类风格：因果解释（explanation）和意义阐释（interpretation）。解释性（因果解释）研究力图揭示社会现象发生的原因，而意释性（意义阐释）研究则阐释行动的文化意义。两者并不矛盾，相反，意义互动恰恰是社会因果机制的特点。所以，无论是解释性研究，还是意释性研究，因果命题都是必不可少的。③

因果关系多种多样，至少包括以下几种。一是充分必要因果关系：某一条件或因素对产生某一效果是必须的，而且总是

① 参见〔美〕约翰·莫纳什、〔美〕劳伦斯·沃克《法律中的社会科学》，何美欢、樊志斌、黄博译，法律出版社，2007，第51页。
② 参见周雪光《组织社会学十讲》，社会科学文献出版社，2003，第15页。
③ 参见彭玉生《社会科学中的因果分析》，《社会学研究》2011年第3期。

可以产生此效果；二是必要但非充分因果关系：某一条件或因素是产生某一效果的众多必要条件之一；三是充分非必要因果关系：某一条件或因素是能够独立导致某一效果的条件之一；四是贡献性因果关系：某一条件或因素对引发某一效果既不充分也不必要，但可以影响效果发生的盖然性；五是反馈环路式因果关系：某一条件或因素与某一效果的互为贡献性因果关系，即条件或因素可能导致某一效果，而这一效果反过来也可能导致条件事实的发生或深化。在现实生活中，这些不同的因果关系还可能组合成更多种复合的因果关系模式。与自然科学有所不同，社会科学所研究的经济、社会、文化、政治现象中，贡献性因果关系以及与之相关的反馈环路式因果关系更为常见。因为在社会科学以及社科法学的研究中，因果关系涉及社会情境的界定和文化规则的解释，而人的自我意识及行为任意性会导致社会现象具有随机性，因果链条因此扑朔迷离，且测量非常困难。相比而言，人们更容易发现一种条件或因素增加了某一效果发生的概率。

在具体研究中，辨析因果关系主要有两种模式。一是观察判断模式。一个学者只有深入经验现象内部，对所有与研究问题相关的现象有着完整把握，才可能对现象背后的因果关系做出准确判断。现象本身是杂乱无序的，透过现象看到本质性的因果联系，需要对经验现象有深入观察和透彻理解。观察判断模式必然强调研究者的"经验质感"，其实质是在广泛接触社会现实和经验现象后，能够对研究领域的事物和现象总体把握，并在现象之间发现关联的能力。① 二是假设验证模式。在经验研究中，并非所有的因果关系判断都是从经验开始的，很多可能是从假设开始的。研究者假设了某一条件或因素与效果之间的因果关系，然后通过社会科学方法进行验证。假设可能源于某一经典理论，也可能是初步观察后的断定，甚至可能源自生活经验的直觉。假设验证模式，先形成两个或多个变量关系的明确命题，然后通过经验观察、数据收集来分析现象，测量数据是否支持假设。

在研究中，尤其需要区分相关关系与因果关系。相关关系不蕴含因果关系，但由于存在混杂因素，其使两种事物或现象之间存在着某种相关性。例如统计关系，通过统计数据，采用统计方法整理分析数据可能得出事物或现象之间具有统计规律性，但这只能表明某些事物或现象之间有关联，判断其是否存在因果关系还需要进一步的深入研究。再如共生关系，通过经验观察，可能发现某事物或现象总是同时或先后出现，这同样也只能表明事物或现象之间有关联，它们可能是同一其他事物或因素作用的不同方面的后果，是共生的，但没有因果关系。在社科法学的经验研究进路中更重要的是因果链的解释：某一条件或因素导致某一效果，这一效果会引发进一步的其他效果，条件或因素与最终的效果之间实际上就是一种间接因果关系。人们常常能够通过生活经验或直觉准确判断某一条件或因

---

① 参见贺雪峰《饱和经验法——华中乡土派对经验研究方法的认识》，《社会学评论》2014年第1期；吕德文：《谈谈经验质感》，《社会学评论》2014年第1期。

素导致了某种效果，但并不知晓到底是如何导致了结果的产生，就是由于没有发现作为中间变量的结果/原因。从条件到结果存在诸多的中间变量和混杂因素，因果链解释的任务就是发现并揭示这些中间变量及其作用机制，辨认混杂因素及其作用机制并将其从因果链上祛除。社会科学以及社科法学的魅力就在于从纷扰复杂的现象中揭示因果链条。

（二）从实践出发提炼概念和理论

社会科学中因果关系的揭示，本身就是理论提炼的核心问题。因果关系的判断不是简单的归纳，而是一种抽象，它需要解释为何如此，从而必然走向理论抽象。"因果解释一定包括机制解释，而机制解释一定是理论解释。因果理论不是对经验相关的简单归纳，而是思想飞跃。"[①] 也就是说，因果关系的分析是通向理论的。经验研究的目的不是描述现实，而是解释现实，进而提炼理论。现实中的现象是纷扰复杂的，因果关系的分析也往往有很长的链条，概念和理论模型则是相应的节省信息成本的工具，概念和理论模型的提炼可以更精炼地表达更加丰富的思想；而且，经由这种提炼，产生了作为进一步解释问题中介的理论，一个领域的因果关系模式就可能被用于解释更为普遍的现象。理论可以超越地域、领域和国界，从而具有普遍性的贡献和意义。目前社科法学所运用的理论，大多来自欧美，多是从欧美社会和法治实践中提炼出来的，它们是超越

① 彭玉生：《社会科学中的因果分析》，《社会学研究》2011年第3期。

国界的，可以被中国学者学习和运用。社会现象虽然是一时一地的，但相关因果关系却是客观的，可能具有普遍的意义。有生命力的理论一定具有普遍性，如此，社科法学从经验到理论的研究就具有了更普遍的意义。

概念和理论的提炼基于经验观察，但从经验观察上升到理论的过程绝非简单的归纳。它是一个复杂的过程，黄宗智将其描述为："从最基本的事实中去寻找最强有力的分析概念。从悖论现象出发，对其中的实践做深入的质性调查，了解其逻辑，同时通过与现存理论的对话和相互作用，来推进自己的理论概念建构。"① 这一过程是多因素的复合，首先需要理论的积累。理论抽象需要以现有理论为基础，是在现有理论运用基础上的批判和创新，需要以既有理论作为建筑材料或参照映像。经验研究对理论的要求往往是实用主义的，因为在提炼出理论之前，无法预期何种理论是有用的。因此，需要大量的理论积累作为备用。其次需要经验的积累。归纳因果关系有求同法、求异法、剩余法、共变法等方法，这些方法的运用都需要研究者有大量的经验积累。只有有足够的经验积累，才能进行综合分析，掌握各种现象之间的联系和差别，辨析其中的因果关系。如果局限于过小的经验范围，不同现象之间的关系将无从被发现，对某一事物或现象有重要影响的因素无法被揭示，现象之间的逻辑也就无法被提炼。最后需要经验和理论的自洽

---

① 黄宗智：《认识中国——走向从实践出发的社会科学》，《中国社会科学》2005年第1期。

性。理论分析必须有逻辑连贯性，在揭示经验现象时必须能够自圆其说。经验世界本身充斥着矛盾，相关理论解释要实现自洽性，就必须不断地在理论与经验之间来回往复地推敲，直至完善。只有掌握和运用社会科学的理论和方法，并对掌握的经验融会贯通，才能在纷繁复杂的经验事实中创新理论。提出新理论的过程，需要多层次的归纳和演绎，先从经验事实入手，发现并分析其中的因果关系，借助既有理论概括出新的理论模型，然后再进行证实或证伪，从而使它逻辑连贯、自圆其说。

（三）从实际出发探索立法和实施对策

社科法学不仅仅着眼于对因果关系的解释和理论提炼，还要面对法治实践中的难题，并为疑难问题提供解决方案。这一倾向，早在社科法学的萌芽时期就已充分表现出来。庞德阐述的社会法理学的六个方面，至少有三个方面直接关涉实践中的问题：谈论"与立法准备过程中的法律研究相关的社会学研究"时，认为"得到认可的科学的方法是比较分析其他法域的立法，但更重要的是要研究这些法律在实践过程中的操作和产生的效果"；强调"研究使法律规则实际有效执行的方法"，并指出"我们费尽心思研究立法，似乎以为法律一经制定，就可以自动产生效果。年复一年，我们的立法和司法机关对法律的解释适用产生了大量成果，很有必要让它们如何得到有效执行而进行严肃而科学的研究"；最后还强调"所有的一切都是让我们有效地达到法律的目的，其他的仅仅是手段而已"。

在庞德看来，"法律是一种能够通过人的智力劳动加以改进的社会制度，我们的任务就是发现能深化和引导此种努力的最佳手段"①。此后，法律现实主义运动中的很多改革方案也直接针对实践中的具体问题，从而力图改造法学、改革法律教育，甚至重构法律理念。

社科法学建立在对传统的法教义学的批判基础之上。法教义学从抽象的理念和信条出发，容易陷入法律迷信和制度迷信之中，忽视现实生活中的重要问题；而且，法教义学以司法为中心的特质导致那些没有进入法院系统的问题长期得不到重视。社科法学不但需要从理论上批判这种倾向，还需要从实际出发解决这些问题。不但要解决司法实践中出现的问题，还要解决未能进入司法实践的问题。面对司法实践中的问题，仅仅从法条出发进行教义学的解释，这远远不够，需要结合政治、社会、文化等多方面的因素进行权衡；对于未能进入司法实践中的问题，更需要通过深入的经验性研究，探讨法律秩序的形成、法律与社会的关系，从立法层面回应这些问题，充分发挥法律的作用。近现代以来，随着经济的发展，社会变动加快，社会形态日趋复杂化，风险形态多样化，社会形态的变化对法律提出了更高的要求，要求法律系统在面对社会问题时具有更高的敏感性，因此需要一种"回应型法"②。增强法律及法律

---

① Roscoe Pound, "The Scope and Purpose of Sociological Jurisprudence", *Harvard Law Review*, Vol. 25, No. 2, 1912.
② 〔美〕诺内特、塞尔兹尼克：《转变中的法律与社会》，张志铭译，中国政法大学出版社，2004。

系统的回应性于是成为社科法学的目标和任务。社科法学从实际出发开展研究,关注政治、社会、文化等各种因素,力图快速回应社会的需求,进而在立法和实施方面提出科学有效的对策。

四 社科法学的中国需求和功用

范愉教授曾沿着美国新法律现实主义的发生轨迹,将其现代土壤和社会背景概括为几个方面:现代初期树立的法治神话和教义逐渐破灭,相关研究有了深厚的积累,社会科学多学科的互相渗透,法律家共同体的社会回归,当代社会的多元化发展趋势及司法危机。① 这几个方面无疑也构成了社科法学的现代土壤。然而,社科法学的土壤本质上还是存在于时代需要和社会需求之中。② 其实,所有的社会科学莫不如此。西方19世纪后为了应对资本主义和工业化进程中出现的各种问题,应对快速社会变迁的需要,社会科学得以产生,它将社会实践经验作为研究对象,这与西方古代的哲学、神学、伦理学有很大不同。中国古代只有与"文明国家"的政教体制相配合的"学术",每当社会的缓慢发展累积到政教体制无法应对其中的问题时,"学术"就会通过重新阐释圣贤言论来为政教体制

---

① 参见范愉《新法律现实主义的勃兴与当代中国法学反思》,《中国法学》2006年第4期。

② 正如贺欣指出的,现代社会的学术本身就是一个产业,是现代社会分工的结果,其发展境遇取决于社会需求市场和生产质量两个要素。参见贺欣《转型中国背景下的法律与社会科学研究》,载《北大法律评论》第7卷第1辑,北京大学出版社,2005,第23页。

寻找应对之道。近代中国在救亡图存的压力下放弃传统的政教体制，引进西方思想资源，学习西方社会科学，包括法律和法学。中国法律多来自对西方的学习和借鉴，中国人缺乏在法治下生活的经历和体验，法律与社会有着更为复杂的互动过程。因此，中国的法律实践、法学研究和法学教育对社科法学有着更广泛的需求，社科法学有着更深刻的发展土壤和现实功用。

（一）理解中国法治实践

作为后发现代化国家，中国的法治建设进程，往往由中央先行立法，然后通过政权体系贯彻法律。中央先行所立之法，虽然会考虑中国社会现实，还会开展一些调研，但总体上主要是学习西方国家的法律制度。立法过程虽然也有公众参与，但总体上主要由法律精英设计并操作，法学家在其中起到了很大作用。法学家和法律精英"往往热衷于西方国家的先进经验，很少进行深入的社会调查，对所谓法系、历史渊源、形式、成本等问题也很少展开过认真论证，遑论慎思民族习惯和传统文化"①。部分由于中央想通过立法来改变社会，部分由于法律精英和权力机关的漠视，立法过程对民众和社会需求的关注仍显不够，法律文本与社会现实之间存在着一定张力。因此，仅仅从法律文本出发，我们远远不足以理解法治实践，必须深入社会中，深入立法和法律实施的组织体系、过程和社会互动中

---

① 范愉：《新法律现实主义的勃兴与当代中国法学反思》，《中国法学》2006年第4期。

去。理解中国法治实践，至少包括两大方面。

第一，理解法治实践的内在机制，就是要研究中国法治究竟是怎样展开的，理解法律在社会中实践的过程、后果和内在逻辑。这需要将抽象的中国法治具体化，对法律现象进行分析，探讨各种因素在其中起到了何种作用，以及通过何种机制起作用。至少包括但不限于以下几个层面的视角。一是法律制度及其内在逻辑，比如基层群众性自治制度、刑事和解制度、土地制度。二是社会内生的秩序机制，如农地承包权制度实施前农村土地相关的秩序实践、乡村民间纠纷解决机制。三是法律在不同场景中实践后果的差异，并追问其原因、实践过程和机制。例如，为什么同样的农地承包经营权制度，在有些地区农村得到了较为严格的遵守，而另一些地区农村却几乎未能执行？四是相同或相似的法律在不同时期在相同场景或不同场景的实践后果。例如，为什么同样的农地承包经营权制度，在某个时期有效地解决了土地纠纷，而在另一个时期却刺激了更多土地纠纷的发生？细致考察法律的实践后果，并进行比较，就可以增加对法律在非均衡的中国社会的复杂实践的理解。

第二，理解法治实践的外在条件，就是要理解中国法治实践展开的宏观历史现实背景和社会基础。强世功曾分析中国在民族国家和文明国家的转型过程中的国家利益问题，洞察了中国在国际竞争中的被支配地位。① 邓正来在关系性视角下，发现

---

① 参见强世功《迈向立法者的法理学——法律移植背景下对当代法理学的反思》，《中国社会科学》2005 年第 1 期。

全球化时代的"世界结构"具有双重性，给中国的发展带来了双重强制，构成了中国学术基本使命的历史性条件。[①]这些研究都涉及了中国法治的外在条件。中国有 5000 年文明，有 960 多万平方公里土地，有 14 亿人口，是发展中的社会主义大国。这些法治的外在条件与一般国家大不相同。5000 年文明使中华民族具有与西方国家完全不同的历史和文化；960 多万平方公里土地和 14 亿人口的大国，社会经济、文化、政治发展必然不平衡，这使得中国法治必须从不同角度回应社会需求；社会主义的国家性质，给了中国民众特殊的公正和正义期待，给政权合法性以特殊的要求，并事实上形成了独特的当代新传统。不理解法治实践得以展开的外在条件，就无法确认法治的资源条件和结构性制约，因此很难评价法治实践。法治实践在中国现代化的背景下展开，受到了诸多的外在制约。对法治实践外在条件的研究，至少要解决两个问题：一是外部对法治提出了什么要求，例如，现代化背景给了中国法治推动社会变迁的任务；二是外部为法治提供了何种资源条件或约束，例如，社会条件或财政能力限制了一些法律制度的推广应用。法治外在条件的改变，会造成内生基础的变化，且往往是宏观条件的改变再造了微观基础。不理解法治的外在条件，就难以真正理解法治的内在逻辑。

（二）参与中国法治建设

参与中国法治建设实践，就是在理解中国法律实践的基础

---

① 参见邓正来《中国法律哲学当下基本使命的前提性分析——作为历史性条件的世界结构》，《法学研究》2006 年第 5 期。

上，提出改进立法和法律实施的对策建议。社科法学以法律制度的实践后果为判断立法的基本标准，重建"从内向外看"和"从下往上看"的视角，① 从中国社会出发，从国情出发，展开对法律实践的研究，并在此基础上改进立法和法律实施，改善社会治理，从而使社科法学研究立足并服务于中国的法治现代化。更好地理解法治实践，可以避免低水平的错误，可以为立法和法律实施提供依据，提高法律制度的针对性和有效性。社科法学的旨趣不仅在于"从法治实践中不断提出法治的漏洞、弊端及可行性"②，还要提出建设性的对策建议。认为社科法学本质上是"反法治的知识"，作用在于批判与反思，不关心具体法律问题的答案，仅为理解转型中国的法律问题提供工具和洞见，这种观念无疑忽略了社科法学在实践领域的作为。

　　参与法治建设实践，需要为法治进程提供可行的对策和方案。由于中国法律由政权推动贯彻，权力机关和法律精英在其中起到了很大作用，而后者难免有脱离底层人民生活实际的倾向，因此更要强调从实际而不是理念和法学原理出发。如此，在提出对策和方案之前，必须接近真实的一手材料，这就必须强调社科法学的经验研究。经验研究当然也会存在不少问题，但缺乏这种研究，权力机关和法律精英只会距离社会现实更远，合理的法律制度就无异于海市蜃楼。通过社科法学经验研

---

① 贺雪峰：《乡村研究的国情意识》，湖北人民出版社，2004，第325页。
② 侯猛：《中国法律社会学的知识建构和学术转型》，《云南大学学报（法学版）》2004年第3期。

究的积累，人们可能接近客观真实，从而使立法和法律实施建立在现实基础上，顾及法律制度的社会需求、实际有效性、现实可能性、成本效益等。这样可以减少不合理的立法和法律实施所带来的社会矛盾、社会风险甚至社会震荡，使法律起到预期的效果。

在司法领域，当面对疑难案件时，社科法学尤其需要提供指导性方案。庞德在论述社会法理学的任务时就强调在个案合理和公平方面作为的重要性，指出在规则允许的范围内，法官断案应当达到当事人之间的公正，符合正常人一般的思考。①当前中国几乎每年都有不少对社会产生巨大影响的案件，司法错判可能对社会产生巨大甚至无法挽回的消极影响。最典型的如"南京彭宇案"②，再如"许霆案"③，其都对司法公信力产生了不小的消极影响，案件的改判也并没有在短期内消除这种影响。社科法学如果能够直接参与法治进程，对这些个案的审判提供有效指导，将对法治建设大有裨益。当然，法教义学也会面对疑难案件，并通过法律解释来加以应对。但是，法律解释本身并不是科学、客观、中立的，会随着解释的目的和条件发生变化，"解释总是相对于目的而言的，目的不是由解释过程本身给定的，而是从外部带入并指导解释过程"④。所谓的

---

① Roscoe Pound, "The Scope and Purpose of Sociological Jurisprudence", *Harvard Law Review*, Vol. 25, No. 2, 1912.
② （2007）鼓民一初字第 212 号民事判决书。
③ （2007）穗中法刑二初字第 196 号刑事判决书。
④ 〔美〕理查德·A. 波斯纳：《法律与文学》，李国庆译，中国政法大学出版社，2002，第 278 页。

"外部带入"正需要社科法学的探讨。因此，面对司法疑难个案，社科法学与法教义学存在合作关系，社科法学探讨法律的"外部"问题，给出解决方案，法教义学在"内部"通过解释来合法化解决方案。

社科法学参与法治建设实践，与政法法学有所不同。当前中国存在两种似乎截然不同的政法法学。一种以官方话语为基础，图解官方法治思想和策略，有意识形态宣讲的功能，在体制内地位较高，曾被人指责应当对法学（尤其是理论法学）的泛政治化负责。[①] 另一种以自由主义话语为基础，进行另一类意识形态宣讲，以经过理想化处理的西方法治为标准，在法律人中有一定的"群众基础"。新的政法法学被冯象称为"现行政法体制内的一种寄生性话语"，"专门用于淡化意识形态色彩、掩饰社会矛盾、输入'文明'的精巧设计"。[②] 政法法学当然有其政治社会作用，意识形态也是社会治理的重要组成部分，是建构社会秩序的重要力量。政法法学以意识形态的方式参与了法治建设实践。这种参与本身，可以成为社科法学的研究对象，社科法学也可以研究政法法学如何更有效地参与法治实践。社科法学将目光投向社会，思考如何更有效地建构政法话语和法治意识形态，为民众理解法治实践提供有力模式，

---

① 在 1999 年《法学研究》和《法商研究》编辑部联合主办的"法理学向何处去"专题研讨会上，许多学者都持这种主张。参见《"法理学向何处去"专题研讨会纪要》上，《法学研究》2000 年第 1 期；《"法理学向何处去"专题研讨会纪要》下，《法商研究》2000 年第 2 期。

② 冯象：《法学三十年：重新出发》，《读书》2008 年第 9 期。

为国家法治策略提供合法性和正当性论证。如果政法法学只是重复官方话语，为这些讲话作注释，其功用就很有限。

（三）提炼中国法治和法学理论

很多学者都曾指出过社会科学的非科学性和非中立性。金耀基曾指出："西方的学术优势与西方的政治优势不是毫无干连的，而一个国家或社会在学术上求独立或扫除学术殖民阴影毋宁是政治上独立的精神支柱。"[1] 梁孝指出："西方社会科学是为了解决居于世界体系的西方国家问题，它总是从中心国家的资本积累的利益出发来思考问题，其中不可避免地渗透着控制被压迫者和其他殖民国家的因素。"[2] 雷迅马揭示了二战后美国以现代化理论为核心的社会科学如何构成美国全球战略的一部分，从而为美国国家需要服务。[3] 刘东在评论西方汉学时指出："汉学毕竟既是中学的一支，更是西学的一支，那中间潜伏着许多未曾言明的外在预设，它有可能直接触及和瓦解原有文明共同体的自我理解，使国人在一系列悖反的镜像中丧失自我认同的最后基础。""一旦丧失阅读和思考的主动性，陷入别人的话语场中而无力自拔，就有可能被别人特有的问题意识所覆盖，乃至从此难以名状自己的切身体验，暴露出文化分

---

[1]　参见金耀基《社会学的中国化：一个社会学知识论的问题》，《社会及行为科学的中国化》，台北"中央"研究院民族所，1982。

[2]　梁孝：《社会科学本土化中的视角转移》，《天府新论》2005 年第 2 期。

[3]　参见〔美〕雷迅马《作为意识形态的现代化：社会科学与美国对第三世界政策》，牛可译，中央编译出版社，2003。

析的失语和学术洞察的失明。"① 因此，作为一个后发现代化
国家，中国应当发展自己的社会科学理论；作为一个法治后发
国家，中国应当在实践基础上发展法治和法学理论。

舒国滢教授曾指出，中国的法学理论需要有中国人自己传
统文化的底色，有中国之话语、范畴、方法、当下经验和问
题，它不完全是西方法理学学问的本土化，而要根基于中国本
土固有的理论和思想资源，融通西人之智识。② 这种思路当然
中肯，但尚未指明合适的切入点。不少学者似乎更重视思想资
源的传承，而社科法学更重视在法治实践的解释中创新理论。
中国法治和法学理论源于对中国法律实践的解释，它要求从不
同方面、不同角度去理解法治实践及其内在逻辑。理论创新可
以从西方社会科学汲取理论营养，却要以解释中国经验为主旨
进行建构，并不断地回到中国法治实践中进行检验。理论的优
劣最终来源于对中国法治实践的解释力，并需要经过经验现实
的检验才能定论。这与习近平总书记要求的"我们都要支持
一切从实际出发，理论联系实际，在实践中检验真理和发展真
理"③ 的方法论是一致的，与布迪厄、费孝通等人的现代社会
科学认识方法也是一致的，是一种从实践出发的社会科学进

① 刘东：《阅读中国序》，载黄宗智主编《中国研究的范式问题讨论》，社
会科学文献出版社，2003，总序第 2 页。
② 参见舒国滢《在历史丛林中穿行的中国法理学》，《政法论坛》2005 年第
1 期。
③ 《习近平谈治国理政》，外文出版社，2014，第 25 页。

路。① 中国法治和法学理论的问题意识和理论优劣既不来源于与西方理论的比较，也不来源于相对于中国古典文献的地位。对中国法治实践解释力强的理论，很可能是世界性的。中国是一个对全球结构影响巨大的大国，中国经验对全球有着结构性影响，对其重要经验现象的成功解释就会变成世界性的。西方的法治理论，最初也源自或针对特定的地方性经验，其影响力的扩张经历了一个历史过程。

结　语

本章对社科法学的源起、前提倾向性、研究工作及其在当代中国的可能功用做了梳理。由于社科法学本身并没有统一的方法论内核，梳理只能是对不同研究取向的一种概括，析取其中的最大公约数。在梳理社科法学时，常常以法教义学作为参照，因为笔者认识到，在中国法治和法学的发展中，法教义学是值得尊重、需要认真对待的竞争者和联盟者。中国法治和法学的发展，既需要法教义学，也需要社科法学；这一过程中，两者既需要合作，也存在知识竞争。在对疑难案件的分析上，社科法学与法教义学必然竞争对问题的解释权和解释力；在对法律规范的分析上，社科法学与法教义学也可能展开竞争。

客观地说，当前中国法学界存在轻视法教义学的风气，这是有历史原因的。执政党在革命过程中，曾因恪守马列主义教

---

① 参见黄宗智《认识中国——走向从实践出发的社会科学》，《中国社会科学》2005 年第 1 期。

条而损失惨重，此后一直警惕教条主义并宣传"没有调查就没有发言权"，人们长期受此熏陶，谈教条、教义、法条等必生警惕之心，由此产生了正反两方面的效果。从正面来说，强调法律要符合社会实际，执掌法律者不能固守教条；从负面来说，长期如此，人人可以找各种理由不将法律规范当回事，法律权威的树立困难重重。社科法学在中国社会有深厚土壤和广阔天地，但目前成熟运用社会科学方法分析法学问题的成果还不够多，分析能力和影响力都亟须提升，"社会科学包装法学"的现象普遍，① 因此，需要强调"不做正确的调查同样没有发言权"，② 强调社会科学方法的正确运用。让立法更符合社会实际，让法律实施手段更具有现实性，社科法学如果能在这些方面有所作为，不但会增强自身影响力，还将开拓法教义学的空间，因为有了社会正当性的立法，强调法条和教义才更容易被社会接受。

当前法学研究普遍存在的一个问题是，未真正直面中国的法治实践和经验素材，缺乏对法治实践状况的深刻洞察，也缺乏对法律问题与其他社会现象勾连关系的关注。很多研究过分关心法条及其相关技术，忽视对法律与相关组织体系、社会、适用对象关系的观照，而不少法律规范在实践中缺乏权威，遭遇信任危机。社科法学的基本任务是要为中国法治建设服务，这决定了社科法学必须围绕法治实践展开，必须参与中国法治

---

① 参见成凡《社会科学"包装"法学》，载《北大法律评论》第 7 卷第 1 辑，北京大学出版社，2005。
② 《毛泽东文集》第 1 卷，人民出版社，1993，第 268 页。

建设，为理解中国法治实践服务，为理解中国法治实践展开的宏观背景和社会基础服务，这决定了社科法学的实践性品格。社科法学运用社会科学的理论和方法来分析法治和法学问题，对不同理论和方法采取实用主义的态度，以扩展研究法学问题的知识界限和方法论，力图在运用社会科学理论和方法分析现实经验的过程中，成就从中国实践出发的法治和法学理论。社科法学应当成为当前法学研究的主要进路之一，成为发展中国法学理论的基础性学术进路。

本章提要

经验是一个复杂的集合概念，它是人们通过认识、判断、积累、反思其所能感知的各类信息来获得的，关于事物现象和外部联系的知识、技能、价值观念、行事准则等的统称。理性主义完全忽视经验的作用，经验主义将经验夸大为无所不能，它们都是错误的。法律经验研究遵循科学的认识论，将经验视为法律实践与法学理论之间的中介，强调正确对待经验，警惕出现经验偏差。在研究过程中，运用理论时，需要厘清理论背后的经验基础；分析局部的直接经验时，需要定位它们在整体经验中的结构性位置；面对从媒体热点案件中获得的间接经验，更是需要拨开各种迷雾达致对其全面正确的理解。法律经验研究应当充分尊重经验的主体性，祛除各种可能因素的不当干扰。

第三章　经验

一　关于经验的认识论

"经验"是一个集合性的日常词语，其指一个人的亲身经历，进一步还指从日常生活和社会实践中积累的知识、技能，形成的价值观念和行事准则。从认识论上讲，经验是人们在同事物接触的过程中，通过认识、判断、积累、反思其所能感知的各类信息而形成的。而在法律经验研究中，经验就是对法律现象的感性认知和概括总结。法律现象存在于法律实践领域，可以通过感性和理性的方式加以认识，法律经验研究强调，通过经验方法探索法律现象的规律，尤其是其中的一般性、根本性问题。经验因此成为法律现象与理性认识之间的中介，成为法律实践与法学理论之间的中介。

人类对经验的早期认识形成了经验主义，它源自英国，休谟、培根、洛克等都是其代表人物。他们认为，感性经验是知识的唯一来源，除了数学之外的其他一切知识都建立在经验之上，它们归根结底来源于经验，并在经验中得到验证。经验主义怀疑理性认识的作用，认为经验观察才是发现知识的源泉，经验能够发现和揭示真理。

对此，理性主义认识论持相反态度。理性主义随着笛卡尔的理论而产生，在欧洲大陆得以广泛传播，黑格尔、康德都是其代表人物，欧洲大陆法系受理性主义影响极深。伴随欧陆法学（尤其是德国法教义学）向中国的传播，理性主义也在中国法学中有了很大影响。在理性主义者看来，经验只是感性认识，它是与理性认识相区别的认识阶段和认识形式；经验感觉只是产生关于表象世界的意见，而表象可能使人受到蒙蔽，因此观察获得的经验并不可靠，无法被确认为知识。唯有理性才能提供确切的理论知识体系。理性主义者认为，存在一个关于知识的独立世界，需要通过理性能力去发现知识，而通过感性认识获得的经验只是知识的幻影，其正确性并不能确定。因此，理性主义主张从理性推理中探寻真正的知识。

实际上，经验主义和理性主义各有其局限：经验主义片面夸大感性认识即经验的作用，显然忽视了理性认识的作用，容易忽视局部经验在整体中的位置，从而把局部经验绝对化，从局部经验简单推导普遍真理；理性主义主张放弃感性认识、经验观察，也容易落入构建空中楼阁的窠臼。因此在认识论上，完全忽视经验的作用，或将经验夸大为无所不能，都是片面的。感性认识和理性认识是获取知识的不同阶段，而可靠的知识都由两个阶段构成：第一阶段是感性知识；第二阶段是理性知识，理性知识是感性知识的高级发展阶段。经验是感性知识的概括，理论是理性知识的凝练。理论是前人总结经验写成的。理论背后的经验，不是不受时空限制的普适经验，必然有其片面性；不是理论研习者亲历获得的经验，也往往未经他们在实践中证明。正因此，理论的有效性应当经过特定时空经验的验证。这类似于毛泽东所说的"理论工作"："马克思在实际斗争中进行了详细的调查研究，概括了各种东西，得到的结论又拿到实际斗争中去加以证明，这样的工作就叫做理论工作。"[①]

理性主义和经验主义的片面性，类似于毛泽东所批判的两

---

① 《毛泽东选集》第3卷，人民出版社，1991，第817页。

种主观主义，即教条主义、经验主义。对于经验主义，毛泽东指出：

> 我们从事实际工作的同志，如果误用了他们的经验，也是要出毛病的。不错，这样的人往往经验很多，这是很可宝贵的；但是如果他们就以自己的经验为满足，那也很危险。他们须知自己的知识是偏于感性的或局部的，缺乏理性的知识和普遍的知识，就是说，缺乏理论，他们的知识也是比较地不完全，而要把革命事业做好，没有比较完全的知识是不行的。①

对于教条主义，毛泽东指出：

> 真正的理论在世界上只有一种，就是从客观实际抽出来又在客观实际中得到了证明的理论，没有任何别的东西可以称得起我们所讲的理论……马克思列宁主义是从客观实际产生出来又在客观实际中获得了证明的最正确最科学最革命的真理；但是许多学习马克思列宁主义的人却把它看成是死的教条，这样就阻碍了理论的发展，害了自己，也害了同志。②
>
> 但是在这两种主观主义中，现在在我们党内还是教条

---

① 《毛泽东选集》第3卷，人民出版社，1991，第818页。
② 《毛泽东选集》第3卷，人民出版社，1991，第817页。

主义更为危险。因为教条主义容易装出马克思主义的面孔，吓唬工农干部，把他们俘虏起来，充作自己的用人，而工农干部不易识破他们；也可以吓唬天真烂漫的青年，把他们充当俘虏。①

对于克服两种主观主义，毛泽东指出：

我们反对主观主义，必须使上述两种人各向自己缺乏的方面发展，必须使两种人互相结合。有书本知识的人向实际方面发展，然后才可以不停止在书本上，才可以不犯教条主义的错误。有工作经验的人，要向理论方面学习，要认真读书，然后才可以使经验带上条理性、综合性，上升成为理论，然后才可以不把局部经验误认为即是普遍真理，才可不犯经验主义的错误。教条主义、经验主义，两者都是主观主义，是从不同的两极发生的东西。②

我们如果把教条主义克服了，就可以使有书本知识的干部，愿意和有经验的干部相结合，愿意从事实际事物的研究，可以产生许多理论和经验结合的良好的工作者，可以产生一些真正的理论家。我们如果把教条主义克服了，就可以使有经验的同志得着良好的先生，使他们的经验上升成为理论，而避免经验主义的错误。③

① 《毛泽东选集》第3卷，人民出版社，1991，第819页。
② 《毛泽东选集》第3卷，人民出版社，1991，第818~819页。
③ 《毛泽东选集》第3卷，人民出版社，1991，第819页。

在法律经验研究中克服理性主义和经验主义的片面性，与毛泽东所说的克服教条主义和经验主义，原理是相通的。其中的关键，是如何正确对待经验。既要重视经验，又不能放大经验的作用；既要重视理论，又不能忽视理论背后的经验。要意识到理论背后的经验的局限性，将理论放到实践经验中进行检验；还要意识到具体经验的时空限制，将具体经验置于整体中，认识到它的结构性位置。

二　经验及其偏差

法学是以法律现象为研究对象的学问，法律现象就是反映法的存在和运作的现象。法理学则是从宏观、整体的角度研究法律现象的一般性、根本性问题。法律现象存在于法律实践领域，可以通过感性和理性的方式加以认识，法律经验研究是其中重要的方法之一。从研究过程来说，先是对法律现象有感性认识，获得局部经验；然后在理论的指导下，经过理性认识，局部经验有所升华，从而可能达致对法律现象的全面认识。全面认识事物，需要在正确理论的指导下，进一步深化经验、升华经验。在研究过程中，经验是对法律现象的感性认知和概括总结，也是法律实践与法学理论的中介。

无论是经验主义还是理性主义，都倾向于将"经验"当作一个纯粹生长在"事实/价值"二分鸿沟的事实一侧的、静态的、无涉价值的概念。这种对经验的错误认识已经被当代的经验研究学者所抛弃。在经验研究学者看来，"经验"不是原子式的孤立"现象"和"事件",而是一种在主观意识与客观环境、事物、现象的共同涌现过程中诞生的、基于事实来渗透价值的、超越个人视域的主客观辩证统一体。当代的"经验"概念涵盖了现象、客观环境和价值追求相互缠结、彼此作用的生长历程,而它也成为建构与理解规范性、指引性理论的基础要素。①

经验并非完全"价值无涉",也并非与理论截然对立。学者对法律问题的认识和判断,一般都以相应理论为视野。理论视野如同有色眼镜,不同的"理论眼镜"能帮人看到不同的经验景象。而理论视野的取舍,或者理论的应用,又存在两个维度的问题,一是价值取向维度,二是经验感知维度。

虽然价值取向是学术研究所难以避免的,但价值取向本身超出了学术研究的范畴。由于价值取向不同,歧见在所难免。学者对同一法律措施的看法不同,因为有的人更重视自由价值,而另一些人更重视平等价值。即使同样重视平等价值,有的人更重视政治平等,而另一些人更重视经济平等;有的人更重视机会平等,而另一些人更重视结果平等。不同学者对待同一法律现象,即使都认为牵涉到人权价值,但有的人可能更重视作为个体政治自由的人权,而另一些人可能更重视作为群体生存权和发展权的人权。两种不同的人权观可以互相交流,也可以在实践中竞争,但一时难分对错与高下。价值取向不同所导致的学术歧见很难通过深入的学术研究、交流讨论来弥合。

---

① 参见杨子潇《经验研究可能提炼法理吗?》,《法制与社会发展》2020年第3期。

甚至可以说，价值取向是立场问题，它所导致的观点和认识不同，不属于学术范畴。因此，虽然经验本身包含价值维度，法律经验研究也会在一定程度上涉及价值问题，但它并不能很好地解决这类问题。

法律经验研究的更多学术歧见，可能涉及经验感知维度。人们对法律问题的判断，对法律现象的看法，其背后往往存在经验基础。这些经验未必被明确言说，而是隐含在学者的生活经验、调研经验甚至想象之中。它们往往左右了学者对理论的理解，以及对问题的判断。片面认识和错误判断，常常是在理论运用过程中对理论的经验基础出现了感知偏差；理论提炼上的偏差，往往并非发生在从经验到理论提升的环节，而是在经验感知环节就出现了问题。不同学者就某类法律现象发表学术意见，其出发点一样，结论却可能大相径庭。例如，面对农民的土地权益屡屡受损的现实，一类学者认为需要赋予农民更大更稳定的土地承包经营权，另一类学者认为需要强化农村集体的实质权利。两类学者的出发点都是更好地保护农民权益，前一类学者的经验基础可能是"农民土地权利受到了基层干部的侵犯"，后一类学者的经验基础可能是"过于刚性的土地承包经营权已经造成'反公地悲剧'"①。基于不同的经验，学术歧见当然容易出现。经验感知所导致的学术歧见，可以通过深入研究、交流讨论来加以弥合。深入研究可以获取更全面的

---

① See Michael Heller, "The Tragedy of the Anticommons: Property in the Transition from Marx to Markets", *Harvard Law Review*, Vol. 111, No. 3, 1998.

经验，交流讨论可以让不同学者共享经验。

目前，法律经验研究的经验偏差较为明显，这主要表现在三个方面。第一，对西方理论背后的经验缺乏足够的认识和警醒。第二，过于相信局部的直接经验，这主要有两种表现形式：一是对来自个人生活的经验过于自信；二是对片面的个案调研经验过于自信。第三，对间接经验缺乏反思，主要是对来源于媒体的社会轰动性案件中的个案经验缺乏反思。

三　理论背后的经验

理论是从实践中产生的，人们在同事物的接触过程中，从对法律现象的感性认知和概括中获得经验，经验的深化提升最后可以成为理论。因此，理论背后往往有其经验基础，理论是从经验中抽象出来的系统性结论。在具有抽象性的理论中，经验的痕迹往往被隐藏、被消弭。但这不能否定，理论尤其是从实践中直接提炼出来的理论，其背后都隐藏或隐含着经验基础或前提。忽略、忽视理论的经验基础，往往会误解、误用理论。对理论的经验前提的无知，也会导致同样的问题。当前中国法学中的很多理论来自西方法学，从更大范围内来看来自西方人文社会科学，其经验前提在中国社会和学术环境中并非理所当然，因此对理论的理解和运用存在许多客观上的困难。加上学者主观上的忽视，误解、误用理论的问题在法学研究中就表现得较为突出。

从经验到全面认识法律现象的深化过程，需要依赖理论

（常常是西方理论）的指导。然而，任何一种理论都不是全能的真理，不是解决一切问题的万能药方，而只是一种认识方法、框架或视野。这些方法、框架或视野有其独特的、具有时空限制的经验基础。以能动司法理论为例。有一段时期，中国司法实践中出现了一些被称为"能动司法"的变化。"能动司法"这一概念出自美国，它是司法能动主义理论的核心概念。在运用这一理论分析中国司法实践时，就需要对其经验基础有所认识。在美国，只有诉讼过程中启动了宪法审查，能动司法才有用武之地，并可能导致违宪无效的判决结果。在无立法或行政行为受违宪挑战的诉讼中，就无所谓能动司法。而在中国，能动司法运动的背景是应对金融危机，服务于保增长、保民生、保稳定的政策目标，其思想基础是服务大局、司法为民，其具体机制是主动介入、主动服务、及时解决纠纷，其主要举措是司法调解、多元化纠纷解决机制、送法下乡、送法上门等。[①] 美国司法能动主义理论当然可以用于分析中国司法实践，但其前提是要对这一理论的经验基础有清晰的认识。

　　显然，当运用西方理论来分析中国法律实践问题时，可能发生"指称错位"[②] 问题。看起来相同的概念和理论指称，其经验性内容可能迥异。以概念为基础进行推演的理论，背后往往有着经验性的内容，它就是理论的经验基础。如果不对之深究，仅仅按照字面含义去理解，就会出现经验附会，即以自己

---

① 参见刘练军《比较法视野下的司法能动》，《法商研究》2011 年第 3 期。

② 贺雪峰：《中国农村研究的主位视角》，《开放时代》2005 年第 2 期。

的片面理解、个体经验甚至想象，去曲解理论的本来含义。因此，正确理解理论，需要足够的经验内涵。否则，西方理论运用于中国法治实践，要么不明所指、空洞无物，要么生拉硬扯、牵强附会。

当运用西方理论来分析中国法律实践问题时，还可能发生切割、肢解既有中国经验的问题。理论天然具有建构性，会对既有经验进行重构。缺乏理论，则经验感知难以深化；但理论一旦介入，又会束缚经验的全面铺陈。理论可能按照自身的逻辑来建构性地铺陈经验，从而使经验的逻辑被隐藏。如果对理论背后的经验基础缺乏足够认知，既有经验就可能被随意建构。如此，既有经验就会碎片化，就无法对全面认识法律现象发挥积极作用，而可能变成检验西方法学理论的材料。在西方理论视角下，可以从中国法治经验中找到符合或不符合这些理论的一些面向或角度，从而误以为西方理论得以证成或证伪。这种情况下，理论的认识功能，及其对实践的指导作用就无法实现，既有经验也就无法得到提升，无法发挥出认识法律现象的有效中介作用。举个例子说，当用宗教信仰自由的西方理论框架来认识中国农村的邪教传播时，如果对西方社会中宗教教派斗争激烈、彼此极端不宽容的历史经验有所忽视，就很难真正理解西方的宗教信仰自由；与西方形成对照的是，中国历史上人们的拜神自由很少受到制约和严厉挑战。[1] 农村邪教严重危害人民身体健康和精神健康，这些经验很难在西方宗教信仰

---

[1] 参见杜瑞乐《西方对中国宗教的误解》，《21 世纪》1995 年第 6 期。

自由的理论框架下得到深刻理解和正确对待。

总之，如果对理论的经验基础缺乏正确认知，就容易误解、误用理论；用不恰当的理论去分析中国法治经验，中国经验就必然会被理论所切割甚至屏蔽。如此一来，在对法律现象的初步感知中积累起来的经验，就无法从正确的方向上升为理论，人们也无法深化对法律现象的全面认知，法律现象的实践逻辑因此很难被正确揭示。

四　局部的直接经验

局部的直接经验主要包括个人生活经验和调研经验。每个人对问题的判断都会受到个人生活经历及其积累的经验的影响，学者也不例外。学者会将生活经验带到法律经验研究过程中。很多学者甚至将特定的生活经验当作讨论学术问题的"资本"。在农村出生或在农村插过队、下过乡的学者自认为很懂农村，可以对农村问题发言；曾在国有企业里工作过的学者自认为了解国有企业，可以对国有企业问题发言；老家在城郊村的学者，如果村里发生过土地征收，便自认为对土地征收问题有发言权。个人经验对于法律经验研究而言，显然并非坏事，甚至可以说，生活经验越丰富的学者，越有条件接近法律现象的本质，越容易找到法律实践问题的真正症结。然而，对于法律经验研究所需处理的问题而言，个人生活经验只是局部的，绝不是全部的必需经验。因此，个人生活经验与整体经验之间的关系，是学者需要仔细辨析的问题。

　　个人生活经验虽然有助于对问题的理解，却可能导致盲目自信。由于缺乏全面的经验，学者常常很难意识到自身生活经验的方位。由于缺乏其他经验的参照，学者容易不自觉地将生活经验视为理所当然，从而可能将本来是局部的、个别的、非典型的、次要的经验当作全部经验。例如，出生于城郊的学者，从土地征收经历中获取了这样的经验：集体土地所有制给了村干部谋取非法利益、侵犯村民权益的机会。他就很容易从这一生活经验出发，信心满满地认为，维护农民土地权益，就必须弱化集体土地所有制。他很难想象那些无地可征的农村地区的农民土地权益问题，更难想象如何维护这些地区的农民的土地权益。①

　　面对法律现象时，往往是有比较才会有所鉴别，才会知道不同经验之间的差异，才会对个人生活经验有所反思，才不会将所谓的常识当作必然。也许正是基于这一原因，人类学要研究异文化，并通过异文化来反观母文化。因此，克服个人生活经验局限性的方式，也许是做更多的调查，获取更多的经验，特别是不同类型的经验。在不同经验的比较中，就相对能够明确个人生活经验的方位。

　　调查对个人生活经验有着重要的反思作用。在调查某种法律现象之前，调查者会对它有所想象，这种想象源于过去的生活经验（或调查经验），它构成了调查之前调查者理解法律现象的"理所当然"。而一旦深入调研，获取更多的经验后，这

种理所当然和想象就会被打破，新的经验就会形成。而调研的目的也就是要打破理所当然，调研经验的增长点就在超出调查者既有经验的地方。它并不是调查者预定的，而是调研过程中的"意外"，因为对于旧有经验来说，新的经验总是"意外"。正是这种"意外"及从中获得的新经验，构成了调研对既有经验的反思性意义。

通过调查加深对法律现象的认识，绝大部分人都会认可这一思路。中国学者对毛泽东主席的经典名言"没有调查就没有发言权"耳熟能详，对调查的重要性深有认同。然而，同样都进行调查的学者，甚至以同样方式在同一地点调研，获取的经验、得出的结论却可能迥异，这是为什么呢？他们都有调查，理应都有发言权，但是迥异的经验和结论让人如何取舍？此处不谈价值取向的影响，问题可能出在调查本身。

调查有正确与不正确之分。大家都知道"没有调查，没有发言权"，却很少有人知道，毛主席还说过后半句话："不做正确的调查同样没有发言权。"① 也许有人根据后现代阐释学理论，认为在调研过程中，法律现象的意义只有与调查者的"前见"实现"视界融合"才能凸显出来，② 不同学者在调研同一法律现象时，由于具有不同的理论"前见"，可能体会到不同的意义，得到不同的经验。因此，调查所得的经验和结论，只有相同与不同，无所谓正确与不正确。这种思路虽然肯

---

① 《毛泽东文集》第 1 卷，人民出版社，1993，第 268 页。
② 参见〔德〕伽达默尔《真理与方法》（上），洪汉鼎译，上海译文出版社，1992。

定了理论对于观察现象、获取经验的重要性，但否认事实、真相和事物本质的存在及对其认识的可能性，把经验看作纯粹主观的东西，否认客观物质世界是经验的来源和内容，犯了经验主义的错误。它从根本上只相信局部的直接经验，否认理性认识的重要性，在认识论上是错误的。

当然，何谓正确，常常并不那么清晰；但何谓不正确，往往是明白的。不正确的调研，往往在调研之前已经有了结论，把调研过程变成寻找材料印证的过程，以调研之名行僵化的意识形态或价值倾向之实。如果拿钱支持农民去维权，然后以此为个案讨论"当代中国农民维权"的普遍特征，这种调研肯定是不正确的。[①] 调研强调价值中立，因此显然不能将受到干预的样本作为概括一般现象特征的典型样本。社会调研中，意识形态或价值先行，会使问题变得极为复杂，因为调研者的理论话语与研究对象的社会行动可能发生互动，而研究对象是社会主体，其对社会行动具有反思性，[②] 研究者的理论话语因此可以嵌入式地成为研究对象解释自身行动的话语依据。因此，如果在调研中用权利意识去解释农民的一些行为，农民在掌握权利话语后，很可能主动用权利话语来解释自身行为。如此一来，研究者尚未洞悉行动背后的意义结构，就与研究对象

---

① 这并不是否定参与式研究的意义。参与式研究应当明示研究者参与和干预的具体情况。参见宋言奇《全球社区参与式研究的运作》，《国外社会科学》2010 年第 1 期。

② 〔英〕安东尼·吉登斯：《社会的构成》，李康、李猛译，生活·读书·新知三联书店，1998，第 62 页。

"合谋"定位了问题的性质，从而使研究变成了启发权利意识的过程，因此这是不正确的调研。

不正确的调研，很容易以理论切割、肢解现实经验。这一点，前文已提及。学者在分析法律现象时，头脑中有各种理论范式及经验、想象，在调研中往往容易忽视法律现象与其他现象之间的内在联系，将法律现象切割纳入自己既有的理论框架之中，用既有经验附会法律现象，法律现象的内部结构和外部联系因此被肢解。这样的调查不能获得对法律现象的正确经验，而是在强化调查者头脑中已有的经验和理论，因此并非正确的调查。也正因此，社会学和人类学调查，往往要求调查者在进入调查现场之后，"悬置"理论和既有经验，使自己处于"无知状态"。

不正确的调查，还体现在不能把握局部经验与整体之间的关系，即不能把握调研经验在整体经验结构中的位置。毛泽东主席在谈论调查方法时，曾提出"概观—分析—综合"的三段式，指出"如果你调查的九样都是一些次要的东西，把主要的东西都丢掉了，那末，仍旧是没有发言权。"[1] 这实际上指出了局部经验与整体之间的关系。在调查中，第一步的观察只能看到事物的大体轮廓，第二步是对事物各个部分加以细致分析获取局部经验，第三步是综合各个部分得出整体经验及事物的规律。一些法学学者的调查虽然能够较好掌握个案经验，但由于未能认识到个案经验的局部性，因此得出偏颇的结论。

---

① 《毛泽东文集》第 2 卷，人民出版社，1993，第 382 页。

举例来说，中国不仅有沿海发达地区农村、城郊农村，还有中西部农业主产区农村，以及边疆少数民族地区农村，因此，讨论农民的土地权利问题，就一定要意识到个案调查经验在整体中的结构性位置。有学者从北京郊区村庄的宅基地使用权流转个案经验中，推导出中国土地制度的整体安排，① 这在处理经验时有着非常惊险的"一跃"，其结论不一定靠得住。再如外嫁女的土地权益问题。一些学者仅仅从对外嫁女的维权申诉中调研获得她们土地权益被侵犯的经验，却忽视作为外嫁女对立面的当地村民的想法和权利观念，这就忽视了外嫁女维权的局部经验在经验整体结构中的位置。② 又如，不少学者以个别上访户付出极高成本而诉求却得不到回应的经验，来比照司法制度的运作成本，进而否定信访制度。这可能忽略了信访制度在基层社会中低成本地解决了大量矛盾纠纷的经验事实，实际上忽视了个别上访高成本的经验在纠纷解决和诉求回应整体结构中的位置。

五　源于媒体的间接经验

间接经验主要指从媒体报道的社会轰动性个案中获取的经验。近年来，有争议、民众关心的法律社会热点事件不断，媒体喜欢报道这些案件，学者也热衷于参与讨论这些案件。几乎

① 参见刘守英《集体土地资本化与农村城市化——北京市郑各庄村调查》，《北京大学学报（哲学社会科学版）》2008 年第 6 期。
② 参见陈端洪《排他性与他者化：中国农村"外嫁女"案件的财产权分析》，载《北大法律评论》第 5 卷第 2 辑，法律出版社，2004。

每出一个社会轰动性案件，就有一大批法学学术成果紧随其后被生产出来，社会轰动案件甚至成了不少学者获取法律实践经验的最重要来源。社会轰动性案件当然属于法律实践的重要组成部分，对其展开深入研究十分必要。而且，对它们展开讨论，可以在短时间内聚焦社会关注，加速问题的解决，推动法治进程。收容遣送制度的废除、"许霆案"①的合理审判、"躲猫猫"事件的真相查明等，都与学者的参与讨论紧密相关。问题在于，过于关注甚至仅仅关注热点案件，可能导致经验的片面性，从而影响对法律实践的全面判断。

相对于整体经验而言，个案经验天然具有片面性。热点案件之所以成为热点，之所以引起社会轰动，是因为它与日常性案件有巨大差异。与日常案件相比，社会轰动性热点案件往往在某方面具有不同寻常的特征，并因此而引人注目。如果对日常案件缺乏关注，学者就只能从这种不同寻常的特征中获得对此类案件的经验。这种经验显然是片面的，而且学者很难从中知晓它们在整体经验中的结构性位置。例如，一些学者对基层执法的经验感受可能都是暴力的、钓鱼式的，他们缺乏基层执法的基本经验，基层执法的一般特征被忽视，暴力执法、钓鱼执法的外部背景和内在逻辑因此被忽视。②再如，从媒体报道的上访事情中，一些学者获取了片面的经验，进而认为所有的上访都是维权，缺乏对上访的全面认知和整体经验，根本就想

---

① （2007）穗中法刑二初字第196号刑事判决书。
② 参见陈柏峰《城管执法冲突的社会情境——以〈城管来了〉为文本展开》，《法学家》2013年第6期。

不到还有其他上访类型的存在。①

从媒体陈述的个案中获取的经验，对于个案的整体经验本身就是间接和残缺的。媒体上的个案，是被剪裁以后讲述出来的，学者据此获取的经验必然残缺不全。媒体之所以对个案进行剪裁，除了新闻记者的认知能力方面的原因之外，还有新闻报道的性质要求的因素，以及媒体自身利益方面的因素，甚至有社会上意识形态斗争的因素。这里主要谈及三点。

第一，从新闻报道的性质来看，媒体具有放大某些特征的天然倾向。大众媒体是从事"拟态环境"再生产的机构，它营造的"拟态环境"并不完全与客观环境一致，而是根据其议程设置需要重新"建构"的。有人将媒体的这种议程设置和环境再生产的功能，形象地比喻为"聚光灯"和"放大器"。它不是客观反映现实的"镜子"，而是"聚光灯"——照到哪里哪里亮，是"放大器"——放大一些特征和舆论，从而引起公众的关注。比如，2007 年重庆"钉子户"事件在《物权法》通过之际很有新闻价值，因此"钉子户"的利益诉求，就有被媒体扩大化的嫌疑。很多媒体的报道表现出一边倒的倾向性，明确表示支持"史上最牛钉子户"，将"钉子户"视为"捍卫私产的典范"。但是，从很多报道来看，记者对事件的来龙去脉并不清楚，对事件的性质也没有准确把握。而"最牛钉子户"的要求是否合理、《物权法》是否保障像他那样的个人权益，这些并不是记者所能认定的。同样的问题，在

---

① 参见陈柏峰《农民上访的分类治理研究》，《政治学研究》2012 年第 1 期。

个别新闻报道中，表现得更加突出。① 如果仅仅从媒体报道所获取的片面经验出发，对"钉子户"事件的认知和判断必定是偏颇的。

第二，从媒体商业利益来看，媒体有放大某些案件特征、缩小另一些特征、迎合某些情绪的动力。处于市场经济环境中的媒体，无疑与商业利益联系在一起。自主经营、自负盈亏、自我发展的媒体角色的转变，使市场成为影响媒体生存发展的关键。谁赢得了受众，谁就能扩大发行量，提高收视率、点击率，进而赢得广告商的青睐。当今社会，媒体间的竞争愈演愈烈，媒体都希望通过独特的新闻报道体现自身的影响力。对热点事件的报道，更是成为媒体间展示技能的舞台和短兵相接的沙场。泛娱乐化、猎奇正在成为不少媒体运作的手段，甚至有媒体为了利益而不惜制造假新闻、编造假情节。在热点事件的报道中，不是探讨事物性质本身，而是将严肃事件包装成"娱乐信息"，强化事件的戏剧性悬念或煽情刺激，新闻越来越故事化、文学化。当前，媒体乐于以"社会良知"的面目出现，不关心事实，也不分析原因，而是对有社会不满情绪的民众投其所好，借机成为所谓民意的代表，进而谋求自身利益；同时一些所谓的专家也向媒体和民众献媚，于是形成了一

---

① 参见吕德文《媒介动员、钉子户与抗争政治 宜黄事件再分析》，《社会》2012年第3期；陈柏峰：《传媒监督权行使如何法治——从"宜黄事件"切入》，《法学家》2012年第1期。

个生产社会情绪的产业链。① 在"药家鑫案"② 等新闻报道中，不少媒体都有这种倾向。③ 在如此媒体环境下，以媒体中的个案获取正确的经验，其难度相当大。

第三，从政治利益来看，媒体可能放大或缩小某些案件特征，甚至改变案件性质。媒体是所有政治力量的政治工具，政治力量依靠传媒发出声音、争取政治利益，实施意识形态控制和反制。媒体是统治阶级制定和传播意识形态的工具，也是各种政治力量进行意识形态斗争的舞台。④ 各种政治力量都试图操纵媒体，大力传播其世界观和思想体系，使广大民众将它们当作"常识"而接受，从而"自愿地"赞成和拥护。大型的、具有社会权力的利益集团，都会利用媒体从事自己的职业性公关活动，其目的往往不是就某件争议性事务与其他参与者达成理解，而是从自身利益出发对公共领域施加影响。在这一过程中，社会权力可以扭曲公共意见的形成过程，而媒体则是其中介和平台。⑤ 因为公共信息是经由媒体才为公众知悉的，媒体负责对信息的收集与公布。在媒体受政治力量左右的背景下，媒体中的个案陈述极有可能服务于特定政治利益，从中获取的

---

① 参见萧武《警惕某些钉子户与媒体垄断正义》，《绿叶》2011 年第 1 期。
② （2011）西刑一初字第 68 号刑事判决书。
③ 陈柏峰：《传媒监督的法治》，法律出版社，2018，第 101~116 页。
④ 〔意〕安东尼奥·葛兰西：《葛兰西文选（1916~1935）》，中共中央马克思恩格斯列宁斯大林著作编译局国际共运史研究所编译，人民出版社，1992，第 574 页。
⑤ 〔德〕尤尔根·哈贝马斯：《在事实与规范之间：关于法律和民主法治国的商谈理论》，童世骏译，生活·读书·新知三联书店，2003，第 463 页。

经验因此可能是偏颇的。

结　语

　　讨论法律经验研究中"经验"，其意义在于强调经验对于法律经验研究的重要性。对于目前理论引进颇多、现实回应不足的中国法学研究而言，经验尤其需要强调。从相关状况来看，中国法学研究应当重视"经验"问题的以下几个方面：第一，在运用西方理论时，需要厘清理论背后的经验基础；第二，在从初步研究中获得"经验"后，需要准确定位既有经验在整体中的结构性位置；第三，对于从媒体中获得的间接经验，尤其需要有所反思，拨开其上的迷雾，正确理解它。归根结底，最重要的是，在面对中国的法律实践时，应当充分尊重经验的主体性地位，以法律现象的内部结构和外部联系为中心展开铺陈，以经验所呈现出来的逻辑为中心进行分析，祛除理论、视野、偏见、利益、政治等因素的不当干扰。

本章提要

法理是法律现象的一般性、根本性、普遍性原理，事理是事物的规律和道理。法理的提炼与推导，需要以法律现象的事理为基础。从事理出发，是检验、提炼法理的重要方法。苏力最早着眼于"从事理讲法理"，而不是抽象地讲法理。那些看起来普适的"法理"，应当在中国法治实践中进行检验。从事理出发，走向从中国社会出发、尊重社会创造的法理，这才是真正意义上的中国法理研究。这种研究诉诸常情常理常识，讲述的是生活经验，而背后有理论视角，需要理论资源储备，也需要社会科学知识和方法的运用，它最终会走向社科法学。社科法学研究的重要任务是检验、提炼法理，重建中国法理学，在一般性法律现象、法律关系之外讨论中国的法律体制、法律运行等问题，在经验基础上阐释中国法治实践。

第四章

事理与法理

一　从事理讲法理

2017 年，张文显教授在《法理：法

理学的中心主题和法学的共同关注》一文中指出，法理学研究应把"法理"作为中心主题，倡导部门法学与法理学共同关注"法理"问题。① 法理，是法律及法律现象的一般性、根本性、普遍性原理；事理，就是事物的规律和道理。法律和法律现象，归根结底是一种"事物"，因此，法理是一种特殊的事理。而且，法律是调整社会关系的规范，法律现象是法律调整社会关系而形成的现象，社会关系是一种"事物"，因此，法理的提炼与推导，需要以作为法律规范之事物的规律的事理为基础。

法治最初是一种西方国家的社会治理模式，因其有效性而逐渐变成世界性的。法治不是从中国社会自然"成长"起来的，而是来源于向西方国家的学习、借鉴和移植。相应的，中国法学所运用的理论，大多来自西方，从西方社会和法治经验中生长而来，与中国的社会和法治实践有相当的距离。这些来自西方的法理，有可能是普适的，也有可能是西方特有的。正因如此，那些来自西方法学，看起来具有普适性的"法理"，应该在中国的法治实践中进行检验。从事理出发，就是检验法理的一种重要方法。同时，中国社会中也会存在普适或特有的法理。因此，从事理出发，也是提炼法理的一种重要方法。

苏力所著《法治及其本土资源》1996 年初版，它是一个起点。苏力与同年龄同时代学者的写作方式颇为不同，这种不

---

① 参见张文显《法理：法理学的中心主题和法学的共同关注》，《清华法学》2017 年第 4 期。

同曾给法学界带来了一股清风，甚至对法学摆脱"幼稚"之名做出了杰出贡献。这种不同，可以概括为"从事理讲法理"，不抽象地讲通常从西方来的那一套法理，而是从事理切入讨论法理问题。

例如，在对一起"私了"案件的分析中，苏力讨论了法律规避和与之相关的法律多元问题①。在20多年前的中国农村，妇女遭受强奸后接受"私了"安排的现象颇为常见，当时学者和主流舆论一般认为原因是农村人不懂法，故有违法律而选择私了，因此农村推进法治的关键是开展法制教育，通过普法来开启民智，走向法治。苏力驳斥了这种流传甚广的偏见和误解。事实上，男女双方亲属闹到派出所，无论是寻求法律介入还是希望退出诉讼程序，双方当事人其实都是知法的。而最后双方的私了也恰恰建立在对法律知晓的前提之下。私了不但不是愚昧的，恰恰是理性的。在一个流动性较低的熟人社会中，被强奸的事实对女性的名声有着重大影响，对未来的婚姻也会造成不良影响。受性侵害的事实被公开会对受害人造成二次伤害，这不合理也不公平，但在较为封闭的社会中很容易如此。

苏力诉诸的是常识、常情与常理，而这些常识、常情与常理在当时已经被很多学者遗忘或不屑一顾。学者对"私了"愚昧的判断，其实建立在自己的生活格局和社会基础上，以现代性的城市生活为预设和基础。因此学者很容易将自己的理性

① 苏力：《法治及其本土资源》，中国政法大学出版社，1996，第43~47页。

当作普适的理性，从而对于私了的当事人斥之为"愚昧"。然而，没有抽象的理性，只有具体环境制约下的理性。只有理解了具体环境制约下的理性，才能进一步揭示隐藏在当事人"理性"背后的理论性问题。从法律规避的个案出发，梳理引申出的是对国家法实际功能的讨论，以及对法律多元现象的讨论。国家法以一种"不在场"的独特方式在场，成为"私了"的背景和制约因素之一。"私了"本身意味着国家法统治地位的削弱，民间规范在个案中取得局部胜利，背后是国家法与源自传统中国社会法律的民间规范之间的冲突。

由此引出对法律多元问题的讨论，苏力在那时就预测，中国的法律多元问题将会进一步加剧和凸显。今天，随着社会的多元化发展，法律多元在新的历史和社会条件下成为现实，多元规范既是国家治理的难题，也是国家治理的资源，法律多元问题考验着中国法治。尤其是随着党内法规作为一种规范的强化，国家面临着越来越多的正式规范的内部整合、法律与党规党纪的整合、国家对社会规范的整合等问题。① 如果不从常理出发，根本就不可能提出法律规避、法律多元、国家法与民间规范的关系等一系列对法治实践有重大影响的理论性话题。

"秋菊问题"更是如此。苏力从秋菊的困惑着手，讲了一番与当时的法学家不同的法理。当时（甚至至今）的法学家

---

① 参见王启梁《国家治理中的多元规范：资源与挑战》，《环球法律评论》2016 年第 2 期。

相信普适的权利和法律，走向法治就是要移植这些普适的权利
和法治。秋菊的困惑恰恰表明，主要从西方移植而来、以西方
法理为基础的法治体系无法回应秋菊的诉求，不能给她想要的
"说法"，还损害着乡土社会长期以来的互惠关系，造成悲剧
性结局。① 就像费孝通当年记叙的"奸夫的故事"一样，礼治
的秩序已经被破坏，而法治秩序却未能有效建立。苏力没有像
很多人那样，将秋菊建构成"为权利而斗争"的英雄人物，
是因为他从生活细节切入，讲出了诸多事理，包括村长可以踢
她丈夫，但不能踢下身;② 包括熟人社会生活的长远预期所带
来的一系列问题。在事理之后，其进而引出诸多法理问题，如
非正式社会控制问题、法治产品供给问题、法治建设的路径和
资源问题等。

　　正是由于苏力眼光向下，看到了以西方法律和法治为理想
模型的中国建构主义法治实践的种种悖谬之处，他提出要重视
"本土资源"。而这一论点或者说"本土资源"这一词语，曾
给苏力带来了不少误解、嫉恨甚至各种"帽子"，如"反法
治"、"保守主义"等。甚至黄宗智先生也给了一顶"本土东
方主义"的帽子，③ 认为苏力只是借中国的本土资源来否定简

① 苏力:《法治及其本土资源》，中国政法大学出版社，1996，第25~28页。
② 赵晓力对此有更为详细的解读，参见赵晓力《要命的地方:〈秋菊打官司〉再解读》，载《北大法律评论》第6卷第2辑，法律出版社，2005。
③ 参见〔美〕黄宗智《过去和现在:中国民事法律实践的探索》，法律出版社，2009。

单的法律移植论,① 可见误解之广泛。"本土资源论"确实是对占主流地位的法律现代化范式的否定和挑战,但它并非很多学者理解的那样,通过借助"本土创造的具体法律制度"来达成这种否定和挑战。很多学者对"本土资源论"的反对,多因本能反感或望文生义,很少是真正在学理层面的讨论。不妨引用一段苏力的原话:

> 寻求本土资源,注重本国的传统,往往容易被理解为从历史中去寻找,特别是从历史典籍规章中去寻找。这种资源固然重要,但更重要的是要从社会生活中的各种非正式法律制度中去寻找。研究历史只是借助本土资源的一种方式。但本土资源并非只存在于历史中,当代人的社会实践中已经形成或正在萌芽发展的各种非正式的制度是更重要的本土资源。②

苏力所说的本土资源其实并非某种本质意义上属于"中国本土"的法律制度。否则,除了典权制度外,几乎没有某种法律制度能够说是西方法律所没有而专属于"本土资源"的,甚至典权制度也几乎可以被西方用益物权制度所替代。在苏力借以展开分析的《秋菊打官司》影片、破产法实践、"邱

---

① 笔者曾与黄宗智先生邮件讨论过这一问题,指出"本土东方主义"这顶帽子并不适合苏力。最后,黄先生接受了笔者的看法。
② 苏力:《法治及其本土资源》,中国政法大学出版社,1996,第14页。

氏鼠药案"等经验材料中，其实没有任何"本土创造的具体法律制度"。"本土资源"实际上强调的是"本土的法律实践"，强调中国的法治追求中，不是简单复制西方法律制度，而是重视中国社会中那些起作用的规则，尤其是人们反复博弈被证明有效的规则。

从事理出发，苏力通向了从中国社会出发，尊重社会创造的法理，这才是真正意义上的中国的法理。直到今天，法理学界在这一点上做得仍然不够，不少人依旧仅仅关注那些抽象的空洞"理论"，习惯于自娱自乐，他们在西方理论的观照下谈论法律的应然品格，妄自菲薄地进行中西比附、以西附中，对中国实践进行批判，用先入为主的价值预设来评论法治实践个案，从而将个案评论变成价值表态的宣泄口，而很难从中提炼出有价值的理论问题。

二 从事理走向社科法学

从事理讲法理，诉诸的是常情常理常识，讲述的是生活经验，看起来比较简单，没有任何看起来深奥的、玄乎的理论。与之相反，那些抽象地讲法理的论述和写作，看起来却是复杂的、深奥的，其中有不少晦涩难懂的词语和术语，不但一般人看不懂，就是行业内专家理解起来也颇为费劲。这种现象自有其原因，抽象的法理，其实本来也是具体的，之所以让人感觉到抽象，是因为它不是从中国法治实践中提炼出来的，而来源于西方法治实践。一般来说，词与物存在一定的对应关系，通常人们理解词时，以词背后的物作为经验基础。从事理去讲法理，之所以简单易懂，是因为从经验现象切入或有相关经验基础，人们在见到词时，能将词与物迅速关联起来；如果不能将两者迅速关联，那些词就变得晦涩难懂。而抽象的法理之所以晦涩难懂，就是因为这些法理并非从中国社会自然成长起来的，而是源自对西方法治实践的抽象，讲述这些法理的词语和概念所指代的物，与我们的生活有一定距离，从而很难快速还原成生活经验。造成这种状况，讲述抽象法理的人，应负有一定的责任，因为他们无法将抽象的法理还原为与受众生活经验更为接近的词语，从而让受众更容易理解和接受。

从上述意义上说，从事理讲法理，比讲抽象的法理难得多，尽管后者看起来更晦涩而"有深度"。讲抽象的法理，某种程度做的是"搬运"工作，尽管这种工作也有一些技术含量，"搬运"之前需要转译，搬运之后还要思考如何摆布比较合适。但这种工作更多类似于宣传；尽管宣传也需要技术和技巧，但其毕竟只是宣传。而从事理讲法理，看起来是对日常生活中司空见惯的现象的解析、日用道理的陈述，其背后需要经验，但更需要理论视角。显然并不是生活经验越丰富，就越会讲述事理和法理。农民对农村生活最熟悉，但他们写不出《乡土中国》；法官对司法实践最熟悉，但他们写不出《送法下乡》①。没有理

---

① 本书全名为《送法下乡：中国基层司法制度研究》，下为文叙述方便，正文中不再列出本书副标题。

论视角，根本就无法从事理讲到法理。所以，从事理讲法理，看起来是诉诸日常生活经验，诉诸常情、常理、常识，其实背后需要理论视角。日常生活经验只有经过理论反思之后，才能以事理的方式呈现出来，进而才可能提出相应的法理问题。

如果没有足够的理论储备，苏力不可能从通奸"私了"的案件提炼出法律规避这一现实的理论性问题，也不可能引申出更多的法律多元、制度创新等理论问题，同时代的学者还停留在批评"私了"不知法懂法、不符合法治的层次。甚至，没有足够的理论储备，根本就不太可能从学术上去分析"私了"事件中各方行动者的态度、行动及其理由。在讨论法律活动的专门化中，如果没有"社会分工"的理论视角，分析可能也无法做到那么细致、生动。① 而分析事理背后的理论，大多是社会科学理论，既有的法学理论并不能提供多少力量资源。这在某种程度上意味着，讲事理需要走向社会科学，社科法学也因此成为中国法理学发展的必经阶段。

在社会科学理论视角下讲事理，在苏力的另一本著作《送法下乡》中表现得更为清晰，也更为连续。大概《送法下乡》的主题更为集中，写作规划性更强，更像一本专著而不是论文集。《送法下乡》中，格尔茨、福柯、吉登斯、布迪厄等人的社会理论的运用、借用、变用随处可见。在相关社会理论视角下，"送法下乡"这个日常司法现象与中国现代民族国

---

① 苏力：《法治及其本土资源》，中国政法大学出版社，1996，第 132~137 页、第 148~153 页。

家的建构联系起来，① 《送法下乡》也因此占据了根源于中国的法学理论高地。② 与此同时，经典的"炕上开庭"案例，在不同学者笔下、不同理论视角下，呈现了不同的侧面，③ 没有社会科学理论的基础，这种多面的呈现是不可能的。同样是诉诸常识常情常理，依靠经验，不同理论视角下讲出来的事理是不同的。从事理中追求法理，一定会走向社会科学理论。

不仅仅是社会科学理论，社会科学知识和方法在从事理通向法理的路途中也极为重要。不过，在《法治及其本土资源》一书中，这一点表现得并不突出。其中一个主要的原因是苏力在书中处理的问题还不那么复杂，可以诉诸日常经验和前人记叙（如《乡土中国》）来展开讨论。《法治及其本土资源》中最吸引人的主题，可能是法律在熟人社会中的实践问题，某种意义上《送法下乡》一书也处理了这一问题。而熟人社会的理论模型和机制，《乡土中国》一书有较为成熟的阐释，苏力以及那时整个社会也有相应的生活经验，因此用理论去分析既有的生活经验就可以产出不俗的学术成果。而在复杂社会中，从生活和工作经验切入的研究，往往局限于研究者基于生

---

①　苏力：《送法下乡：中国基层司法制度研究》，中国政法大学出版社，2000，第35页。

②　参见陈柏峰《送法下乡与现代国家建构》，《求索》2022年第1期。

③　参见强世功《"法律"是如何实践的——一起乡村民事调解案的分析》；赵晓力：《关系/事件、行动策略和法律的叙事》；郑戈：《规范、秩序与传统》，载王铭铭、〔英〕王斯福主编《乡土社会的秩序、公正与权威》，中国政法大学出版社，1997；杨柳：《模糊的法律产品》，载《北大法律评论》第2卷第1辑，法律出版社，1999。

活和工作所了解的特定领域。苏力的另外两本著作《道路通向城市——转型中国的法治》《也许正在发生——转型中国的法学》,① 就是如此。这两本著作处理的问题,要么是苏力拥有足够生活和工作经验的,如《也许正在发生——转型中国的法学》讨论的法学学术问题,苏力作为"局中人"自然经验丰富,也有足够的条件去观察"局中事";要么处理的是法治实践中的热点问题,可以通过媒体和日常新闻资讯获取足够的信息,如《道路通向城市——转型中国的法治》中讨论的法治实践问题。

相对简单的社会可以通过日常生活获取经验,但在复杂社会中越来越难以如此,这时社会科学知识和方法就变得举足轻重。现代社会是个复杂社会,社会分工发达而细微,绝大多数人局限在自己的工作和生活范围之内,对工作范围之外的知识大多来自媒体,而媒体信息往往是极为简化的。媒体人在处理专业领域的信息时可能受多种因素的影响,包括媒体人自身的知识水平和偏见、对受众的知识水平和理解能力的考虑、政治和经济利益等。大多数人对自己专业之外的事情,知之甚少。因此,获取生活和工作领域之外的经验,展开相关问题研究,就需要依赖社会科学的知识和方法。苏力不太可能以《法治及其本土资源》一书的研究方式去研究一个证券律师业务运转的问题,如果要研究这一问题,就需要去律师事务所的证券

---

① 参见苏力《也许正在发生——转型中国的法学》,法律出版社,2004;苏力:《道路通向城市——转型中国的法治》,法律出版社,2004。

事务部门做人类学式的调查。讨论网约车的规制问题，依据直觉进行判断很有可能出错，可能需要依赖大数据以及对网络大数据的科学分析。这些都需要社会科学的知识和方法，越是复杂的社会，越是如此。要提炼有意义的法理问题，就必须弄清楚事理；要弄清楚事理，就需要走向社会科学，通过社会科学方法获得相关经验。

三 用社科法学提炼法理

社科法学就是要以社会科学的方式研究事理，从事理去展开法理问题的分析。在转型中国背景下，这种研究尤其必要，不可或缺。作为后发现代化国家，中国的法治建设进程，往往由中央先行立法，然后通过政权体系贯彻法律。中央先行所立之法，虽然会考虑中国社会现实，还会开展一些调研，但总体上主要是学习西方国家的法律制度。立法过程虽然也有公众参与，但总体上主要由法律精英设计并操作，法学家在其中起到很大作用。部分由于中央想通过立法来改变社会，部分由于法律精英和权力机关的漠视，立法过程较少考虑民众和社会需求，法律制度与社会现实之间必然存在巨大的张力。因此，法律在实践过程中就会遇到各种问题，获取关于问题的经验，理解这些问题的事理，提炼背后的真正法理问题，就十分必要。

当前，不少问题仍然可以从日常生活感受触发，基于常情、常理、常识展开研究。从生活经验出发阐发事理，仍然是很有必要的工作。例如司法信任问题，通常大家都觉得中立、公开的司法才可能得到当事人和社会公众的信任。"大头帽，两头翘，吃了原告吃被告"，这是对法官腐败的嘲弄。然而，曾有法官对笔者说，办案时常常巴不得有人打招呼，尤其难办的案件，有人打招呼就好做工作了。当事人说不通，可以通过打招呼的人作为中介去做工作。中间人可能联结法官与当事人之间的信任关系，打招呼成了处理难办案件的平台。这种现象实际上挑战了通常认知的那种有关司法公信力、独立司法的理论模型。公正有效的司法，至少有时候是通过关系来实现的，这背后有独特的心理基础。因此，可以说，有时候司法缺少公信力，与司法机关本身关系可能并不大，而是社会流动化、复杂化、陌生化带来的。基于常情、常理的分析，显然有助于提出问题，提炼真正的法理意识。当然，基于常情常理的分析，往往是不够的。前述"事理"是全面存在，还是局部存在，典型程度如何等，可能需要更为深入的研究，需要合适的社会科学方法的运用，也许质性理解和量性统计都需要。类似的研究才能展示中国社会转型的复杂性，也才能展示社科法学的必要性和功用。

更多的问题，可能需要社会科学方法的研究。即使一些与日常生活密切相关的问题，仅仅靠对常情、常理、常识的把握可能是不够的。比如网约车问题，每个在城市生活的人或多或少都会有自己的感受，而一旦在公共政策层面讨论这个问题，个人感受就极容易局限。不同社会阶层、不同职业、不同工作模式的人都会有不同的看法，如何在公共政策中整合不同的看法，可能需要更多公共政策判断。而作为公共政策判断基础的论据，更是需要社会科学的研究，例如明晰网约车对现有交通产生了何种影响，可能需要在大数据前提下做关联性分析。而那些与日常生活相对较远的领域，仅仅依靠经验直觉很难得出可靠的分析结论，更是需要借助社会科学理论和方法。例如，传媒监督问题牵涉传媒内部运转机制，其实难以靠常情常理常识加以判断，需要有相关媒体、舆论的知识对媒体和受众进行分析，还需要用组织社会学知识对媒体内部的组织结构进行分析。①

对法学问题的社会科学研究，根本意义上需要走向理论，或者可以说，社科法学研究的重要任务之一，在于重新检验、提炼法理。目前，学术界乃至社会上对中国法治存在诸多不同甚至分裂的认识和期许，② 而针对中国法治到底应该向何处去，以及如何去这类问题，法理学所提供的智识资源其实远远不够。以法理学教材为例，它反映的是法理最基本也最权威的知识体系。目前法理学教材的知识体系对法的本体、法的运行、法的价值、法与社会等法学基础理论领域做出的基本说明，主要是基于西方法治经验所做的理论概括，往往被认为具有一般性。这一理论体系，在一些方面可以描述中国的情况，但是在很多方面并不能准确描述中国的状况。

例如，近年出现的党内法规问题。执政党长期执政，党员

---

① 参见陈柏峰《传媒监督的法治》，法律出版社，2018。
② 参见顾培东《当代中国法治共识的形成及法治再启蒙》，《法学研究》2017 年第 1 期。

是中国社会的精英，是政界、学界、工业、农业、科技等各界的脊梁，对党员的规范无疑会影响全社会的方方面面，党内法规体系对社会、对法治都有着极为重要的影响。在西方国家，政党法规并非法律的正式渊源，但是在中国，党内法规体系是中国特色社会主义法治体系的重要组成部分，简单排斥其作为正式法律渊源恐怕不合适，但简单纳入也有不衔接之处，党内法规的执纪执规体系与国家法律实施体系毕竟有所不同。再如执法，按照权威文本的说法，执法指国家行政机关和法律授权、委托的组织及其公职人员，依照法定的职权和程序，贯彻和实施法律的活动。执法具有权威性、主动性和单方面性，对相关法律关系具有主导权，执法机关单方面的认识、认定、动机、目的具有决定性意义。行政主体实施行政行为，只要是在行政法或法律法规授权的范围内，依照法定程序即可自行决定和直接实施，而不必与行政管理相对人协商并征得同意。① 然而，我国执法的实际状态，其实挑战了这种认识。我国基层执法在执法者遭遇障碍时，常常并不是以国家强制力来保障执行，而是执法者与执法对象反复地沟通、交流、讨价还价，在协商的基础上完成执法行为。执法过程的权威性、单方面性未能得到鲜明体现。

　　权威的法理文本不能描述现实，以这种权威文本教育出来的法律人要么脱离现实，空谈所谓理论，要么只能丢开理论重新认识实践，当然也可能在错误理论的指导下犯错误。因此，

① 张文显主编《法理学》第四版，高等教育出版社、北京大学出版社，2011，第 208 页；《法理学》编写组编《法理学》第二版，人民出版社、高等教育出版社，2020，第 333 页。

通过社科法学的研究，提炼符合实践的法理，检验既有的法理知识就十分必要，也十分迫切。检验和提炼中国的法理，应当成为社科法学的任务。社科法学的研究，要从事理出发，直面中国法治实践，充分理解中国法治展开的宏观背景、资源条件、制约结构、政治体制、社会基础等，理解这些方面给法治发展带来的空间、制约和限度；理解中国法治各个具体环节的实践过程、机制、后果、体制特征、制约条件等，理解不同因素在具体环节中的作用以及通过何种机制起作用；在意识形态、政法构架、法治策略、治理技术、话语模式等方面为法治发展提供具体的选择方案。这些工作既需要有足够的经验基础，让政治家、官员和法律人都容易懂，也需要有恰当的提炼和足够的理论化程度，而不致陷入经验细节的表述。从而在深入研究的基础上精当概括出"事理"，对法治具体环节、过程进行概括，揭示出重要的结构、因素和机制，并概念化、体系化、理论化为"法理"。这样的法理就不会与中国法治实践隔膜，而是有助于理解并指导中国法治实践。简而言之，社科法学研究最终应该走向提炼中国法理，为理解、解释中国法治实践贡献智识，为中国法治建设服务。

按道理说，法理应该是普遍的，它是对所有法律现象的一般规律的提炼和概括，应当适用于所有的法律关系和法律现象，而不应区分所谓的中国法理、美国法理或东南亚法理。法理学讨论的法律行为、法律关系，不会因为国别而有所差别。但是，中国的法律体制、法律运行等具体实践又确实与西方社

会表现出较大的差异。基于西方法治经验的概括不完全适用于
中国，而在西方、中国经验基础上进行总体概括，目前还做不
到。也就是说，同时照顾西方经验与中国经验，建构普遍化的
法学理论体系，还存在很大困难。因此，退而求其次，通过社
科法学的研究，提炼中国法理，重建中国法理学，对目前带有
一定普遍性的法理学进行一些中国化修正。

　中国法理学，需要直面中国法治实践，在社科法学研究的
基础上精当地概括出"事理"，对法治具体环节、过程进行具
体概括，揭示出重要的结构、因素和机制，并有相当程度的概
念化、体系化、理论化。中国法理应当能够用于理解中国法治
实践。目前中国的法理学体系与实践还存在很多隔膜甚至背离
之处，理论概括与实际运作两个样，法理权威文本学习对于理
解实践的作用不显著。经由社科法学重新提炼的法理应当与此
不同，重建的法理学应当改变这种状况。例如，对执法体制、
过程、程序等的描述，应当与实际运作一致，能够让人学习后
对中国的执法实况、模式和机制至少有粗线条的理解。中国的
法理还应当能够指导法治改革和法治发展，而目前的法理知识
体系基本不履行这方面的功能。例如司法改革，背后牵涉的往
往是组织内部管理、外部机构协调、资源配置等方面的知识和
理论，例如人财物省级统管的改革，涉及资源结构、条块关
系、政法体系等。而与这些相关的知识和获取知识的方法，并
不在当前中国法理的知识范畴之内，法理学权威文本体系并不
提供。这种状况应当得到改变。

本章提要

法律经验研究的任务，是对法律现象做出质性判断，分析法律现象或要素之间的关联和作用机制。机制分析是行之有效的方法，它要求先正确解读法律现象，再着力解释法律现象。在宏观理论前提下，从经验进路展开解释，辨析因果关系，探究因果关系链条。在法律经验研究中，田野工作至关重要，它是问题意识的来源，也是机制分析的场域。田野工作要求"经验饱和"，并在此状态下建构、验证因果关系链条。长期田野工作中积累的"经验质感"，有助于产生问题意识、探究因果关系链条、展开机制分析。比较分析与集体调研，是卓有成效的田野工作策略。机制分析必然走向理论提炼。

当前中国处于前所未有的巨大社会转型期，党和国家正如火如荼地推进社会主义法治建设。法治建设既需要顶层制度设计，也需要法治实施，必然关注法律实践的过程和效果，法律经验研究可以为之提供助力。法律经验研究需要对法律现象做出质性判断，尤其是具有宏观层面意义的法律现象，更需要在较短时间内做出质性判断。开展法律的经验研究，对法律现象做出质性判断，在有限的时间和资源条件下，机制分析是一种行之有效的方法。本章将以研究体会为基础，探讨、总结法律经验研究的机制分析方法。机制分析的核心，是从经验进路辨析因果关系，从具有经验性、可观察的因果关系去分析问题、解释法律现象。

一　法律经验研究的方位

总体而言，可以把法学研究方法概括为三类：价值分析、规范研究、实证研究。价值分析处理"应当"问题，往往从价值偏好出发对法律规范做出"好"、"坏"的判断，研究法律规范应当如何。规范研究关注法律规范本身，运用法律自身的原理，遵循逻辑和体系的要求，以原则、规则、概念等要素制定、编纂和发展法律，以及通过适当的解释规则来阐释法律。[①] 近似地看，规范研究与当前学者讨论的法教义学的范畴比较接近。实证研究关注事实问题，研究"法律实践是什么"的问题，一般通过对法律现象的观察、调查和实验，获取客观材料，从个别到一般，归纳出法律现象的本质属性和发展规律。当然，并不是说，价值分析和规范研究不处理社会现实问题，而是说这些方法处理问题的方式和关注点是价值或法律规

---

① 有的学科和知识传统将价值分析方法归类于规范研究方法之中，因为规范研究往往蕴含了价值判断和价值基础。

范本身。实证研究则不同，它关注的重心不是法律规范本身，而是法律规范在社会中的实践，以及在社会实践中所造就的诸多现象之间的关联。

"实证"一词意味着"形而下"，实证研究是法律规范的"形而下"研究。"法律实证主义"是法学史上的一个流派，虽然名曰"实证"，但与实证研究方法相去甚远，倒是与规范研究有靠近之处。因为"法律实证主义"之"实证"是相对于自然法而言的。在近代以前的西方法学传统中，世俗政权制定的法律，总是需要从自然法（或神法）中寻找合法性依据，自然法构成了国家法律的"高级法"背景。[①] 法律实证主义之"实证"，就是将目光从自然法、神法中移到了"形而下"的世俗国家政权制定的法律。相对于国家制定的法律，法律规范背后的诸多方面，也属于"形而下"的"实证"内容，如历史条件、社会结构、文化因素、实施过程、社会效果等，它们都是法律实证研究的对象。

目前，社科法学较多采取实证研究方法切入问题，探讨支撑法条背后的社会历史根据，探讨制定法在中国的实际运作状况以及构成这些状况的诸多社会条件。[②] 实证研究有多种不同的方法。比如，一些法律社会史的研究，关注历史上法律规范背后的考量依据和影响因素，它是历史实证研究。再如，一些法律社会学的研究，用数据统计方法分析法律现象中的数量关

---

① 〔美〕爱德华·S. 考文：《美国宪法的"高级法"背景》，强世功译，生活·读书·新知三联书店，1996，第 1~16 页。
② 陈柏峰：《社科法学及其功用》，《法商研究》2014 年第 5 期。

系，包括规模、水平、结构比例、概率分布、因素关联等，这属于典型的社会实证研究。这种研究受实证主义思潮影响，它以物理学为模范，将研究任务定位为发现跨越个别现象的普遍规律，通过逻辑演绎来说明变量之间的规律关系，通过中立观察所获取的数据来验证理论假设，寻找量化的社会因素之间的规律关系。

还有一类法律实证研究，通过对法律现象的参与观察，对当事人和知情者的深度访谈，掌握大量的经验材料，了解当事人的生活经历，把握法律现象的形成过程，探讨法律制度的实践背景、过程和效果。这种研究要求对研究对象有质性了解，甚至要求进入相关主体的精神世界，要求对法律现象相关关联因素全面把握，特别强调研究者的经验质感。为了与受实证主义影响的实证研究方法相区别，这种研究被我们称为法律经验研究。第一章对此已有深入论述。法律经验研究强调研究者的经验质感，要求研究主体进入研究对象的精神世界。

法律经验研究从经验中分析事物的内在联系，分析法律现象或要素之间的关联和作用机制。其核心就是机制分析，即分析事物、现象、因素之间的关联，其中最主要的是因果关系。社会科学研究有三个一般性的目标：希望预测所研究事件的发生，希望有能力控制事件的发生，希望理解事件发生的原因。[1] 其核心便是发现事物或现象间的因果关系。经验研究就

---

① 〔美〕约翰·莫纳什、〔美〕劳伦斯·沃克：《法律中的社会科学》，何美欢、樊志斌、黄博译，法律出版社，2007，第51页。

是要从纷杂的经验现象中辨析因果关系，从而解释过去、预测未来、控制进程。法律经验研究，需要对经验感知的法律现象进行机制分析，从经验现象分析问题的作用机制，分析现象之间的关联机制。简而言之，机制分析就是要分析事物、现象、因素之间的关系，特别是因果关系。

二　机制分析的构成：解读+解释

社会科学有两种研究传统：解读传统（interpretation tradition）与解释传统（explanation tradition）。[①] 解读传统的目的不在于寻找事物内在的逻辑关系，而在于理解和厘清特定的人类活动在特定文化条件下的含义或意义；而解释传统的目的则是寻找具体事物或事件的内在机制以及与之相应的因果、辩证、对话型或历史性关系。法律经验研究的机制分析方法，属于解释的传统，但也缺少不了解读环节。在社会调研中，人们先观察行为或现象，在解释之前需要理解行为或现象的意义，故解读环节必不可少。因此，完整的机制分析是解读+解释：先对行为、现象进行解读，再对行为、现象之间的关系进行解释。

（一）解读

社会现象的意义是由参与社会活动的主体赋予的，需要解

---

① 赵鼎新：《解释传统还是解读传统？——当代人文社会科学出路何在》，《社会观察》2006年第4期；赵鼎新：《社会与政治运动讲义》，社会科学文献出版社，2006，第7页。

读才能理解。解读是经验研究中的基础性工作。社会调研中，观察到法律现象，就需要解读，错误的解读可以使之后的解释工作变得毫无意义。人类学家格尔兹曾借用赖尔的"眨眼"案例来说明"深描"的意义，"眨眼"这一简单的动作可能有四种不同的解读：（1）无意的抽动，抽动眼皮；（2）向密友投去的暗号，眨眼示意；（3）对眨眼示意的恶作剧模仿；（4）小丑在舞台上表演眨眼示意。① 显然，四种眨眼在生理层面上表现一样，但在文化层面上有着不同的意义，在具体情境中准确解读就至关重要。在经验研究中，对田野观察到的现象忠实记录当然重要，但描述这些现象时实际上离不开解读，而解读本身又需要建立在对宏观背景、文化意义、行为动机等深入理解的基础上。

很多法律现象都需要解读，如果解读错误，可能对问题做出错误的判断。以土地权利问题为例。实地调研中，如果问农民，是否需要更多更大的土地权利，农民多半回答需要。如果由此得出结论，农民有扩大地权的需求，那就不一定正确了。因为农民对"更多更大的土地权利"的认知是模糊的，在访谈当时未必确切理解其具体意涵。而如果调研者告诉农民：当他的土地权利更大更多时，其左邻右舍的土地权利也更大更多了，更多更大的土地权利意味着左邻右舍可以对他的土

---

① 〔美〕克利福德·格尔兹：《文化的解释》，韩莉译，译林出版社，1999，第 7~8 页。

地使用构成制约,① 灌溉、通行等可能面临更多的阻碍,② 农民就未必愿意接受"更多更大的土地权利"。田野调研中,相同的词语和话语在调研者和调研对象之间传递时,所指可能并不相同,因此做出符合调研对象真实意图的解读就至关重要。

再如,对上访行为,人们很容易未经深入思考就解读为维权,这种解读也有所偏颇。其实,上访有各种各样的动机,对于不同的上访行为应该做颇为不同的解读。有的上访是维权,有的可能是无理取闹,还有的则是面向国家法律和政策的协商行为。③ 有的人由于长期上访,老家固有的工作和社会关系无法继续维持,只好继续上访,将上访当作一种生活方式,④ 为了上访甚至不断找基层政府的各种问题,不但为自己的事情上访,也为别人的事情上访,甚至为别人上访提供指导服务。将某种上访行为解读为维权,意味着上访人应该有具体的法律依据。但是,很多上访行为,也许上访人名之为维权,却并没有明确的法律和政策依据,而其上访行为又有一定的道理,上访行为可能最终推动了法律和政策的改变,这种上访体现了特定

---

① 权利互相制约,可能导致"反公地悲剧"。参见 Michael Heller, "The Tragedy of the Anticommons: Property in the Transition from Marx to Markets", *Harvard Law Review*, Vol. 111, p. 621-688。
② 一个例证,可参见陈柏峰、林辉煌《农田水利的"反公地悲剧"研究——以湖北高阳镇为例》,《人文杂志》2011 年第 6 期。
③ 陈柏峰:《农民上访的分类治理研究》,《政治学研究》2012 年第 1 期。
④ 侯猛:《生命的尊严:涉诉访民的心态与表达》,《中外法学》2011 年第 1 期。

群体与政府之间的协商，从而可以解读为协商型上访。在当前社会转型期，各种类型的上访都普遍存在，针对具体上访行为需要有准确的解读。因此，需要切入上访人的动机、诉求，上访的社会后果、文化意义等。

（二）解读的缺陷

从事一项具体的经验研究，首先必须对法律现象和研究对象的行为本身有正确的解读，否则进一步有效研究的基础都不存在。当然，所谓的"正确"也只是尽量接近真实，不犯那种显而易见的错误。然而，仅有解读是不够的，从方法上来讲，解读存在一些难以回避的缺陷。

第一，解读有很大的主观性。研究者很容易在特定道德观念、理论模式的影响下做出带有偏见的解读；甚至带有理论的先入之见，在其指导下筛选材料；或者根据理论的需要切割材料，讲符合自己需要的故事，从而误解行为的意义，对法律现象做出错误解读。在缺乏个案比照参考的情况下，更容易如此，一旦如此也更难发现错误，从而变成根据自己需要来讲故事。还是以"眨眼"为例，观察者将研究对象的某次眨眼活动，解读为无意抽动眼皮、眨眼示意、恶作剧模仿，或者戏拟，甚或假装眨眼示意、假装戏拟，这具有极大的主观性，甚至也难以重返现场通过再次调研来确证。人类学家的田野往往只有研究者本人去过，对其中行为和现象的解读，旁人难以验证，最终只能依赖学术良知和伦理的约束了。格尔茨对巴厘岛斗鸡有着令人信服的深入解读,① 而之前其他人类学家对此也有不少解读,如果没有格尔茨在巴厘岛的进一步研究,人们也许就只能选择相信之前那些错误的解读。

第二,解读往往容易肤浅化。研究者对经验现象仅仅有概括,而缺乏深度描写和提炼,难以把握住行为和现象背后的复杂关系。很多对行为和现象的解读最后落实为一两个核心关键词,这些关键词很可能只抓住了现象的一个侧面,甚至只抓住了一个假象,无法给出复杂现象的整体图像。赵鼎新曾对斯科特的一系列研究中的解读和概括提出质疑,认为"道义经济"、"弱者的武器"、"日常抵抗" 等静态概念既无普遍性,也无助于加深人们的动态理解,同时还隐含了一些很有问题的假设。② 他甚至认为,"日常抵抗"③ 这一解读,完全不源自田野调研,反映的只是斯科特的个性——一个极其不愿受到规范约束、孩提时喜欢在课桌下做小动作,却还振振有词的人。日常抵抗是个随处可见的现象,完全不需要通过在马来西亚做长达一年多的田野调查来获得。④ 斯科特的研究当然有其贡献,但"日常抵抗" 的解读和概括并没有巨大的理论意义,因为任何有权力支配关系的地方都会有 "日常抵抗"。赵鼎新的批

---

① 〔美〕克利福德·格尔茨:《文化的解释》,韩莉译,译林出版社,1999,第 484 页以下。
② 赵鼎新:《社会与政治运动讲义》,社会科学文献出版社,2006,第 10 页。
③ 参见〔美〕斯科特《农民的道义经济学:东南亚的反叛与生存》,程立显、刘建等译,译林出版社,2001。
④ 赵鼎新:《社会科学研究的困境:从与自然科学的区别谈起》,《社会学评论》2015 年第 4 期。

评确有道理，这表明解读很容易肤浅化。

第三，解读难有学术积累。对现象和行为的解读，往往带有个体性，受研究对象和田野的局限，较难进行真正的学术对话，因此学术积累困难。这一点在人类学研究中较为典型。人类学家的田野常常是部落社会，一个部落只有一两个研究者进入，他们对部落社会的解读难以被其他学者证成或证伪，研究的可信度就很难不受到质疑。而且，一些颇有影响力的解读，带来的往往只是跟风，而缺乏真正的积累。赵鼎新就指出，顺着斯科特的"日常抵抗"，后续的一系列概念和解读，带来的跟风，就像是斯科特开了一个利润极高但成本很低的商铺，大家都想加盟，形成了"斯科特连锁店"。这些研究经验单薄，全靠一支生花妙笔，原创概念被任意发挥，后继工作越发无聊。[1] 这一评论引来了提出"依法抗争"概念的李连江教授的不满，[2] 带来了一桩不大不小的"公案"。斯科特的"日常抵抗"和欧博文、李连江的"依法抗争"概念传到中国后，造就了更多类似的概念，如以法抗争、以势抗争、以身抗争、以诗维权、"韧武器"等。这些概念多是模仿，套用中国社会的材料，对维权现象的解读多是平面上的重复，缺乏真正意义上的学术对话和学术积累。

解读的缺陷，可以通过一些方法加以克服。例如，针对解

---

[1]　赵鼎新：《社会科学研究的困境：从与自然科学的区别谈起》，《社会学评论》2015年第4期。

[2]　李连江：《学术批评不应猜测研究动机》，豆瓣网，http：//www.douban.com/url/1891780/，最后访问时间：2023年3月1日。

读的主观性，可以通过多次反复、多次访谈、观察、返回现场来加以避免。社会行为有其普遍性，而个体行为因其偶然性而意义可能有限。因此，可以通过反复的观察、访谈，寻找社会行为的普遍性意义。此外，还可以从尽量多的层次进行解读。行为和现象的解读，可以分为是什么、当地人自认为是什么，外来者认为是什么等不同层次。显然，多层次的解读更容易接近正确。尽管如此，解读的缺陷仍然需要解释来加以克服。

（三）解释

完整的机制分析包括解读与解释，解释是机制分析的核心，解读只是基础性的工作。解释建立在解读的基础之上，但无法被解读替代。机制分析是从经验现象分析问题的作用机制，分析事物的内在关系，分析现象之间的关联机制。解释就是探寻社会要素、社会现象之间的关系，以揭示社会现象的内在机制。经验研究要有学术积累和深度，就一定需要解释社会现象的内在机制。其最主要的就是因果关系，当然不只是因果关系。社会科学的研究，希望理解事件发生的原因，希望预测所研究事件的发生，希望有能力控制事件的发生。这些目标的实现，都有赖于对因果关系的发现和阐明。尽管社会科学上的因果关系很少是确然性的，但在理解、预测和控制时，必须了解盖然性的因果关系。

早期的社会科学受自然科学的影响，往往试图从公理出发建立推演性的逻辑体系，从一些初始条件出发，根据类似于牛顿定律式的公理和定理进行推演，分析初始条件可能导致的社会后果，以这种方式分析社会现象。从那时一些著作的名称都可以看出这种特征，如《社会静力学》。从某种意义上讲，这种研究思路是当时自然科学突飞猛进，人类认知能力大幅度提高，进而导致人类自信心膨胀的结果。实践证明，这是一条不成功的道路。这种研究进路既不能预测微观生活世界，也不能预测社会大规模和结构性的变动。因为社会现象由人的行为构成，而人是由意识控制的，具有可变性、互动性和相当程度的不可预测性，这使得社会现象的复杂性无法从定理出发进行逻辑推演。而且，在面对具体问题时，研究者也难以事先知道前设性的公理和定理。当然，虽然难以满足预测和控制方面的目标，宏大层面的逻辑推演式研究也并非一无是处，至少可以提供从整体上认识社会的结构性视野。

后来的社会科学基本上放弃了建立庞大逻辑体系、寻找普遍性因果规律的努力，逐渐从宏大层面转向中层理论，越来越关注具体的"因果机制"。[①] 法律经验研究中的解释，也是一种探寻因果机制的努力，就是要从经验进路去辨析因果关系，从经验性的、可观察的因果关系去分析问题、解释法律现象。

目前学界的很多研究，在解释法律现象时，往往列举很多原因，却缺乏对原因如何导致结果的具体机制的揭示。例如，在分析为何审判权运行不独立时，往往会列举政治体制、法院管理体制、社会压力、法官心理、民众心理等多方面的原因，

---

① 周雪光：《组织社会学十讲》，社会科学文献出版社，2003，第15页。

却缺乏对具体机制的分析，不能从分析中清晰地看出，多方面的原因是如何具体导致审判权运行不独立的。仅仅有原因要素的列举，缺乏对原因要素作用机制的揭示，不能让人看到清晰的因果关系，其实并未有效解释法律现象。根据这种分析，人们仍然无法预测后果，也不能有效控制法律现象的发生。

三　机制分析的核心：因果关系解释

（一）辨析因果关系

机制分析的核心是因果关系的解释，因此辨析因果关系就是研究中最重要的工作。法律经验研究的机制分析，应该在经验现象层面辨析因果关系，从经验进路切入经验现象本身，关注中观或微观层面的因果关系，分析具体的因果机制。

辨析因果关系有很多不同的模式，实证研究（定量研究）最常见的是"假设—验证"模式。研究者先假设某一条件或因素与效果之间的因果关系，然后收集数据，通过统计分析方法进行验证。研究者的假设可以源自前人的研究，也可以源自研究者的观察判断或研究直觉。"假设—验证"模式在正式研究前，就有对变量关系的明确命题，研究过程因此变成了数据收集和测量的过程。法律经验研究也可以使用"假设—验证"模式，但只能在质性层面的因果关系得到充分认知之后辅助性地使用，否则就不是经验研究，而是实证研究。法律经验研究最常用的是"观察—判断"模式。研究者通过参与观察、深度访谈、试验等方式切入社会现象，在对研究对象及相关现象透彻理解和把握的基础上，对要素、现象、事物之间的因果关系做出判断。由于法律现象的复杂性，及其与其他现象在表面上的无序关系，研究者需要透过现象看到本质性的因果联系。

当前中国处于巨大的社会转型期，因而需要更多的经验研究，需要更多采取"观察—判断"模式来辨析因果关系。社会转型意味着变化，变化意味着不为研究者理解的法律现象会很多，因此在大规模投入研究资源前，需要必要的观察和判断，质性研究因此也更为必要。中国的社会转型，比世界上任何一个国家的转型规模更大、时间更短、强度更高，中国是压缩的现代化转型，在数十年内走过西方国家数百年的历程。这种转型情境决定了社会知识更新很快，研究前沿日新月异，研究者的常识作为研究基础变得十分可疑。中国今天的农村与20年前不可同日而语，今天的城市与20年前同样不可相提并论。有的研究者对某一法律实践问题的判断，居然20年没有任何变化，这真是难以想象！他们真的进行了研究吗？或者只是数十年地重复自己已有的知识。在日新月异的知识面前，过去的知识很可能只是偏见。因此，从书籍和媒体上获得的知识也是可疑的，很难据此切入研究问题的核心，所以经验研究更为必要。

美国社会转型早已完成，社会运行平稳，社会的基本性质已经过深入研究，且人们对此已有共识。因此，从常识出发展开研究，不会在基本处犯错，可能在细枝末节处发现某种因果关系，做出学术贡献。这也是美国社会科学定量研究主流化的原因。研究者习惯于在既有研究中寻找"空格",然后用实证的定量方法展开研究,研究传统并不强调经验调查和理解。有学者受美国社会科学的影响,将国外权威期刊的新颖理论模型借鉴过来,略加修改,将中国的数据填充进去,就炮制出论文。研究者对中国的问题并无质性认识,不能揭示真实世界的因果关系。这是学术研究的一种异化,甚至是一种"学术腐败"。

中国一些学者在法律实践问题的研究中,对法律现象还没有多少经验感受时,就做了很多预设,并以预设为基础投入大量研究资源。一种典型的学风是,涉及实践问题的研究,言必称调研问卷,似乎没有问卷就算不上科学调研一样。很多研究只是在问卷调研以后统计了研究对象对问题回答的分布比例,然后就开始展开。最终,这种研究只是将研究者的主观价值偏好和认识,借用貌似科学的问卷调研,又表述了一遍;研究者既没有对法律现象的深入经验观察,调研问卷也不反映需要验证的因果关系,因此不可能有对因果关系的可靠判断。由于研究者对所要研究的问题缺乏质性认识,又缺乏获得质性认识的手段,因此注定会失败。这种研究,有实地调研之外形,而无调研之实质。

(二) 因果链的解释

因果关系多种多样,至少包括以下几种。一是充分必要因果关系:某一条件或因素对产生某一效果是必须的,而且总是可以产生此效果。二是必要但非充分因果关系：某一条件或因素是产生某一效果是众多必要条件之一。三是充分非必要因果关系：某一条件或因素是能够独立导致某一效果的条件之一。四是贡献性因果关系：某一条件或因素对引发某一效果既不充分也不必要，但可以影响效果发生的盖然性。五是反馈环路式因果关系：某一条件或因素与某一效果互为贡献性因果关系，即条件或因素可能导致某一效果，而这一效果反过来也可能导致条件事实的发生或深化。在现实生活中，这些不同的因果关系还可能以不同组合结合起来对某一现象产生影响。

在社会科学的研究中，因果关系涉及对社会情境的界定和文化规则的解释，而人的自我意识及行为任意性会导致社会现象具有随机性，因果链条因此扑朔迷离，且测量非常困难。相比而言，人们更容易发现一种条件或因素增加了某一效果发生的盖然性。甚至可以说，就社会科学所研究的人类行为和社会现象而言，因果关系并不是必然性的。真正具有必然性的因果关系只是理论上的，社会科学上的因果关系只具有一定程度的普遍性。在绝大部分的因果关系中，一个要素或条件的出现，只是增大了另一个后果或现象出现的概率。还有一种反馈环路式的因果关系，两个要素或现象互为因果关系，这类似于"鸡生蛋"、"蛋生鸡"的问题，很难辨析清楚。与自然科学有所不同，社会科学所研究的经济、社会、文化、政治现象中，贡献性因果关系以及与之相关的反馈环路式因果关系更为常见。

法律经验研究，如果仅仅寻找研究问题的直接原因，那会显得研究深度不够，常常还需要探究间接原因。某一条件或因素导致某一效果，这是直接因果关系；某一条件或因素导致某一效果，进而引发进一步的效果，条件或因素与最终的效果之间就是一种间接因果关系。间接原因和直接原因所组合成的因果链条，才构成所谓的因果机制，机制分析的核心就是对因果链的解释。法律经验研究就是要从法律现象中寻找因果链条，机制分析方法的魅力也在此。寻找因果链条，需要从原因和结果之间寻找中间变量。有时可以通过直觉判断某一条件或因素导致了某种效果，但并不知晓条件到底如何导致了结果的产生，原因可能就在于没有发现作为中间变量的结果/原因。从条件到结果存在诸多的中间变量和混杂因素，因果链解释就是要揭示这些中间变量及其作用机制，辨认混杂因素及其作用机制并将其从因果链上祛除。

因果链的解释中，尤其需要区分因果关系与其他关系。存在这样的社会现象，两种或多种事物、现象、要素总是同时或先后出现，它们之间或许存在一些关联，将它们联想为因果关系，这是研究的惯常思维。不过，它们可能都是同一其他事物、现象或要素导致的不同方面的后果，是共生关系，也可能只是时间先后关系。由于存在诸多混杂因素，社会现象的因果关系判断常常受到迷惑和干扰，如果不能加以辨析，把混杂因素找出来并加以排除，就难以做出正确的判断；如果将其他关系误解为因果关系，就会导致因果链解释的方向出现偏差。

一项法律经验研究能否做到深刻有启发，全看机制分析是否呈现出精彩的因果链条。因果链的解释中，因果链条的长度应当适当。因果链条太短，仅仅从直接原因解释法律现象，就毫无深度。因为直接原因往往不需要深入观察就可以得知，这甚至谈不上研究。因果链条太长，讲述过多层次的间接原因，虽然显得有深度，但其说服力和论证力会大大减弱。因为社会现象的因果关系多是盖然性的，层次越多，概率就会降低，特定因素的作用机制就会减弱。也就是说，间接原因层次过多，因果关系经过多层次传递无疑会减弱，就会产生"原因的原因不是原因"的问题。假如要论证一只蝴蝶偶尔振动翅膀，导致两周后美国的一场龙卷风，中间可能有无数个因果关系层次，而每个层次都会受到偶然因素的影响，都有概率，经过长链条传递后，最初原因与最终结果之间的关系仍然是不确定的，难以预测、不可控制。因果链条过长，研究结论就似是而非，没有力度，毫无意义。如同下棋，能看到五步十步的是高手，号称能看到一百步，那就是忽悠了。

（三）宏观理论的位置

机制分析并不只有微观或中观层面的因果链解释，还有宏观理论的观照。虽然宏观理论并不能解决法律经验研究所要探究的原因和机制，难以面对法律现象的预测和控制问题，但它仍然是很重要的。特定的宏观理论往往是中观或微观层面机制分析的基础，是分析问题的出发点，常常为机制分析设置了前置性条件，为因果关系解释设置了场域。

以国家与社会关系的理论为例。曾经有个同学在课堂上向笔者提问：教材上为什么要讲"国家与社会"？难道国家不包括社会吗？这是一个很有意思的问题，国家到底是否包括社会，其实在不同的宏观理论中，答案是不同的。国家与社会二元的框架，是很多理论命题的前提和基础，也是现在人们讨论诸多问题、分析相关机制时的前提和基础，不少人甚至是无意识地在其理论前提下讨论问题。公民权利制约政府权力、新闻媒体的舆论监督权等，都潜在地蕴藏了国家与社会二分的宏大理论框架。不同的宏大理论在处理社会与国家的关系时显然有所不同，而这些不同的宏大理论观照，对中观或微观问题的起点假设就会有所不同。如果不承认国家与社会的二元分野，可能就不会承认新闻媒体的舆论监督职能，而更重视其为国家权力而存在的职能。①

社会现象、社会事件往往是多个中观或微观机制的合成，其中的因果关系极为复杂。这些机制的合成是一种因果关系的解释，而不是普遍性、确定性的规律，相关因素的复制不一定能叠合复制出业已存在的社会现象、业已发生的历史事件。对这些中观机制的认识，需要更高层面的理论指导。在机制分析中，宏大理论往往成为暂时无须讨论的前提；在探寻因果关系时，有时甚至可能意识不到宏大理论，却可能是在宏大理论的指

---

① 〔美〕弗雷德里克·S. 西伯特、西奥多·彼得森、威尔伯·施拉姆：《传媒的四种理论》，戴鑫译，中国人民大学出版社，2008，第6~7页。

引下寻找因果要素。例如讨论土地流转对农民阶层分化的影响,[①] 其背后就是宏观的阶级与阶层理论,还不是中观的关涉阶级与阶层的某种理论。在宏观理论的指引下,才能进入微观法律社会现象的机制分析和因果关系解释中。

对社会事件和社会现象的完整有效解释包括三个部分:从宏观到微观的转变,微观的社会行动,从微观到宏观的转变。[②] 从宏观到微观的转变,解释的是社会系统对行动者的限制和影响;从微观到宏观的转变,要解释个体行动如何结合成社会系统行为,从而导致普遍性的社会现象。这必然涉及如何看待宏观系统,而如何看待宏观社会系统,正是宏观理论的中心问题。而完整、有效的解释实际上需要在微观—宏观之间循环往复,因此宏观理论的指导不可或缺,因为不同的宏观理论可以提供不同的视野,产生不同的效果。完整地看,法律经验研究,往往是宏观理论前提 + 微观行为意义解读 + 中观或微观机制分析。宏观理论与微观行为的解读虽然也很重要,但机制分析是核心,对因果链条的探寻是解释力比拼和竞争的中心。

四 机制分析的开端:问题意识

(一) 问题意识的来源

问题意识是经验研究的起点,没有问题意识,就无所谓研

---

① 陈柏峰:《土地流转对农民阶层分化的影响——基于湖北省京山县调研的分析》,《中国农村观察》2009 年第 4 期。

② 〔美〕詹姆斯·S. 科尔曼:《社会理论的基础》,邓方译,社会科学文献出版社,1999,第 14、24 页。

究，也就谈不上机制分析。很多人的写作只有论域，没有论题，就是因为没有问题意识，他们想去研究某个领域，但并不知道学术问题在哪里，不知道写作要解决怎样的学术问题，从而导致整个写作缺乏中心论题和论点。每年有大量这样的博士、硕士学位论文，由于缺乏核心问题意识，行文中心论点不明确，导致写作不能围绕中心论点展开，这种写作严格说甚至不能算作论文，而只是某一论域中诸多联系并不紧密的问题讨论的组合。这些讨论中大多只有意见，缺乏论证，缺乏揭示法律现象的机制分析。因此，有价值的问题意识至关重要，它能给机制分析一个良好的开端。

在经验研究中，问题意识来源于"悖论"。悖论就是在既有的知识体系之下对事物和现象难以理解，用既有理论和分析框架进行解释，会出现矛盾之处，或有不合常理之处。此时，既有理论和分析框架的局限性就表现出来了，这说明事物和现象的机制未曾得到既有理论的揭示，因此需要新的解释。在日常生活中，在实地调研中，大部分现象是可以理解的，可以用既有的理论和知识体系加以解释，分析这些现象，没有创新意义。发现一个既有知识体系所不能揭示的事物或现象，就可能是学术问题意识的来源。足够的理论储备非常重要，它是发现悖论的基础。只有具备足够的理论储备，才能确证现有理论在解释相关现象时存在短板。经过一番努力，对之前不理解的事物和现象背后的因果关系进行有效揭示，就是成功的机制分析。

举个例子，在研究乡村"混混"对基层治理的影响时，笔者经常听到农民提到"好混混"这个词语。农民一般对乡村"混混"持否定的评价，很害怕也很讨厌这个群体，他们的概念系统中却又有"好混混"这个词语。如何理解这一"悖论"，为什么有人被称为"好混混"？这就是一个很好的问题意识。沿着这个问题意识，通过进一步的调研就可以发现，"好混混"的出现源于村庄公共品供给的困境。乡村组织难以抑制公共品供给中的"钉子户"和"搭便车"行为，而"好混混"可以依靠暴力和暴力威胁对其加以遏制。① 一个"混混"如果不在村里做坏事，还可以帮助村民解决问题，就成了"好混混"。对这一问题进行机制分析，探析背后的因果关系链条，就可以产出有创新的论文。研究上访的问题意识也是如此：很多上访人宣称维权，或被人名之维权，其上访行为却并没有明确的法律依据。因此要对上访行为进行新的解释。

"悖论"的发现，可以来自研究文献的阅读，可以来源于史料阅读，还可以来自日常生活体验，而更多的则来自田野调研工作。不同途径生发的问题意识有其不同优点和缺陷。从研究文献中发现悖论，对学术谱系会有更好的把握，但研究文献受制于研究者的目的，从中发现独立的问题不一定是实践中真实存在的问题，也不一定属于经验研究的范畴；日常生活体验中生发的问题意识可能较为深刻，也可能受制于经验的片面性，缺乏对照而走上思维的歧路；从史料阅读中发现悖论，与

---

① 陈柏峰：《村庄公共品供给中的"好混混"》，《青年研究》2011 年第 3 期。

田野调研一样，都有经验性，但由于史料是古人按照个人偏好、个人目的记录的，带有特定时代的风尚、偏好，从中辨析因果关系会更为困难。从田野调研中发现"悖论"，最大的优势是研究者可以在进一步的田野工作中不断返回现场，不断观察、讨论法律现象，甚至与研究对象发生互动，从而证实问题意识的真实性，或剔除虚假的问题意识。

（二）田野工作与问题意识

田野是经验现象的世界，日常生活的世界也是经验现象的世界，但两者有所不同，在田野工作中研究者会自觉地运用理论，而日常生活世界即使运用理论，也是不自觉的。日常生活是一个运用理论框架而不自觉的世界。人们对日常生活的一切都习以为常、理所当然，在其中生活一般不会问为什么，而是按照习惯生活。理论认识框架都已经内化成了习惯，甚至身心的一部分。人们按照身心就可以理解生活世界的人和事。即使有情绪、不公平感、不满意，也能较快在此系统中找到衡平渠道，从而较少会去思考或尝试理解背后的机理。当然，也有少数人例外。他们可能将生活场域变成研究的田野。这种人非常敏感，可以将所学理论框架用来反观生活。感受到不公平、不满意、奇怪之后，能够超出事情本身思考，思考背后的为什么，这就进入了机制分析环节。以家乡为研究场域的"家乡社会学"研究就属于这种情形，一些学者从自己的工作经历进入研究领域，也属于这种情形。

例外的毕竟是少数，更多的问题意识来源于田野，田野工作比生活更容易产生问题意识。田野工作的意义在于将研究的对象与日常生活拉开了距离，这种距离使得理论审视成为可能。就好比小说，源于生活却与生活有距离，这样才能让人省思生活。鲁迅小说中的人物祥林嫂，如果出现在日常生活中，假如是一个邻居，人们可能不但不会同情她，反而会很讨厌她，因为她可能给日常生活制造一些麻烦；而这种人物出现在小说中，可以引发人们对生活、对社会的深层次思考，引发对人类基本生存境遇的悲天悯人式的思考。这就是因为小说与生活有了距离。同样，一般而言，田野与生活也有距离，这样才会刺激研究者的好奇心，防止我们将一切视为理所当然，将个人从生活中解放出来。田野相对于生活是陌生的，陌生感是学术好奇心的基础。有陌生感，才能将情绪、不公平感、不适应感问题化，并去追问缘由，从而生发出问题意识。

正是如此，最熟悉某种事务或法律现象的人，往往并不是最有问题意识的。农民是对农村生活最了解的人群，但他们提炼不出学术的问题意识，甚至他们对研究者感到不理解：读书人真无聊、爱较真，这些问题都不明白，这还需要研究吗？法官对法院管理体制也大多容易停留在发牢骚的地步。曾经，法官办案子，需要在法院内部层层审批，有问题需要经过审判长、副庭长、庭长、副院长、院长层层汇报讨论。普通法官一不小心越过副庭长直接找副院长讨论案件，这是非常犯忌讳的。法院内部的管理有高度官僚化、行政化的一面，法官的日常工作受其规约，大多数法官只是抱怨"官本位"，甚至认为是领导个人的工作作风问题，看不到问题背后社会与制度的互动机制，意识不到法院工作受到各种制约的因素。① 因为法官同样嵌入在自己的工作和生活之中，不容易抽身出来思考其工作问题背后的机制。法官因有一定的理论素养，还常常有一定的反思精神，而农民更是缺乏这种反思生活的能力。陷入在具体工作中的人，很难有学术性的问题意识。

在田野调研中，研究者要从具体生活事件、工作任务、麻烦等中抽离出来，才可能有学术性的问题意识。否则，可能影响研究的客观性，误导问题意识的方向。在对上访问题的研究中，几乎所有的信访工作人员都抱怨信访制度有问题，甚至认为信访制度应该废除。他们常常抱怨：现在不是全面依法治国、建设法治国家吗？为什么还允许上访行为，还要求工作人员必须做好接访工作？其实，信访工作人员思考的还是自己的工作。按照他们的理解，实现依法治国，他们就不会有那么繁重劳累的接访任务了。信访制度面临一些问题，但未必是信访工作人员抱怨的这种问题。信访工作人员陷在自己的工作中，就看不到这些问题。他们意识不到上访量大主要缘于社会转型与社会变迁，也意识不到信访工作在整个政府工作结构中的位置，信访机构实际上是承担难办事项、进行兜底的"剩余部

① 具体机制的分析，可参见顾培东《再论人民法院审判权运行机制的构建》，《中国法学》2014 年第 5 期。

门"。而在信访部门，所有工作人员都有压力，中央和地方都有各自不同的压力，而转型期问题增多则是客观基础。如果研究者不将研究的问题与研究对象的工作有所区隔，就不可能有真正的问题意识。

田野是问题意识的主要来源。田野具有开放性，信息量巨大，在经验调查中多问为什么，多琢磨生活和制度的逻辑，将杂乱的现象清晰化、学理化，可以产生很好的问题意识，这些是在家里无论如何都空想不出来的。中国是一个巨型社会，且处于转型时期，任何一个地方都可以作为有学术意义的田野，法治实践的任何环节都是学术资源丰富的田野，由于进入田野进行研究的学者还不多，因此田野工作可以获得很多有价值的问题意识。而且，由于中国法学所运用的理论，大多来自西方，从西方社会和法治经验中生长而来，与中国的社会和法治实践有相当距离，因此，在中国开展法律经验研究，田野工作就会更频繁地遇到理论力有不逮之处，从而需要新的解释。田野工作中常常会有这样的烦恼：同时发现很多问题的线索，有很多问题意识，只觉得时间和精力不够，不能对每一个问题进行深入的调研。应该说，田野工作是获取问题意识的最有力的途径和方式。

有田野调研经历的人，更可能做好以家乡为场域的研究，也更可能做好从工作经历切入的研究领域的工作，因为田野工作经历可以使他如看待田野一样去看待家乡，看待生活场域和工作经历，像用理论分析田野那样去用理论分析自己的生活。

田野工作经历,可以使研究者学会将生活和工作经历文本化、他者化,从而将其变成学术研究审视的对象,让研究对象与日常生活工作有所区隔,有了距离,进而去审视、透视它,改变那种对生活和工作通常的熟视无睹的局面,从而生发出问题意识,将它变成机制分析的对象。

(三) 经验质感与问题意识

"经验质感",是对经验现象的质性感受和把握能力,其实质是在广泛接触社会现实和经验现象后,能够对研究领域的事物和现象进行总体把握,从貌似庞杂的现象中抓取关键,从而准确判断现象的起因与发展方向,并在现象之间发现关联的能力。[①] 经验质感是一种综合的能力,其首先意味着对经验现象的广泛熟悉,见多识广;其次意味着穿透力,能透过庞杂经验现象看到本质;最后还意味着"悟性",能在众多经验现象中发现关联,提出问题并把握问题。经验质感好的研究者,往往有更好的问题意识,更能从实地调研中提出有价值的学术问题。

经验质感至少在两个方面有助于经验研究的问题意识。第一,对社会现象和社会关系的总体把握能力几乎内化为日常认知和基本思维。经验质感好的研究者,对研究领域常见现象了然于胸,无须费力可以轻松判断它们的来由与发展趋势,在田

[①] 贺雪峰:《饱和经验法——华中乡土派对经验研究的认识》,《社会学评论》2014 年第 1 期;吕德文:《谈谈经验质感》,《社会学评论》2014 年第 1 期。

野工作中可以做到心中有数，几乎不会被混杂因素所迷惑、干扰，更不会被人为的虚假信息误导、蒙蔽。具有这种能力的人就好比 油过铜钱孔、达至熟能生巧之境的卖油翁。这种能力可以使研究者不被庞杂现象所迷惑，不会生发虚假的问题意识，不在田野工作中提出没有实际价值的学术问题。第二，对社会现象和社会关系的敏感性，可以内化为在研究中简化经验现象，快速发现悖论，准确提出假设的能力。在田野工作中，研究者很快就可以对研究对象高度熟悉，甚至访谈对象说了一句话，后一句将会说什么都可以预测到。调查访谈所获取的大量信息是重复的，在重复信息中快速发现对研究有用的新信息，需要足够的敏感性。这种敏感性，有助于发散性地提出假设，从而在田野工作中生发有价值的问题意识，提出真正的学术问题。它意味着可以在庞杂经验现象中快速发现差异，在日常大量趋同的经验现象中发现意外，从不同现象的比较中发现问题，从对现象可能的不同解释中发现悖论。

法律经验研究需要对现实生活经验有完整的知晓和理解，能够透过现象看到本质，从看似杂乱无序中抓出关键问题，并沿着问题去进行机制分析，思考法律现象的因果关系。而抓出关键问题不能事事从零开始，需要有基础，即对一般非前沿性的问题有透彻的知晓和理解，知道相关法律现象的来龙去脉。如此才能抓住新的问题，提炼有创新意义的问题意识。对一般性法律生活和实践问题的透彻理解，这就是经验质感，它是对生活和法治实践的心领神会。有经验质感，更能提炼出新的学术问题，生发好的问题意识。

经验质感有先赋性因素，但更主要是在经验研究的田野工作中培养的。不同环境中成长起来的学者，经验质感可能不同，时代环境、城市或村庄环境、阶层环境、家庭环境等都可能影响一个人的经验质感。城市家庭出身的学者研究农村，起初经验质感可能不会那么好；社会上层家庭出身的学者，对平民社会关系的经验质感可能会略差一些。但是，经验质感可以在研究实践中培养，在田野工作中逐渐积累。田野工作强调对经验现象的整体把握、感悟和理解，而不是对研究材料的收集，也不是对理论方法的嵌入；强调对经验现象之间各种关联的观察和讨论，对各种细微差异的关注和辨析。经验质感说到底是对社会的感受能力，不是闭门造车，是经验研究学术实践的产物。强调理论和方法很难取得经验质感，理论和方法只有被还原到对经验现象的解释中，并在实践中得到修正，才能真正被掌握。经验质感是在田野训练中，不断沉浸在经验现象中，从经验现象出发追问事物和现象的因果关系机制，理论方法与经验材料不断融合。经验质感可以在此过程中逐渐培养，它是一个熟能生巧的过程。

经验质感是一种内化的思维能力，一旦获取终身获益。一些学者在某个领域取得成就，转移到另外一个领域后也可以很快取得成就，就是因为获得了一定的经验质感。有了经验质感后，甚至不一定需要进入田野，也可以生发问题意识，提出有价值的学术问题。2005 年 7 月，笔者在荆门调查中获得一则案例：两农户因在抗旱中争水引发纠纷，双方居然都从市区或镇上找来"混混"在村里对峙。当笔者将它当作奇闻逸事向贺雪峰教授讲述时，触发了他的问题意识：乡村"混混"构成了乡村治理和政策法律实施的另一种"基础"，非正式的隐蔽的灰色的基础。^①后来在他指导下笔者以乡村"混混"为主题完成了博士学位论文^②。当笔者从事多年田野工作后，看到一位北京城管队员写的纪实性文学作品《城管来了》^③，也可以从中生发问题意识，未进行田野调查就写作了有关城管执法的学术论文^④。有了之前的田野工作积累起来的经验质感，理解其他经验性法律现象，也就不困难了。

五　机制分析的展开：田野工作

（一）饱和经验法

机制分析中的因果关系在论文写作中呈现出来，但写作只是最后的呈现，机制分析的展开实际上是在田野工作中完成的。笔者师承华中村治研究传统，这一学术传统形成了特有的田野调研方法。笔者参与了其调研方法的摸索实践，并将其应用于法律经验研究。这一方法传统，极端强调调查经验，故将

---

① 贺雪峰：《私人生活与乡村治理研究的深化》，《读书》2006年第11期。
② 参见陈柏峰《乡村江湖：两湖平原"混混"研究》，中国政法大学出版社，2019。
③ 参见随风打酱油（宋志刚）《城管来了》，北京理工大学出版社，2012。
④ 陈柏峰：《城管执法冲突的社会情境——以〈城管来了〉为文本展开》，《法学家》2013年第6期。

之命名为"饱和经验法"①。在笔者看来，饱和经验法的"饱和"体现在三个方面。

第一，研究者多地点调研经验的"饱和"。华中村治研究传统早就确立了田野调查的最优先位置，强调"田野的灵感"，即研究的问题意识来自田野，力图从田野调查中了解农村、发现问题、解决问题。② 贺雪峰更是对研究者在学习阶段做出严格要求：博士研究生每年驻村调研时间至少 100 天，博士学位论文开题前需在全国 10 个左右省份的村庄做过调研，每个村庄调研时间 15～30 天不等；博士研究生驻村调研并没有具体的课题研究任务，要求对村庄政治、法律、经济、社会、文化和宗教等各方面的现象做深度访谈；完成上述调查后才能开始博士学位论文的调研，博士学位论文调研时间半年左右；除了个人的驻村调研外，暑假还会组织 20 人左右规模的集体调研，时间为 30 天左右，集体调研包括白天分头访谈，晚上开会研讨，对于研讨中的问题和意见，第二天继续访谈验证。驻村调查一般与农户同吃同住，这样可以与农民建立良好关系，有助于深入访谈，也可以近距离观察农民生活。博士学习阶段的长时间多点调研，是"饱和经验法"的重要方面，其目的和功能是训练研究者的经验质感。

第二，研究场域各方面经验现象的"饱和"。饱和经验法

---

① 贺雪峰：《饱和经验法——华中乡土派对经验研究的认识》，《社会学评论》2014 年第 1 期。
② 徐勇等：《村治研究的共识与策略》，《浙江学刊》2002 年第 1 期。

在田野调研中强调全面调研，往往并不针对具体的专题问题，进入村庄或其他场域后，关注政治、法律、社会、伦理、文化、宗教等各个方面，要求"村庄内部提问题、现象之间找关联"，理解各种现象之间的关系，探析这些现象的内在机制。田野工作并没有专门的项目或课题任务，而是在田野中生发问题意识，并进一步寻求因果关系解释。调研者在进入之初，要保持无知，放开让受访谈者讲述，并从中寻找有学术意义的研究话题。在具体问题意识没有出现之前，研究的着力方向，甚至问题意识出现的方向都不确定，因此全面关注很有必要。当有了具体的问题意识时，研究者大体知道了寻求解释具体问题的方向，但具体的解释很可能需要从其他方面的现象寻找关联，因此也需要将具体村庄或研究场域作为整体进行关注。解释法律现象，需要对乡村社会的法律现象进行语境化理解，因此必须结构化地理解各种村庄现象，形成对村庄的整体认知，从而理解法律现象与其他村庄政治社会文化现象之间的关联。

第三，研究社会现象经验把握的"饱和"。当有了具体的问题意识后，接着要针对所研究的社会现象进行专门的访谈，调研方法与扎根理论的抽样调研较为类似：首先进行开放性抽样，选择能最大限度上掌握研究问题信息的访谈对象；其次进行关系性和差异性抽样，有针对性地选择访谈对象，对访谈中浮现的理论概念和范畴进行梳理，并建立理论假设；最后进行区别性抽样，选择那些有助于进一步修正、完善理论的调查对象进行访谈。① 三种抽样也可以根据需要穿插使用。访谈和分析在研究过程中实际上也是穿插进行、相互促进的，在访谈基础上建构理论假设，在持续的抽样访谈中进一步验证完善。研究者对所研究的社会现象的经验把握应当遵循"饱和"原则，应当遵循"信息饱和"原则和"理论饱和"原则，前者要求访谈不再能够获取新的信息，后者要求对于厘清概念、探寻因果关系、分析机制、建构理论而言，访谈不再能够有价值的信息。

三个方面的经验其"饱和"意义各不相同：多地点调研经验的"饱和"，是为了训练研究者的经验质感；研究场域各方面经验现象的"饱和"，是为了形成整体认知，更好地寻求不同现象之间的关联；研究问题相关经验把握的"饱和"，是为了对现象有更细致全面的解释。

信息在达到一定点量而又未饱和时，往往是调研瓶颈期：获取的新信息越来越少，对现象的解释却未必有所进展。此时调研者容易产生焦虑情绪，更需要聚精会神做访谈，大量的重复信息之后可能会出现超出原有框架的重要信息，它会有助于机制分析和理论提炼，这就是所谓"经验的意外"。有时在机制分析出现瓶颈无法突破时，甚至可以将问题抛给访谈者。他也许会不经意地给出一个解释，未必是正确的，却有所启发；也可以继续挑战他的解释，"逼迫"他思考"学术性"问题，从而可能为调研者探究机制提供线索。这其实也是一种走群众路线、向群众学习的

---

① 孙晓娥：《扎根理论在深度访谈研究中的实例探析》，《西安交通大学学报（社会科学版）》2011 年第 6 期。

办法，未必符合西方社会科学研究的学术伦理，[1] 却在中国社会调研中可能有效。

（二）因果关系的建构与验证

机制分析要求"在实践场域提问题，在现象之间找关联"，"在实践场域提问题"是说问题意识来源于田野，"在现象之间找关联"是说在田野中建构因果关系。在饱和经验的基础上，建构并验证因果关系，这是田野调研工作的目的和核心任务，其成效也是关涉机制分析能否成功的关键。

在对某一现象进行正确解读之后，解释此种现象就需要寻找它与其他现象之间的关系，主要是因果关系。现象是纷扰复杂的，其中的因果关系不会自然呈现，需要调研者通过经验质感进行把握，透过现象看本质，去伪存真。现象之间的因果关系是客观存在的，通过调研者的认识和探究才能被表达和呈现出来，为人所知晓。探究因果关系需要调研者的经验质感，考验调研者的能力，体现学术努力和成果创新性，呈现经验研究的价值。因果关系的确立是一个过程：先是灵机一动、灵光一现的觉察和发现，觉察某一现象或要素与其他现象或要素之间可能存在因果关系；然后是细致的建构，寻找中间变量，建构因果关系链条；接下来还要返回田野，继续在经验现象中对因果链条进行检验、批判和修正；建构与验证是一个循环往复的

---

① 史天健教授生前曾当面批评笔者这种调研方法违反学术伦理：访谈者不能向访谈对象提出他回答不了的问题。

过程，往往需要多次往返。这个过程既有依赖长期田野工作所形成的经验质感的"灵光一现"，也有经由专业训练获得的严谨思维进行的建构、检验和修正。

探寻因果关系那最初的"灵光一现"最为重要，却很难说清到底是怎么来的。"灵光一现"是想象力的体现，也是"经验质感"的体现。经验质感好的研究者，对经验现象有全面的把握，能在众多经验现象中首先意识到关联，能在正确的地方恰当地发挥想象力。

苏力强调经验研究需要想象力，[1] 但想象力不是凭空而来的，想象力建立在经验质感的基础上。对于当代的年轻学者而言，经验质感大约只能通过大量的田野工作来累积。苏力那一代人，普遍有着丰富的人生阅历，他们在青少年时期大多经历过上山下乡，目睹了各种政治运动、社会变迁，在上大学之前对中国社会生活就有很多体验和体会，已经造就了良好的经验质感，上大学、出国后学习社会科学理论，再进入学术场域，自然有了不凡的学术想象力。而年轻一代的研究者，大家的人生经历简单，都是从学院到学院，不断学习书本知识，未曾在社会中经历风雨，缺乏深刻的生活体验，因而缺乏经验质感。倘若不经过大量田野工作的训练，所谓的发挥学术想象力，只能是天马行空、弄巧成拙。而且，现代社会是高度复杂的社会，一个人最多也只能熟悉几个领域，对诸多领域必定缺乏了解。一个研究者如果对证券事务不理解，对证券律师的工作不

---

[1] 苏力：《好的研究与实证研究》，《法学》2013 年第 4 期。

了解，他根本不可能发挥想象力，去从事证券律师业的相关研究。所以首先要进入田野工作，才能谈学术想象力。大量的田野工作让人见多识广，因观察别人的生活而增长见识，获得关于经验现象的具体知识。在田野工作中积累经验，培养经验质感，弥补生活经验的不足，在此基础上才可能发挥想象力。

发挥想象力，就是要让思维放开，不受既有理论框架和知识体系的束缚，在田野中自由地思考，想象现象之间、要素之间的因果关系。将两个看似无关而又实质相关的要素、现象放在一起，设想它们的因果关系和因果机制，这就是"灵光一现"的觉察，是长期经验质感基础上的学术想象力的体现。这种想象，可以在接下来的观察、访谈中进行验证、修正，因果链条不完整的地方可以在进一步的访谈中继续收集资料、进行完善。因此，田野工作实际是一幅在经验调研、想象力、机制建构、验证之间循环往复的场景，其核心结构就是"田野经验—机制分析—田野实践"，这与"走向从实践出发的社会科学"① 是同构的，都强调从实践认识出发，进而提高到理论概念，再回到实践中去检验。

（三）比较分析与集体调研

比较分析和集体调研在田野工作中占据非常重要的位置。几乎在所有领域的研究中，比较分析都非常重要，而在华中村

---

① 黄宗智：《认识中国——走向从实践出发的社会科学》，《中国社会科学》2005 年第 1 期。

治研究中比较分析有其特定的含义。集体调研则是华中村治学人在研究实践中逐渐摸索出来的行之有效的调研方法。这两个方面既涉及经验研究的一般性思维方法，也是华中村治研究的重要特色。

比较分析极为重要，甚至可以说是田野工作的基本思维方式。在经验访谈中，对不同的人访谈同样的问题，自然就会对访谈内容进行比较，判别它是一般性的还是个别性的，还会进一步分析原因，为什么不同的人的回答是不同的。发现同一问题或事物的不同现象表现，自然也会追问背后的机制。例如，发现两个法院不同的工作风格，自然会追问是何种因素造成的；是院长或当地党政领导个人的因素，还是地方社会性质的因素，或者两地管理体制和传统的差异；对同一事物或现象的不同方面，也会进行比较和辨析，以进一步厘清事物或现象的内涵。比较分析往往是问题意识的来源，对不同经验现象的比较有助于发现悖论性问题；其也是机制分析的具体方法，有助于发现中介因素或混杂因素。一些法律现象在表象上符合某种理论预设，一旦进行多地点、多现象的比较分析，就比较容易去伪存真，发现真实的因果机制。

华中村治研究的比较分析方法主要是区域比较。经过长期的农村调研和总结，发现特定区域农村有着基本一致的政治、法律、社会、经济、文化现象，分享了相同或相似的村庄社会结构、文化氛围、生活经历等，在村貌特征和村治特征上表现趋同，对同一政策、法律、制度有着类似的实践过程和机制，对外来压力有着类似的反应。① 如此，强调不同地区农村调研经验的"饱和"就非常必要，它是在田野工作中进行机制分析的经验基础。在田野调研中，为什么同类的现象在不同地区表现如此不同？为什么相同的政策、法律、制度在不同地区农村会有不同的实践后果？其背后的机制是如何的？一个有经验质感的研究者，只要如此一提问，并加以比较，问题意识就出来了，机制分析也有了方向，寻找因果关系链条中的中间变量也就不困难了。在不断的比较中，研究者可以不断发现新的影响因素和中间变量，与更多现象建立新的因果联系。

集体调研既是一种老手带新手，训练经验质感的方法，也是一种寻求因果机制的研究策略。一个人独自开展田野工作，很容易在自己既有的理论框架和知识体系中思考问题，难以获得研究突破。多人同时进入同一个调研现场开展田野工作，既有信息收集上的人力资源优势，更有寻求因果链条的智力资源优势。因为每个人的理论储备、生活经验、经验质感不一样，在田野工作中提的问题也会不一样，因此会形成碰撞和冲击，更容易形成思想火花。田野工作老手的优点是，经验质感好，能够迅速排除虚假问题意识的干扰，快速进入问题域，但很容易沿着旧有的思维模式前行，甚至僵化，而来自新手的刺激常常可以助其在机制分析上有所突破。新手进入田野，经验不够丰富，谈不上有经验质感，什么都不懂，什么都好奇，常常会

---

① 参见贺雪峰《村治的逻辑：农民行动单位的视角》，中国社会科学出版社，2009。

提一些在老手看来莫名其妙的问题。尽管莫名其妙，仍然需要回答，而且还需动脑筋才能回答。这一问一答就可以触及很多之前没有触及的因素和现象，并将之纳入因果关系的中介变量进行思考，成为进一步田野调研的关注对象，从而使机制分析获得进展。

在集体调研的讨论中，老手（尤其是调研组长）要善于充当"倾听思考者"，应该善于倾听新手的发言，进入新手思考问题的逻辑中，以理解其陈述的经验、困惑和思考，然后才能激发自己的思考。倾听既可以学习新手的见解，丰富对调查经验的理解；又可以使老手自己的经验被激活，完善和丰富新手的思考；更主要的是能够从中受到触动，从而将新的因素和现象纳入思考，产生新的问题意识，发现新的因果关系机制。老手在新手陈述经验现象和初步思考之后，往往有予以评论的任务，因此需要集中注意力，高度积极地思考。在评论发表后，其他人可能进一步提出疑问、质疑或补充，大家需要进一步回应。在这种高强度现场讨论的氛围中，问题意识可以在短时间内被深化，机制分析的因果关系链条也会不断清晰化。

结　语

法律经验研究的任务，是要对法律现象做出质性判断，机制分析是一种较为有效的方法。机制分析，是从经验进路辨析因果关系，从具有经验性、可观察的因果关系去解释法律现象。在此过程中，田野工作至关重要，它是问题意识的开端，也是机制分析的场域。田野工作要求"经验饱和"，并在此状态下建构因果关系链条。研究者在长期田野工作中积累的"经验质感"，有助于问题意识的产生，并在辨析因果链条、分析因果机制中起到重要作用；而比较分析与集体调研，则是卓有成效的田野工作策略。

　　机制分析的核心任务是揭示因果关系链条，因果关系链条的探究不是简单的归纳，而是一种抽象和思想飞跃，因此它必然走向理论提炼。可以说，机制分析是通向理论的。法律经验研究的目的不是解读现实，而是解释现实，提炼理论。因果关系机制经提炼理论化以后，如果可以超越地域或领域，用来解释其他现象，就获得了普遍性意义。目前中国法学所运用的理论多来自欧美，是对欧美实践的总结提炼。而中国正处于巨大的社会转型期，经验现象具有极大的新颖性，有力度的因果关系机制的理论揭示，一定会具有普遍性的意义，甚至可以超越国界，具有世界性意义。社会转型给法律经验研究带来了大量的机会，在此方向上持续努力，一定可以有所作为和成就。

本章提要

法律经验研究包括经验材料储备、学术发现、理论构思、物化等不同阶段，其目标是理论创造。经验材料储备是研究的起点，田野调研则是获得经验材料的最优方式。学术发现是从经验现象中看到新特征、新成分、新关联的过程，是既有理论视野的"意外"，是迈向理论创造的必由之路。理论积累和经验质感训练可以强化学术发现的能力。在前述基础上，下一步是通过理论构思得出恰当的理论命题，安排理论命题的表达形式，包括结构方式和表达手法。理论构思的重点是经验呈现和理论概括，经验呈现追求内蕴的真实性，理论概括着眼经验的代表性特征。理论构思沿着"经验现象—因果关系—事理—法理"的路线进行。理论构思最终经过物化过程落实为物质性文本。在物化过程中，语词提炼和文本推敲尤为重要。法律经验研究过程存在普遍性的心理机制，包括直觉与灵感、沉思与讨论、回忆与联想、理智与情感等。经验研究方法论的探讨，旨在追问知识、经验、理论从田野生

产出来的过程和机制。

2017 年，张文显教授提出法理学研究应把"法理"作为中心主题，倡导部门法学与法理学共同关注"法理"问题，并预测中国法学必将迎来法理时代，"法治中国"必将呈现"法理中国"的鲜明品质。[①] 法理，是法律和法律现象的根本性、普遍性原理；法律是调整社会关系的规范，法律现象是法律调整社会关系而形成的现象。因此，法理的提炼与推导，需要以法律规范的社会关系之规律为基础，法律经验研究从而成为提炼法理的一种重要方法。[②] 法律经验研究，需要对经验感知的法律现象进行机制分析，从经验层面洞悉法律现象之间的关联机制。它要求先正确解读法律现象，再着力解释法律现象。法律经验研究需要在宏观理论前提下，从经验进路展开解释，辨析因果关系，探究因果关系链条。[③] 它是从发现社会现象之间的关联出发，进行理论创造的一种思维活动，其过程复杂而细微。每一次社会现象之间关联的被发现和被书写，既展现了具体的特殊性，又体现出研究过程的一般性。法律经验研究的过程可以被分为经验材料储

[①] 参见张文显《法理：法理学的中心主题和法学的共同关注》，《清华法学》2017 年第 4 期。

[②] 参见陈柏峰《从事理出发提炼和检验法理》，《中国社会科学报》2020 年 5 月 13 日，第 6 版；陈柏峰：《事理、法理与社科法学》，《武汉大学学报（哲学社会科学版）》2017 年第 1 期。

[③] 参见陈柏峰《法律经验研究的机制分析方法》，《法商研究》2016 年第 4 期。

备、学术发现、理论构思、物化等不同阶段。本章将从这些不同阶段构成的微观过程切入，以研究体会为基础，解析法律经验研究如何实现理论创造。

一 经验材料储备

（一）经验材料的性质

在法律经验研究中，理论创造必须有赖以展开的经验材料。无论多么具有独创性的理论，都必须以一定的经验材料为基础和内容而被建构起来。经验材料积累，是问题意识产生的基础；理论创造所必需的学术发现，依赖于经验材料而产生。经验材料是理论创造的第一要素，也是经验研究过程的起点。

作为观念形态的文艺作品，都是一定的社会生活在人类头脑中的反映的产物。革命的文艺，则是人民生活在革命作家头脑中的反映的产物。人民生活中本来存在着文学艺术原料的矿藏，这是自然形态的东西，是粗糙的东西，但也是最生动、最丰富、最基本的东西；在这点上说，它们使一切文学艺术相形见绌，它们是一切文学艺术的取之不尽、用之不竭的唯一的源泉……中国的革命的文学家艺术家，有出息的文学家艺术家，必须到群众中去，必须长期地无条件地全心全意地到工农兵群众中去，到火热的斗争中去，到唯一的最广大最丰富的源泉中去，观察、体验、研究、分析一切人，一切阶级，一切群众，一切生动的生活形式和斗争形式，一切文学和艺术的原始材料，然后才有可能进入创作过程。①

《在延安文艺座谈会上的讲话》中的这段话概括了经验材料的内涵，指出社会生活是创作素材的来源。同样，法律经验研究也需要面对实在的社会生活和法治实践，并非建立在先验的基础上。

理论创造是一种有别于物质生产的独特精神生产。理论创造的材料与一般物质生产的材料有很大不同。法律经验研究所依赖的经验材料，不是独立于生产者（研究者）之外的物质，而是被储备进他们的头脑，作为一种精神现象而存在。经验材料内在于研究者，是外在物质世界在研究者头脑中的反映。经验材料是研究者从社会生活和法律实践中有意收集或无意接收的信息，它们是生动、丰富的，同时也是原始、粗糙的。法律经验研究的理论创造，就是要以这些经验材料为基础和内容，通过加工和改造，对经验材料进行抽象和一般化，提炼其背后的一般性规律和普遍性关联，从而生产出创造性的产品。

经验材料以精神现象的形式被储存在研究者头脑中，它们不是先验的，无法在办公室里被凭空想象出来，它们源自客观的社会生活。经验研究者从社会生活和法律实践中获得经验材料，这种获得过程并非容器承收物品那般直线的简单接收。经验材料作为对人构成外在刺激的信息，被人的大脑所吸收、存

---

① 《毛泽东选集》第3卷，人民出版社，1991，第860~861页。

储，构成一种精神现象的过程，是一个极为复杂的心理活动过程。在这一过程中，最关键的是记忆与重组。外来信息刺激被人的感官接收后传达到大脑。到达大脑的刺激和信息，要比人们意识到的远远要多，其中的大多数在人们还没有意识到时就被过滤或遗失了，只有一部分被选择记忆下来。[①] 被选择的信息被转换为某种有意义的符号，进入短期记忆。短期记忆信息中，有的不经处理就被作为精神材料直接进入长期记忆，这些信息往往是刺激强烈，或与研究者的某种需要、某种经历高度相关；有的信息则经过进一步加工，或许是研究者有目的性的加工，被转化为更永久的形式，从而进入长期记忆。[②]

　　研究者在田野调研中获得的信息，首先会以在地调研材料的形式进入短期记忆，其中一些最终会进入长期记忆。信息从短期记忆进入长期记忆的过程，具有一定的确定性，但并不完全确定。研究者可以在理论创造动机的指引下，有意识、有目的地对短期记忆进行分析、重组，从而使短期记忆的信息进入长期记忆。同时，短期记忆的信息，也可能在研究者无意识的状态下，实际上已经进入了长期记忆，未来在某种刺激下重新被调用激活。长期记忆最终会促进研究者"经验质感"[③] 的发展。甚至可以说，经验质感是储存于长期记忆的经验材料及其

---

①　参见张旭、温有奎《基于认知的知识内化和外化研究》，《情报杂志》2008 年第 3 期。

②　See Nelson Cowan, "What are the differences between long-term, short-term, and working memory?", *Progress in Brain Research*, Vol. 169, No. 7 (2008), pp. 323-338.

③　参见吕德文《谈谈经验质感》，《社会学评论》2014 年第 1 期。

关联的综合。

"经验质感"是对经验现象的质性感受和把握能力，其实质是研究者在广泛接触社会现实和经验现象后，能够对所研究领域的事物和现象进行总体把握，从貌似庞杂的现象中抓取关键，准确判断现象的起因与发展方向，并在现象之间发现关联的能力。[①] 经验质感虽然是一种综合的能力，但其建立在研究者对经验材料及其关联的长期记忆的基础上。它首先意味着研究者对经验现象的广泛熟悉，见多识广；其次意味着穿透力，即能透过庞杂经验现象看到本质；最后它还意味着"悟性"，即能在众多经验现象中发现关联，提出问题、把握问题。经验质感好的研究者，往往有更好的问题意识，更能从实地调研中提出有价值的学术问题。而这一切，都建立在研究者对经验材料的长期记忆的基础上。

有效的经验材料，是那些直接进入研究者头脑中，并在记忆中留下深刻印记的刺激和信息。在经验研究过程中，通过唤醒或联想机制，这些材料被调用，从而进入理论创造过程。

（二）经验材料的获取

法律经验研究者获取经验材料的方式，从意图上可以分为有意获取和无意获取，从渠道上可以分为亲历获取、调研获取和文献获取。

---

① 参见贺雪峰《饱和经验法——华中乡土派对经验研究方法的认识》，《社会学评论》2014年第1期；陈柏峰：《法律经验研究的机制分析方法》，《法商研究》2016年第4期。

有意获取，是指研究者就某一主题开展专门研究，采取各种方式去积累经验材料。无意获取，是指研究者在社会生活和法律实践中接触到了相应的信息刺激，没有有意地从研究目的出发去积累经验材料，而是在无意识状态下让这些信息进入了大脑，让这类经验材料在大脑中扎根。无意获取，可以源自研究者从事学术研究之前的个人成长经验、工作经历，也可以源自从事学术研究过程中的无意识获取。

亲历获取、调研获取和文献获取是按照获取材料的不同渠道来划分的三种方式。亲历获取主要是指经验研究者在生活和工作实践中，以亲身经历的方式直接感知、经历与获得经验材料。调研获取则是基于研究目的，通过观察、访谈、问答等方式对亲身经历者进行调查研究，从而获取感知和信息的方式。文献获取则是从前人或古代人留下来的文献中获取经验材料。因此，这种方式获取的是间接材料，例如，从《水浒传》研究宋代的法律实践。

文献获取是从古人或其他人留下的文献中寻找经验材料，其缺陷较为明显。因为文献记载是作者按照自身需要留下来的，蕴含着个人偏好、个人目的或者那个时代的特定要求、风尚，而不可能按照今人的研究需求来记录社会生活。相对而言，亲历获取的经验材料较为牢靠。然而，就从事经验研究而言，很难所有的事物和信息都依靠亲历。因此，调研获取成为法律经验研究中最为常用的材料获取方式。研究者可以通过田野调研从相关实践者那里获取第一手材料，熟悉法律实践场域中的各种关系，理解其中各种现象的意义。由于相应的经验现象正在发生，研究者可以根据研究需求，运用科学的方法持续从田野中"索取"。

法律经验研究中，获取经验材料的最直接、最主要的方式是调研获取、有意获取。然而，亲历获取、文献获取、无意获取等方式的作用不能被轻视。尤其是亲历获取、无意获取的信息，属于长期经验积累，可以被内化为研究者的"经验质感"。研究者从成长过程、工作经历中亲历获取、无意获取的信息，有一个长期累积的过程。在这一过程中形成的"经验质感"，不是一般研究者经过短期的经验训练就能轻松超越的。研究者所处的时代背景、生活环境、阶层环境、家庭环境、工作环境等，都可以培育研究者的经验质感。在复杂的环境中，人们能够潜移默化地获取很多有助于全面深入认识社会生活和法律实践的信息；反之，简单环境所能提供信息的丰富程度相对低，生活或工作在其中的人所能接收的信息较为有限，难以做到见多识广，也就难以形成强大的经验质感。无法从成长过程、工作经历中亲历获取经验质感的研究者，就需要在田野调研中投入更多，进而培养经验质感。

田野调研是法律经验研究最主要的材料获取方式。田野调研具有开放性，其中可以获取的信息量巨大，只要愿意浸泡在田野中，持续观察有关法律的生活和实践，花时间进行深度访谈，就可以获得研究所需要的材料。不进入田野，这些材料是无法被空想出来的。中国社会是一个巨型社会，且处于巨大转型的时期。任何一个地方、任何一个法治领域、法治实践的任何一个环节，都可以成为有学术意义的田野，研究者可以从中获取大量成为学术资源的经验材料。田野调研与日常生活拉开了距离，研究者不会如同日常生活中那样，将一切视为理所当然，在好奇心的驱使之下，他可以将实践中的一切当作经验素材进行收集。田野调研中的一切都具有开放性，法律经验研究者可以根据研究需要、研究意图相对自由地收集经验材料。生活和法律实践一直进行，只要研究者有恰当的理论视野，愿意深入调研，往往可以收集到足够的经验材料。

二 田野的学术发现

（一）学术发现的性质

经验材料只是法律经验研究的最基本条件，研究者要想创造理论，必须有学术发现。否则，经验材料不过是一堆杂乱无章的原料。法律经验研究不只是在田野中收集素材，更要在收集材料的同时于学术上有所"发现"，从素材中发现法律现象的一般性、普遍性的规律。学术发现，是指经验研究者在积累了一定经验材料的基础上，提出新的学术问题，做出新的学术判断。它常常发生在田野调研的过程中，是研究者在既有理论视角的指引下，根据某种立场和方法来观察、认识、分析经验材料，审视、评价经验现象时所得到的独特领悟。

学术发现不是寻找奇闻轶事，也不是窥探研究对象的隐私，而是从习以为常的经验现象中独具慧眼地发现某种新特征、新成分、新关联，从常人熟视无睹的现象中觉察出蕴含其中的特别意涵。费孝通的《乡土中国 生育制度》是经验研究的典范，它在儒家视角和功能主义社会学理论的指引下，以农村生活日常经验为基础，从社会秩序的建构这一视角来讨论"乡土中国"，描述了儒家传统下中国人的生活模式。在生产力水平低下、较为静止的农耕社会与以血缘和地缘为主要社会关系纽带的社区中，儒家传统的政治社会制度、规范、礼教、习俗和思想发挥着重要功能，维系着长期稳定的生产和生活秩序。①《乡土中国 生育制度》呈现了大量的学术发现，作者从经验现象中抽象出一般性的原理，并以概念化的方式表达出来，而这些"学术发现"却是生活于其中的农民"日用而不知"的。②

学术发现可能十分微小，却可能成为理论创造的突破口。在田野调研中，研究者能以独特的眼力，从常见的事物中"发现"新特征、新成分、新关联。学术发现对于整个经验研究过程具有极其重要的意义，它决定了研究的创新性，是理论创造所必需的。没有学术发现，就没有具有独创性的学术产品，经验研究就徒有虚名。

是否要求有学术发现，是法律经验研究与司法者进行的法律案例分析的根本不同之处。法律案例分析往往需要介绍案件情况，对案件进行法律要件分析，对法律适用给出意见。对于

---

① 参见费孝通《乡土中国 生育制度》，北京大学出版社，1998，第6~86页。

② 参见陈柏峰《"走出乡土"的"后乡土中国"——评陈心想著作〈走出乡土〉》，《学术界》2017年第10期。

有争议的案件，还要厘清应当适用的法律条文的含义，运用法律解释方法确定法律条文的含义、适用范围、条件等，从学理上分析立法本意、法律规范漏洞、修补办法等，辨析应当适用的法律条文与其他法律条文的关系，讨论案件所可能牵涉到的历史、文化、经济、风俗等问题，预测案件处置的政治社会效果。法律案例分析的面向可能很广，但它并不要求司法者在学术上有所发现。案例分析是否透彻、到位，并不以学术发现为标准，而主要看事实分析和法律适用分析是否准确恰当。

学术发现是经验研究者的"顿悟"。在调研和思考过程中，研究者的心思都放在相应的事物和现象上，在某个时刻研究者可能突然顿悟，发现事物似乎从未被洞悉的特征、现象之间别具意味的关联。顿悟是一种蓦然领悟，它是在研究者长久凝视相关事物和现象后的突然发现和深刻体会。

在法律经验研究中，研究者对经验材料的思索，对事物的分析，对现象之间关联的思考，都不是完全结构化的。完全结构化意味着不再有学术发现和创新的空间。在研究者对事物和现象缺乏学术发现时，研究往往是半结构化的。所谓研究的半结构化，是指研究者在进行田野调研、经验材料分析时，有一定的研究目的、前提预设、理论框架和方法准备，有相应的结构性目标，但研究过程却不完全受制于既有的目的、预设、理论和方法，不能一切直奔目标，而允许超出框架和预设的经验知识进入研究之中，允许学术思维在既有目标和框架之外"行走"，让经验材料展现的事物和现象的复杂逻辑"自主"

展开。例如，在田野访谈中，研究者应当保持开放的心态、发散的思维，要容忍访谈对象讲述与预设研究主题相关程度不那么高甚至有些离题的事物和现象。在广泛联想和深入检视中，透过访谈对象"偏题"的讲述，研究者可能发现问题，产生顿悟，从而形成对经验现象的重新认识。

"顿悟"有一个从感性困惑到理性领悟的过程。经验研究不是纯粹经验的，而带有理论的"偏见"。任何经验材料、事物和现象，都需要在特定的理论框架中得以被呈现、得以被理解。研究者进入经验研究之前的理论积累，既是经验研究的向导，也构成了一种障碍。研究者总是会用既有理论框架去看待事物和现象，从而形成"偏见"。学术发现产生于"偏见"无法持续的地方，即经验材料呈现出来的逻辑无论如何都无法自圆其说，总是存在理论解释的"悖论"。① 研究者有了困惑，他的经验研究必然需要沿着经验的逻辑去解惑。研究者需要进一步深入经验，走向田野或搜寻史料，从经验的逻辑去探寻实践的自洽性。实践总是自洽的，经验研究就是要从发现经验悖论开始，走向经验自洽的理论解释。"顿悟"就是对经验自洽性的突然领悟。法律经验研究的最大优势在于，研究者可以通过田野工作不断返回现场，不断观察、讨论法律现象，甚至与研究对象发生互动，直到探寻到这种经验自洽性。

学术发现是经验研究者的"意外"。"顿悟"本质上是一种"意外"。经验研究要从整体上理解事物的逻辑和现象的关

---

① 参见黄宗智《悖论社会与现代传统》，《读书》2005年第2期。

联，而不仅仅是完成事先设计好的某一项研究课题。只有在开放的结构中，顿悟才有可能发生，学术发现才有可能。每一次顿悟，都是研究者视野中的"意外"，也是既有的半结构化理论框架的"意外"。在完全结构化的研究框架下，经验材料注定只能成为证实或证伪某种理论的"跑马场"。在开放的研究框架下，研究者不断产生顿悟，有了新的学术发现，对经验现象的逻辑的认识不断展开。在此基础上，新的问题意识得以产生，学术研究的前沿得以推进，半结构化的经验研究框架不断被更新。

"意外"就是在研究者的意料之外，未曾事先被料到。经验研究的大多数学术发现，都是意外的。如果学术发现可以意料，其创造性就值得质疑。由于经验研究和田野调研是半结构化的，就必然出现偏离预设的主题和内容。研究者转而关注预设之外的现象、事物或特征，从而为学术发现留下空间。研究者在进入调研现场时，本来为了研究 A，却意外地发现了 B，发现了 B 与 A 之间可能存在某种关联；在进一步调研后，研究又扩展到 C。A、B、C 可以是经验现象，也可以是特定现象之下的某种因素，或者是事物的某种特征，还可以是事物、现象之间的某种关联。从 A 到 C，每个环节都是"意外"；每个新的现象、因素、特征、关联进入研究框架，都是"顿悟"的产物。在经验研究中，研究者要允许这种"意外"。正是这种"意外"，才构成了学术发现，才是可能通向理论创造的中介。在某种意义上，经验研究就是要求研究者不断审视经验材料，在此过程中有所"顿悟"，发现"意外"，形成理解经验材料和现象的新视角和新框架，进而重组经验的逻辑，走向建基于实践的理论创造。

（二）学术发现的能力

学术发现是经验研究者独特眼光和非凡观察力的产物。"顿悟"是一个深层的心理过程，其原理和机制某种程度上是不可言说、不可分析的，潜意识、无意识可能在其中起到了巨大作用。学术发现只是这个心理过程的结果，它极其富有个体特征，可以说是研究者心灵深处观察、分析事物和现象的外化。然而，相应的外化机制，研究者自己很难讲清，认知科学的认识也较为有限。学术发现反映研究者敏锐的学术洞察力、深入解析问题的能力、判断和分析事物的能力。这些能力建立在研究者的理论储备、经验质感等基础之上。学术发现的外化过程，是研究者的理论储备、经验质感与外在事物的融合。优秀的研究者面对经验材料时能有高明的学术发现，做出有洞察力的理论创造，不是因为他们见识的事物、获取的经验材料与一般人所见的不同，而是由于他们观察的理论工具有力，看事物的视野和框架不同，由于他们的经验质感好，面对法律现象时的感受能力和把握能力强。经验研究者的独特理论储备、经验质感与经验现象在学术发现中实现了融合。学术发现事实上是外在事物和现象的特征契合了研究者的理论框架或个人内心体验。

研究者在经验研究中产生的困惑，就是由于研究者既有的知识体系和理论框架还不能容纳事物或现象，从而需要寻求新的理论解释。此时，拥有足够的理论储备就非常重要。理论储备不仅是发现悖论的基础，还是组装新的理论解释框架的素材。研究者的理论视野越狭窄，理论积累越薄弱，就越难于应对问题。阅读更多理论著作，储备更广泛的理论视角，是经验研究的制胜法宝。古今中外的理论，不同学科的视野，都可能在特定场合起到关键性作用，成为研究者理解经验困惑的钥匙。经验质感是另外一个重要的因素，它反映研究者对经验现象的质性感受和把握能力，表明研究者见多识广，接触、记忆了足够多的经验，能够对研究领域的事物和现象进行总体把握，明白其中复杂的关联性，能够从杂乱的现象中抓取关键，准确判断现象的起因与发展方向，并在众多的现象之间发现关键性的关联，看穿事物的"真相"。

学术发现虽然是不可完全言说的过程和体验，具有很强的个体色彩，但是并非无迹可寻，探寻有效的训练方法仍然是可能的。研究者在基础层面可以增加理论积累、强化经验质感训练，在具体研究层面上可以从以下两点入手。

第一，在研究某一具体问题前，可以通过文献阅读来增加具体知识。学术发现是研究者的理论储备、经验质感与外在事物的融合，是研究者的思维与事物或现象的契合，其前提是研究者对相应事物有足够的了解。从思维活动的特征看，研究者只有全面掌握事物和现象的特征，才可能拥有从不同的视角观察事物的意识，进而调动思维深处的长期记忆，让经验质感发挥作用，从而提高"顿悟"出现的概率。

第二，可以将经验材料从日常生活和具体工作中抽离，从而将其"陌生化"。学术发现的前提条件是研究者在事物或现象上投入足够的注意力，用学术眼光去审视它。只有将研究对象从现实生活中抽离出来，这种审视才有现实可能性。否则，研究者容易陷入生活或工作上的具体操作问题，而缺乏学术性的问题意识。研究对象可能就在日常生活或工作环境中，研究者已经对它们"熟视无睹"了，只有"日用而不知"的"理所当然"，难以对它们进行学术检视。研究者要从熟悉的事物或现象中"顿悟"，发现"新"的学术点，就应当将这些事物或现象与日常生活适度分离，进行"陌生化"的观察，发现被日常生活视角所遮蔽的事物"真相"。

三　理论构思的性质和任务

经验材料储备和学术发现都还只是开始。在有了学术发现之后，经验研究的最核心阶段就是理论构思。理论构思上承学术发现，下接论文写作阶段。如果说论文写作是要实际完成理论创造的任务，其目的在于以文字形式最终将理论构思的内容形成定型化的作品，那么，理论构思的目的则是要从观念上实现或基本实现理论创造意图，将学术发现以理论化的形式固定下来，为写作阶段准备好基本的概念、架构和思路。

（一）理论构思的性质

理论构思是在经验材料储备和学术发现的基础上，通过整体性、系统性、有中心和层次的思维活动，对经验材料进行分析和概括，创造出完整的理论命题的思维过程。构思是理论创造活动中承前启后的环节，决定理论研究成果的水平，是法律经验研究孕育和创作理论作品必经的思维活动。它在研究者的分析、概括、想象、推理中形成，是贯穿着一定思想的关于经验现象的内容和形式的总观念。它呈现出中心与层次性、层次之间具有逻辑关联性的总体性结构，其中的各种观念又具备逻辑命题的结构。就词义而言，"构"不仅指结构，还指整体；"思"是针对经验现象进行逻辑思维为主导的，包括形象思维、灵感思维、潜意识思维等在内的心理活动；构思，就是要通过思维活动，构建出理论命题的整体和结构。

不只是理论创造，人类的很多活动都有构思环节。人们在陈述一件事情时，需要构思；人们在表达一个观点时，需要构思；日常生活中人们所说的主意、点子、计策等概念的本质都是构思。构思是一个创造过程，是一种个体性心理现象，是研究者的创造意念。由于过程和机制不可言说，难以重置，这种心理活动有其含糊性甚至神秘性。学术发现是理论创造的灵光，而理论构思则是捕捉灵光、实现创造的关键环节。理论创造是一个系统、开放、循环的过程，包括一系列环节：从研究冲动或接受任务开始，到着手调查，收集、整理经验材料，触发联想和学术发现，进而进行理论构思，随后是文字表述和理论写作，再向学界发表论著、接受评论，进行理论论辩和修正。学术发现和理论构思是理论创造之中最重要的两个环节。田野调研和经验材料储备，是为学术发现而进行的基础性工作，构思是将学术发现呈现出来的关键环节，其后的阶段是它的自然延伸，文字表达和发表都是构思的当然后续。没有理论构思，论文写作就没有中心，没有灵魂，就不可能有理论创造，注定只可能是拼凑、模仿或重复。

学术发现往往只是灵光一闪，而要将灵光系统化地表达出来，成为系统整体的理论命题，还需要经历艰深的理论构思过程。例如，笔者在研究基层执法时，梳理出乡镇执法权的配置呈现出纵向"重心过高"、横向"分布过散"等特征，[①] 联想到了调研中曾获取的经验材料，即林业行政执法人员在森林中的巡查实态。笔者由此悟出，乡村基层执法受到了空间的严重制约：执法事务发生在广阔的地域空间，而广阔空间必然稀释权力的密度，降低执法支配力。这可以说是一个"学术发现"。就这一点而言，将城市执法和乡村执法相比，对比结果十分鲜明；将林业、国土、环境等执法空间范围广阔的乡村执法事务，与城管、交警的街头执法事务相比，对比结果更为鲜明。进一步思考，笔者还领悟到，很多执法制度、体制、机制、组织、措施、方法，可能都是基层执法者面对空间制约的

---

① 参见陈柏峰《乡镇执法权的配置：现状与改革》，《求索》2020 年第 1 期。

能动性反应。① 上述"学术发现"从林业执法的一幅具象图景展开，有直觉成分，有灵感成分，也有想象成分；这些"学术发现"能否成立，能否适用于更普遍的乡村基层执法，能否在经验和逻辑上言之有理，研究者能否从中提炼出新的理论命题，都需要进一步周密的理论构思和论证。

理论构思强调创造性。创造性是构思的灵魂所在，是构思最显著的特性。构思因此构成理论创造的核心环节。任何有价值的经验研究作品，都应当有或大或小的独创性，其理论命题不应该与其他作品雷同。理论命题的独创性是构思的生命线。当然，这种独创性有着层次性的差异。最高层次的是原创理论，是独创性、个体性都极强的理论创造；中间层次的是一般性创造或创新，多是对既有理论命题的改造或革新；最低层次的是新颖性，多是在形式上或者某些次要方面不同于前人的研究。理论构思应当坚持客观性。虽然构思是个体性极强的环节，是研究者发挥主观能动性的阶段，但是客观性是理论构思的前提。无论是在按照规划进行的调研中，还是在不期而至的体会和体验中，研究者对获取的经验材料的分析都应该客观。研究者在面对经验材料和理论工具时应当暂时"悬置"个人偏好，不因个人好恶而有所偏废。构思应建立在对经验材料全面客观分析的基础上，建立在理论工具正确选择的基础之上。理论构思应当坚持总体性。它需要从研究主题的整体出发，把

---

① 参见陈柏峰《乡村基层执法的空间制约与机制再造》，《法学研究》2020年第 2 期。

握所有的经验材料，全面概括经验材料体现出来的事物特征，时刻注意克服认知的片面性。

理论构思对此后的研究过程具有指导性，这是构思的功效所在。理论构思的成果会成为整个研究活动的核心，对法律经验研究起到指导、观照作用，它会在此后的其他环节不断"闪回"。

（二）理论构思的任务

理论构思的任务和成果，体现在理论命题及其表达形式上。简而言之，理论构思，就是提炼理论命题，并思考如何表达、论证理论命题。构思及其成果的作用，在于指导写作实践。

理论构思首要的任务，就是得出有价值的理论命题。法律经验研究中的经验材料、学术发现、表达形式、写作策略等，最终都要服务于理论命题，受理论命题的检验。理论命题是研究者和研究产品最终在学术史上可能留下的、被表述的、研究者所特有的标记。正如理论思维能力决定研究者的学术水平，理论命题决定着研究产品的质量。因此，真诚的研究者一定会竭尽全力发挥主观能动性，让理论命题达到更高的层次。

理论构思的另一重要任务，是思考理论命题的表达形式，即理论命题如何表述，论证如何展开，怎样安排论证架构等。理论命题的表达形式主要有结构方式和表达手法两个面向。

理论命题的表达，需要有一个好的结构方式，由这个结构来容纳整体内容。结构服务于理论命题，有利于理论命题的铺陈与展开。高明、巧妙、严密的结构是构思的目标、任务和内容。结构方式是构思理论命题的表达形式的重点。需要强调的是，结构方式不仅仅是形式，它本质上涉及理论命题的实体，取决于事物或现象本身的规律，因为理论命题本身会影响到对于展开论述的最适当的方法的选择。一般来说，结构方式有递进式、对照式、并列式等等。在实际运用中，还常常出现对多种方式的嵌套使用。

1. 递进式结构，是按照事物或现象的发展规律以及逻辑关系，一层进一层地安排组织材料和论证，层次之间深化递进的结构方式。在递进式结构中，后面的论证是在前面论证的基础上进行的，前后之间是逐层推进、逐步深入的关系。各个层次之间有着内在的紧密联系，前后顺序不能随意变动。这种结构布局需要研究者有严密的逻辑思维能力，它环环相扣、层层递进、不断深化，富于逻辑效果，符合人们通常的思维结构，容易为读者所接受。递进式结构是经验研究中最常见的结构方式，包括几种不同具体进路：一是从事物或现象发展的自然进程或逻辑顺序逐步深入；二是从现象到本质的渐次深化；三是从因到果的逐层递进，或从果到因的层层剥离；四是从发展规律及关系上的一般到特殊、部分到整体地渐进推演，或从特殊到一般、从整体到部分进行推演。

以苏力对送法下乡现象的分析为例，其文章结构可以概括如下：送法下乡的经验材料—可能的理论理解之狭隘—国家权力在乡村空间的支配力不足—送法下乡是重建权力关系的方式—村干部是国家权力运作的管道—村干部在纠纷解决中的实际角色—送法下乡在现代化进程中的战略意义。[①] 文章沿着事物发展的逻辑顺序和法律经验现象的因果关系逐层深入，逻辑结构的展开非常有特点，一是层次多，二是层层相扣。常人看问题，一般只能看到直接原因或者宏观原因；学者分析问题，能围绕经验现象揭示出三四个递进的分析层次，已属高手；而苏力的分析在总体结构上就呈现了至少五个递进的分析层次。

2. 对照式结构，就是从事物或现象的不同方面、种类出发分别阐述，将论证内容构成正反对比或相关比较的关系，通过对比来安排论证的结构形式。对照可以是用一种事物或现象来映衬另一种事物或现象，也可以是把两种事物或一种事物的两个方面加以对比。对照可以是"横比"，即将发生在同一时期、同一区域的两种性质截然相反或有差异的事物进行比较，从而凸显事物或现象的某种特征，也可以是"纵比"，即将同一事物在不同的时间、地点的不同情况进行比较。

对照式结构方式因为思路明晰、对比鲜明，有利于突出事物或现象的特征，常常在法律经验研究中被研究者采用。笔者在讨论农地承包实践时，就将湖南新邵、河南汝南、湖北荆门等地的土地调整经验、地方性规范的性质、基层政府的角色等反复比较，将各个研究对象置于相互对照的位置上。[②] 在讨论

---

① 参见苏力《送法下乡：中国基层司法制度研究》，中国政法大学出版社，2000，第 27~53 页。

② 参见陈柏峰《地方性共识与农地承包的法律实践》，《中外法学》2008 年第 2 期。

土地增值收益分配制度安排时，笔者也将英国和美国的土地发展权制度与中国的现实制度进行对照分析，将这种对比置于主要结构方式中。① 由于对照式结构方式在表达因果关系上并不具有优势，因此常常嵌套在其他结构形式中。例如，笔者就曾将制度预设的理想场景、城市执法场景、乡村执法场景三者置于"作为执法场景的治理空间"这一分论题中进行对比。②

3. 并列式结构，就是在论证思路中，对理论命题进行析解，分出几个并行的分命题，共同来阐述中心命题的结构方式。这是一种"横式结构"。当然，有些分命题只是形式上的"并列"，内涵上可能有递进关系。并列式结构方式，其实暗含了一种总分关系，因为对中心理论命题的分解，必然需要"总论"来完成，而对分命题的阐述则属于"分论"。几个并列的分命题一般不可交叉、不可重复、不可包容、不可矛盾。如果研究者能将一个理论命题恰当地分解成几个命题，然后各个击破，分头阐述，就较容易做出内容充实、结构严谨、主题突出的法律经验研究成果。笔者在讨论空间区域化机制对执法权的再造时，就将区域化机制分成空间的局部化、执法机构的统合与区域化、时空分区三个方面，分别展开论述。③

表达手法也很重要。选择并组合巧妙的表达手法，可以更

---

① 参见陈柏峰《土地发展权的理论基础与制度前景》，《法学研究》2012 年第 4 期。

② 参见陈柏峰《乡村基层执法的空间制约与机制再造》，《法学研究》2020年第 2 期。

③ 参见陈柏峰《乡村基层执法的空间制约与机制再造》，《法学研究》2020年第 2 期。

好地表达理论命题，增强说服力和论证水平。在法律经验研究中，描写、叙事、说明、论证，都是常用的表达手法。进一步而言，场景描写、心理描写、事件记叙、主位表述、举例子、列数字、做诠释、引资料、画图表、做比较、分类别等，都可能在法律经验研究中被用到。这些手法在一项研究中，可能被组合使用，也可能被反复使用。采用何种表达手法，取决于理论命题的需要。例如，在描述无理上访时，笔者就花了不小的篇幅，采用叙事的方式，讲述了一个老上访户的上访经历、诉求及其与基层政府的复杂互动，力图通过具象快速向读者展示不同于维权的上访现象。[1] 又如，在研究群体性涉法闹访时，笔者在论文开篇就直接列举数个上访案例，以之作为后文分析群体性涉法闹访的特征和机制的经验材料。[2]

四 理论构思的重点

理论构思是经验研究者在经验材料基础上，通过创造性的思维活动，创造出理论命题及其表达方式。同人类的其他创造性活动一样，它是主体与客体交互作用的、自觉的创造活动，因此有其遵循的原则和思维进程。作为认识活动，理论构思有着社会事实认知与经验呈现的要求；作为创造活动，理论构思有着分析概括、理论提炼的要求。这两个方面的内容相互连接而又相互制约，在逻辑上存在先后顺序，构成了理论构思的进

---

① 参见陈柏峰《无理上访与基层法治》，《中外法学》2011 年第 2 期。
② 参见陈柏峰《群体性涉法闹访及其法治》，《法制与社会发展》2013 年第 4 期。

程和重点。

（一）经验呈现

法律经验研究是认识、反映和阐释法律实践的创造性活动，其中的归纳、演绎、提炼和推理，都建立在经验基础上。在理论构思和写作中呈现出来的经验，其实是对生活世界和社会事实的简化和概括。在理论构思过程中，首要的问题是如何进行经验呈现，即如何将纷繁复杂的法律实践和巨量的社会事实呈现出来，并且服务于之后的分析概括、理论提炼。经验呈现既是研究的需要，也是研究成果表述的需要。经验研究在既有经验和理论基础上从事理论创造，体现研究者对法律现象规律的洞察，因此，需要研究者深入认识、体验社会生活，实现理论视角与生活世界的融合，从而将经验有效地呈现出来。经验呈现是理论构思的重要内容之一，是达致理论创造的必由之路。

经验呈现存在真实性问题。真实性是经验研究的生命，是经验研究发挥功用的基石。然而，经验呈现不是对法律实践完全真实的临摹，而是一种带有主观性的反映。也就是说，经验呈现是研究者对法律现象认识、感知、抽象的产物，其中既有理性的体察，也有感性的直觉把握。正是在这种理性体察和感性把握的心理机制和思维活动中，在一定的理论框架的指导或束缚下，法律经验研究透过社会生活和法律实践的表层，进行经验呈现和理论创造。经验呈现中的社会生活和法律实践，应当具有真实性，但并非原始状态下的客观真实。经验呈现其实是社会生活、法律实践与研究者主体性、能动性相结合的产物，带有理论价值判断的色彩，并非完全是客观真实的再现。

经验呈现是研究者根据需要对社会生活和法律实践所做的截取和加工，是对法律现象的能动反映。社会生活和法律实践包罗万象、纷繁复杂、变化无穷，研究者没有必要、也不可能将其中的全部事物和现象都纳入经验呈现的范围，选择、截取、概括必不可少。因此，经验呈现是一个材料和经验简化的过程。在理论构思阶段，研究者首先应根据研究需要，在一定的理论视野下，对广泛而零散的经验材料进行选择并加以表述，力图呈现出经验现象的特征。

经验呈现的真实性，是研究者从生活真实中提炼、加工、概括和创造出来的，反映了事物和现象的本质性特征。它是经验研究作品应具备的重要品格，是经验研究功用得以有效发挥的重要条件。只有建立在真实的经验呈现的基础上，理论创造才有现实可能，才可能成就真正有价值的理论，才会对社会生活和法律实践具有解释力。相反，如果研究者没有真正贯彻真实性原则，虚伪的理论创造迟早会露出破绽，被建立在经验呈现真实性基础上的研究否弃。

经验呈现所要求的是一种内蕴的真实性，它是经过研究者筛选的经验呈现出来的、符合事物内在逻辑、能显示法律现象本质的、具有理论价值的真实。生活真实，是社会生活的自然形态，是理论研究的对象。衡量经验呈现的真实性，需要对照社会生活和法律实践，但又不能过分拘泥于其中的所有细节。
当经验研究选取一个案例、一个社区、一项工作、一个法律过
程、一个法律运作场景展开时，需要在研究中真实反映案例、
社区、工作、过程、场景，但不是要将它们的一切都呈现出
来，更不是要将所有的案例、社区、工作、过程、法律运作都
呈现出来。事实上，完全真实地呈现现实也不可能被做到。内
蕴的真实性不是对社会生活机械的记录、简单的描写，而是研
究者根据感受、理解、体会对自然形态的生活真实所进行的经
验呈现。经验呈现中虽然充满个体性理解、选择和组合，但是
仍然需要反映事物和现象的内在逻辑和本质。

正是在上述意义上，以文艺作品作为经验材料，围绕其中
的经验呈现展开研究是可能的，因为文艺作品可以具备内蕴的
真实性。作为"假定的真实"①，虚构的文艺作品表现了社会
生活的某种本质，符合生活的内在逻辑或规律，同样具有真实
性。文艺作品沿着"生活真实—虚构概括—艺术真实"的轨
迹创造真实。艺术真实直接来源于社会生活。艺术家以生活真
实为基础，按照生活发展的必然逻辑和自己的美学理想，对生
活进行提炼加工和集中概括，形成文艺作品。文艺作品可以以
生活中的真人真事为基础，也可以以生活为基础进行艺术改
造，并不要求照搬生活场景，不排斥想象和虚构。只要文艺作
品符合社会生活的内在规律，是对生活真实的内蕴性反映，就
可以作为经验研究的材料。苏力早已用文艺作品做出有影响力

---

① 童庆炳主编：《文学理论教程》，高等教育出版社，1998，第138页。

的法律经验研究作品，并从理论上给出更多的理由，指出文艺作品在经验呈现上的优势。① 优秀的文艺作品可以成为经验研究的良好材料，拙劣的文艺作品则可能提供不真实或不完全真实的经验呈现，从而误导经验研究，进而使得研究者难以从中得出有力的理论创造。

增强经验呈现的真实性，需要做"正确的调查"。毛泽东主席说，"没有调查，没有发言权"②，"不做正确的调查同样没有发言权"③。当然，何谓正确，并不是绝对的。然而，经验研究中普遍存在一些明显错误的做法，它们危害经验呈现的真实性。这提醒经验研究者，应在田野工作和经验呈现中保持价值中立：一是不能用受到干预的样本、案例、数据作为概括事物或现象一般特征的典型样本；二是不能理论或结论先行，将田野调研变成搜寻经验材料来印证已有结论的过程，不能让经验呈现变成研究者头脑中先行理论的注释；三是研究者应有意识地克制自己的意识形态或价值倾向，不能让这种倾向误导甚至主导经验材料的选择，更不能让研究者的价值倾向影响研究对象的表述甚至行动。

增强经验呈现的真实性，应当追求经验"饱和"。经验"饱和"体现在三个方面：一是研究者多地点调研经验的"饱和"，这可以保证研究者的经验质感；二是研究场域各方面经验现象的"饱和"，这可以保证准确的整体认知和现象关联认

---

① 苏力：《法治及其本土资源》，中国政法大学出版社，1996，第37~40页。
② 《毛泽东选集》第1卷，人民出版社，1991，第109页。
③ 《毛泽东文集》第1卷，人民出版社，1993，第268页。

知；三是研究对象经验把握的"饱和"，这可以保证研究者对具体现象的认知更准确。① 在"饱和"的经验下，经验呈现就可能更真实，研究方法也更灵活多元。在表达形式上，研究者可以让经验"自己说话"，通过经验呈现事物的内在逻辑。这样，理论切割经验的现象就不容易发生。在经验不够"饱和"时，偏见、想象等就容易填充经验的空白，研究者以既有理论认知替代经验现象的错误也更容易发生。

（二）理论概括

经验呈现建立在研究者的感受和理解的基础上，带有一定的主观性；田野调研对调研对象、现象、个案的选择，也带有偶然性。然而，经验呈现所要求的内蕴真实性，机制分析所要寻找的因果关系规律，都带有规律性和本质性，与法律现象的普遍性、必然性相联系。在经验研究中，两种看似对立的性质如何统一的呢？达到统一的手段和途径是"理论概括"。我们可以认为，经验呈现是法律经验研究的理论化准备阶段，而理论概括则是理论化的实施阶段，是决定能否有效提炼理论的关键步骤。

法律经验研究，需要对经验感知的法律现象进行机制分析，从经验现象分析事物的作用机制，分析现象之间的关联机制，特别是因果关系。完整的机制分析模式是"解读+解释"：先对事物、现象进行解读，再对它们之间的关系进行解释。这

① 参见陈柏峰《法律经验研究的机制分析方法》，《法商研究》2016年第4期。

一过程离不开理论概括。就思维规律而言，研究者在进行理论概括之前，通常会有经验概括。经验概括是以对个别事物或现象的观察认识为基础，将其上升为普遍性的认识，即由个别的特性的认识上升为对其所属种类的特性的认识。经验概括的认识上升以归纳的方式进行，没有脱离认识的表面性，往往只是偶然性的概括，并不是规律性的概括。因此，经验概括只有结合理论概括才能得出正确的认识。另外，经验概括是从社会现象中概括出的一系列经验命题，抽象程度较低，与经验对象的联系较紧密，理论化程度不高。

理论概括是在经验概括的基础上，结合理论的演绎解释来判定现象之间的关联，达到规律性的认识。理论概括从经验观察开始，建立在经验呈现的真实性基础之上。研究者一般不从抽象的理论出发，而是不带理论预设进入田野，在实地调研中生发经验性的学术发现；对事物和现象进行经验呈现，用一系列经验命题的形式加以陈述；在大量经验观察和经验呈现的基础上，结合理论构建最有概括性的理论命题，提出具有普遍意义的理论概括。在理论概括过程中，研究者并用归纳方法和演绎方法，在诸多经验概括的基础上，通过观察、思辨构建出新的抽象理论。归纳的目的在于发现各种经验规律，演绎的作用在于检验理论的可靠性。理论概括过程是建构性的。这一过程力图在经验和既有理论的基础上，创造新的理论命题。

经验研究从微观的具体经验现象出发，其抱负却在理论贡献，这集中体现在理论概括的建构性之中。微观研究、局部经验，指向的都是理论，正如格尔茨所说的：

> 研究地点并不是研究的对象。人类学家并非研究村落（部落、小镇、邻里……）；他们只是在村落里研究……异域见闻之所以具有普通意义，是因为它们以实实在在的材料滋养了社会学思想。……几乎过于详尽的田野研究所产生的材料，那些使当代社会科学痛苦不堪的巨型概念才能得以具有可感觉的实在性，从而有可能不仅现实地和具体的对它们思考，而且，更重要的是，能用它们来进行创造性和想象性思考……理论建设的根本任务不是整理抽象的规律，而是使深描变得可能，不是越过个体进行概括，而是在个案中进行概括。[①]

经验研究要从田野经验走向理论创造，就绝不能局限于经验呈现和经验概括。经验材料必然是特殊性的，关键在于如何从特殊走向一般，完成理论建构，实现理论创造。经验材料的特殊性，并不妨碍其中透露出的事物或现象特征的代表性或一般性。经验研究能否走向理论创造，常常遭遇到质疑的一点就是，田野调研的特定地点、经验呈现中的个案或者经验概括的某点指向是否具有代表性？其实，这类质疑混淆了特殊经验材料的代表性与经验材料体现的事物特征的代表性。经验研究从

---

① 〔美〕克利福德·格尔兹：《文化的解释》，韩莉译，译林出版社，1999，第29~33页。

特定经验材料出发，但绝非止步于此。"研究者研究的是个案特征，而非个案。个案可以是非常独特的，甚至是偏离正常状态的，但它体现出的某些特征却具有重要的代表性。这就从理论上回答了异域见闻为什么会具有普遍意义。"[①]

格尔兹主张"在个案中进行概括"，概括个案之中具有重要意义的特征。这种概括使偶然性的材料，甚至是看起来片面的经验，有了指向理论建构的意义。格尔茨从巴厘岛的奇风异俗中看到了不同寻常的集中、专制的国家权力运作方式，他从经验上呈现了展示性和表演性的国家权力运行模式，并提出"剧场国家"的理论概括。[②] 法律经验研究的理论概括常常也在个案中进行概括，或者从特定的经验呈现中展开概括。笔者在讨论"弹性执法"这一基层社会十分常见的执法不严现象并且总结各方主体的互动格局及其塑造机理时，就是以湖北某市禁止机动三轮车的交警执法个案为例展开论述的。[③] 笔者对传媒监督的法治的讨论，也是从个案展开，以引起社会广泛关注和讨论的热点案件为主要研究对象，探究传媒监督的内在规律。[④]

理论概括体现经验研究与实证研究的分野。实证研究是建立在抽样调查基础上的定量研究，有其"科学性"外表，有

---

① 卢晖临、李雪：《如何走出个案——从个案研究到扩展个案研究》，《中国社会科学》2007 年第 1 期。

② 〔美〕克利福德·格尔兹：《尼加拉：十九世纪巴厘剧场国家》，赵丙祥译，上海人民出版社，1999，第 165 页。

③ 参见陈柏峰《基层社会的弹性执法及其后果》，《法制与社会发展》2015年第 5 期。

④ 陈柏峰：《传媒监督的法治》，法律出版社，2018，第 3~69 页。

着一整套以统计学为基础的抽样、调查、分析、建模过程，有着很强的技术性外表，对调查数据的使用存在技术规范，对定量结论的描述和推论存在学术规范。而经验研究无法像实证研究那样，通过概率抽样获得有"代表性"的经验材料，也无法从技术性环节着手进行"科学性"推论。经验研究"偶然性"获得的经验材料，就是总体和全部。因此，理论概括才是经验研究的生命力之所在。经验研究的方式是进行理论概括，而非统计概括。统计概括是从样本推论到总体，经验研究无法走这样的路线。理论概括依赖经验归纳和逻辑演绎。推理的有效性不取决于经验呈现的代表性，而取决于理论推理的力量。当然，理论概括的前提是普遍性规律的存在，而这一前提并不是必然的。因此，经验研究可以新的经验事实否定既有的理论概括。

按照经验研究的一般规律，理论概括应当沿着这样的路线进行：经验现象—因果关系—事理—法理。理论概括的本质是因果关系的解释，辨析因果关系就是经验研究中最重要的任务。理论概括首先需要在经验现象层面辨析因果关系，从经验进路切入经验现象，关注中观或微观层面的因果关系，分析具体的因果机制。当经验材料和因果关系置于日常生活和法律实践场景时，事理就变得可以被言说。类似的因果关系会稳定出现，相应的行为和现象反复出现，并具有在地合理性。这种使相应行为和现象获得合理性，使相应因果关系稳定发生的机制，就是事理。在经验研究中，"事理"类似于一种价值中介：它反映社会主体做出某些行为选择或者判断的原因，同时也成为反映更深层次"价值"或者"法理"的材料。① 事理是经验现象背后的"一般性"，在理论概括中被总结出来。

事理反映的是日常生活的因果机制，要从"事理"中推出"法理"，就必须将日常生活的因果机制纳入法律规范和法治过程的视野，进行进一步的理论概括。例如，苏力在分析一起强奸"私了"案件时认为，"私了"恰恰是理性的行为。在较为封闭的农村熟人社会，这种做法可以维护受害人名声和未来婚姻利益、避免二次伤害。这讲述的就是"事理"。而从法治视野出发，苏力则进一步提炼了法律规避、法律多元、国家法的实际功能、国家法与民间规范的冲突及互动等一系列"法理"。② 事理反映的是日常生活理性，而法理则建立在法律规范和法治的价值基础上。因此，从事理进一步提炼法理，研究者还需要借助法律理论和法治理论，在事理的基础上进行理论概括，纳入法律和法治因素，形成具有一般性的法理命题。

五　理论创造的物化

"物化"一词借用自文学创作，它指写作者的思维语言向作品的外部语言形式的转化和实现，思维语言可以被物化成口头语言、书面语言、形体语言、音乐语言、绘画语言等。③ 在

---

① 参见杨子潇《经验研究可能提炼法理吗？》，《法制与社会发展》2020 年第 3 期。
② 苏力：《法治及其本土资源》，中国政法大学出版社，1996，第 43~47 页。
③ 参见何宇平《写作思维动因简论》，《江苏社会科学》1998 年第 6 期。

经验研究中，物化就是研究者将学术发现和理论构思转化为文字形态、形成作品的过程。这是一个从"心"到"物"的过程：理论构思落实为物质性文本，成为可以消费和流通的作品。物化是经验研究的最后一个阶段。经过理论构思，研究者已经从经验材料中提炼出理论命题，思考了理论命题的表达形式，完成了经验呈现和理论概括。只不过这些成果还只是存在于研究者的头脑中。要成为可供读者阅读、欣赏、评判的文本，还要将这些思维成果落实到文字形态，形成文本。从理论构思到文字表达，研究者还要经历艰苦的过程。当然，先有理论构思，后有物化写作，这只是一个逻辑过程，在研究实践中，构思与物化常常是交叉进行的。

（一）写作的一般过程

写作要先拟定标题。标题只有寥寥数字，却是论文最核心的要素，需要用恰当简明的词语搭配反映出论文的核心论题和主要内容。标题服务于理论命题，可以反映作者研究的范围、方向和深度，体现作者的学术境界和文字能力。在写作过程中，标题可以被更换，论题却不可能被随意更换。标题是期刊编辑、审稿人和读者看到的第一个信息，好的标题如同画龙点睛，能够快速地引起读者的阅读兴趣，拙劣的标题则可能不会吸引读者继续阅读。标题还应为文献检索提供关键信息，使有需要的读者更容易搜索、发现相应研究作品。法律经验研究作品的标题，应当让人感受到经验的"气息"。

　　论文写作常常是从列提纲开始的，提纲体现作者对表达形式的构思。提纲既重要又必要。论文写作应当编写简要的提纲，却不一定严格按照提纲推进。提纲既是逻辑关系的显示，也是经验呈现的事物规律的展现。在法律经验研究中，提纲往往如同田野访谈，是半结构化的。研究者经过构思，写出一个简明提纲，即按照提纲开始写作。然而，写作常常会超过提纲事先划定的范围，因为写作要沿着经验的逻辑，顺从事物发展的逻辑。提纲更多起着参照的作用，在写作过程中会被不断修改完善。有的研究者可能会编写细致的提纲，然后不断充实，最终在提纲的基础上写就初稿。有的研究者则可能只有一个粗糙的提纲，待到写作时，田野经验不断呈现出来，经验的逻辑如行云流水一般展现，研究者对现象之间关联的分析自然水到渠成。一般来说，理论构思需要提纲，而研究者在具体写作过程中又要适时地摆脱提纲的禁锢。

　　提纲应当暗含论文结构的安排，与理论命题表达的结构方式同步。结构方式服务于理论命题，体现理论命题的铺陈与展开。它本质上是理论命题的展开形式。某种意义上，理论命题决定了结构安排。论题表达的结构方式有递进式、对照式、并列式，或多种方式的嵌套，提纲也应按相应的方式拟定。结构安排应当特别顾及事物和现象的经验性发展规律。这种规律一般有两种：一是纵向发展式，按照事物发展的时序或过程进行；二是横向发展式，按照事物构成的序列展开。例如，项飙对"浙江村"的经验研究，就采取纵向发展式，按照"浙江村"发展的时序和过程进行经验叙事。①

　　在正式开始写作前，研究者往往还会提前列举要点。要点一般包含两类信息：一是就提纲中的每一部分的主题和写作意图进行的设计，二是对案例、个案、例证等经验材料的使用做出的预先安排。如果将经验研究作品比作一个生命体，那么理论命题就是核心精神，线索是脉络，结构形式是骨骼，表达方式是皮肤，材料是血肉，语言文字是细胞。在确定论题、结构形式之后，就会预先安排每一部分的脉络、骨骼、皮肤、血肉等。它们都构成论文写作过程中的要点，可以提前准备。这种准备可以用相对小的成本将零散的思考系统化。

　　在写作开始后，在经验呈现与理论命题之间可能发生矛盾。研究者可能会发现，理论构思并不适应经验呈现的逻辑，必须修正甚至改变理论命题。一方面，这表明物化活动开始后，理论构思还在继续；另一方面，这也表明在物化活动完成之前，理论构思都未必完全可靠。当理论命题尚处于构思阶段时，研究者容易误以为，经验的逻辑已经"理顺"。其实不然，由于构思本身带有跳跃性，研究者常常会在无意识中忽略某个重要的逻辑环节。一旦到了物化阶段，研究者试图用文字表达构思时，就会推敲段落与段落之间、句子与句子之间的关联，逻辑"跳跃"就可能暴露，成为需要过去的"坎"，从而需要进行再构思。在这个意义上，作品写不出来，常常是由于

---

　　①　项飙：《跨越边界的社区：北京"浙江村"的生活史》，生活·读书·新知三联书店，2018，目录第1~5页。

研究者的构思还没有完全成熟。在写作过程中，经验呈现的构思要被物化时，经验就在研究者头脑中被激活，从而获得自己的"生命"，要按事物本身发展的逻辑来自我呈现，而不可能"迁就"研究者之前"跳跃"了的理论概括。此时，研究者必须顺从经验自身的逻辑，丰富、更新或修正理论概括。这才是经验研究的正确态度，才能确保经验呈现的真实性和理论概括的准确性。

（二）语词提炼和文本推敲

语词提炼是写作过程中的细节，却并非不重要。写作的整个过程都需要遣词造句，而最需要语词提炼的是理论命题表述的关键环节。认为只要在心中塑造出理论命题，就可以轻而易举地将其转化为文字表述的想法不符合实际，这显然轻视了语词提炼。词语提炼的任务是寻找最恰当的词语和短语，最准确地将理论概括的意涵予以表达。研究者对经验研究中领悟到的因果关系、事理、法理进行准确生动的表述，实际是将研究者的"心象"刻画出来，以求更为有效地传达给读者。语词提炼要为物化"心象"服务。"心象"就是研究者意图传达的事物本质或现象的规律，是经验研究的发现和所得，是要表达出来的理论贡献。也就是说，"词"要为"物"服务。当事物的本质或现象的规律，在研究者内心形成而需要被表达出来时，研究者选择的语词的"所指"需要符合"能指"。在把握事物或现象的内在规律的基础上，研究者如果能够巧妙而准确地运用语词，就可以增强概念和理论的活力。

　　法律经验研究中的因果关系、事理、法理，固然都可以细致的论证形式被表述，研究者可以通过卷帙浩繁的文本呈现理论，然而，理论有效传播需要借助简洁的词汇或短语。这一词汇或短语在词义上要有一定的具象，能够让同一领域的研究者看到语词，根据具象就可以接收到相应的有效信息，理解作者要表达的经验现象和理论命题。更进一步，这一词汇或短语在表达上还要符合专业习惯，与理论传统对接，能够准确描述相应的经验现象并表达理论命题的意涵。杰出的经验研究中的理论命题经过语词提炼，能够被表达为有生命力的学术概念。"内卷化"就是这样一个概念，且在学术传统中不断发展。它最早来自美国人类学家戈登威泽，被用以描述文化艺术"没有创造的精致化"形态：艺术品达到了结构特征固定化形态，而创造的源泉枯竭，取而代之的是形式的不断精细化发展。①格尔茨用"农业内卷化"来描述爪哇岛农业发展的自我战胜过程。黄宗智用"内卷型增长"来描述中国农业的"无发展的增长"。②杜赞奇则以"国家政权内卷化"来描述二十世纪前半期中国国家政权扩张，税收增加而效益递减的现代化进程。③

---

① 参见刘世定、邱泽奇《"内卷化"概念辨析》，《社会学研究》2004年第5期。

② 〔美〕黄宗智：《长江三角洲的小农家庭与乡村发展》，中华书局，2000，第77页。

③ 〔美〕杜赞奇：《文化、权力与国家：1900~1942年的华北农村》，王福明译，江苏人民出版社，2010，第53页。

　　写作是一个研究者综合运用脑力和体力的过程，其中既有研究者快速、顺利、畅意的写作，也有反复推敲、权衡选择以求表意准确妥帖的时刻。畅意写作时，研究者在合适的外在条件和心境下，能够快速地对理论构思进行物化。此时，研究者文思泉涌，其大脑处于高度兴奋状态，思维运转极快，脑中往往同时有几个逻辑线条在发展。这种畅意写作的状态不是凭空出现的，而是由于研究者的经验材料积累和理论构思都已经相当成熟。畅意写作，是研究者厚积薄发、长期酝酿的结果，此时他们脑中有丰富的经验材料，对材料的使用已经逐渐成熟，对理论命题及其表达形式早已清晰，结构安排也逐渐建构形成。畅意写作，反映研究者的综合心力，是其体力、脑力、材料积累、理论构思的综合产物。然而，研究者畅意写作形成的文本，还需要仔细推敲，才能表达更加准确。因为当畅意写作时，研究者往往只求用词与"心象"大体对接，不会过多推敲，以免影响写作的流畅性，使想要表达的逻辑线条丢失。研究者此时不加推敲，是为了将主要逻辑线条优先表达出来。

　　理论构思的物化文本形成后，还需要研究者仔细推敲文字表述。推敲是一种精雕细刻，是反复选择、调动词句，以求准确、妥帖地把"心象"物化为定型作品的过程。它既表现为语词的选择，也包括经验呈现、因果关系机制安排、事理铺陈、法理提炼等流程。推敲成熟的文本，往往语词准确、意象鲜明、机制清晰、事理明白、法理精到，能使人感受到作者的匠心独运。畅意写作与文本推敲是理论创造物化的不同侧面，研究者需要将这两者结合起来。在构思相对成熟后，一旦有恰当的氛围和契机，研究者就应当放开畅意写作，及时捕捉思维成果，甚至不惜废寝忘食，直到文本初成，再以理论概括的"心象"为准绳对文本进行细致推敲，反复比较、删改、调整、充实。

六　经验研究的心理机制

法律经验研究是研究者在田野调研和经验材料的基础上所进行的创造性思维活动，其目标和任务是进行理论创造。它是在主体与客体世界交互作用下完成的，存在具有普遍特征性的心理机制，包括直觉与灵感、沉思与讨论、回忆与联想、理智与情感等几个相对的范畴。无论是在学术发现阶段中，还是在理论构思阶段中，亦或是在理论创造的物化阶段中，上述的心理机制在经验研究所有的阶段中几乎都存在。

（一）直觉与灵感

直觉，就是直观感觉，它是一种省略了推理过程的思维方式，具有迅捷性、直接性、本能性等特征。直觉能快速识别、敏锐感知、直接理解、综合判断问题、事物、现象及其关系。直觉在经验研究中极为重要，它常常在研究的关键阶段发挥重要作用。通常人们认为直觉是一种本能，这固然不错。然而，这种本能不是无源之水。研究者通过直觉认识事物并非没有推理过程，只是省略了推理过程依赖的是过去积累的知识和经验。

这些知识和经验烂熟于心，在研究者过去的推理中往往曾被反复适用。如此，当某一事物初次得到呈现时，研究者在利用感官获知事物、现象的同时，就能从感性上迅速猜测、判断其背后的规律，抓住事物和现象的本质。"某方面的知识、经验没有达到一定程度，就不可能在这方面产生直觉。"① 研究者能够省略推理过程，是基于过去深厚的知识积累，也就是前文提到的"经验质感"。

灵感，是指经验研究过程中瞬间产生的富有创造性的突发思维状态。它往往发生在对某一事物长时间思考而未有收获之时，当研究者放松思维后，可能突然会有所顿悟、豁然开朗。灵感的产生，可能受到其他看似不太相关信息的触发，也可能没有触发信息。直觉产生的模式是"问题—直觉（判断或领悟）"；而灵感产生的模式是："问题—长时间思考—思考中断—（其他信息介入）—触发灵感"。② 灵感具有突发性，难以被预料和控制；灵感具有短暂性，稍纵即逝，需要被快速记录下来；灵感具有创造性，通过其得出的是创新性认识。灵感往往发生在久久酝酿并接近思考成熟的阶段，虽然在它爆发的时候研究者放弃了专注思考，但是灵感其实是长期思考之后无意识的产物。由于某种因素触发了灵感，暂时中断的思考突然

① 张荣洁：《同中有异——灵感与直觉差异探析》，《科学技术与辩证法》1998 年第 5 期。

② 参见阎力《浅析科学创造中的直觉、灵感和顿悟》，《哲学研究》1988 年第 8 期；张浩：《直觉、灵感或顿悟与创造性思维》，《重庆社会科学》2010 年第 5 期。

接通，从而出现对事物认识的飞跃。灵感是建立在思维势态和大量信息的必然性之上的偶然性。当研究者的心思长时间放在相关的事物和现象上时，他就有可能在某个时刻蓦然领悟，发现研究对象的奥秘。因此，在法律经验研究中，长时间深入思索经验现象十分必要，它很可能在某个时刻偶然触发灵感。专注思考，研究者未必一定有所得；不专注思考，注定不会有灵感。

（二）沉思与讨论

沉思，就是深思，是研究者在寂静和孤独中对事物或现象的深沉思索。在经验研究中，沉思往往由某一经验现象触发。研究者沉潜于经验现象中思考，思维可能逐渐脱离之前的经验现象，被偶然所想到的因素转移到其他方向，在无所得之下，或许又回到原来的现象，继而又受触发而转移。研究者如此始终沉浸在某类经验现象及其关联因素之中，在某个时刻可能突然"顿悟"。沉思是艰苦孤独的思维过程，是研究者应有的独特体验。沉思时，研究者的潜能最可能被发挥出来。理论创造常常在沉思中产生，因为沉思是对事物的深入思考，思考的牵涉面广，研究者可以沿着事物和现象的逻辑不断深挖。沉思有时可能"走入死胡同"，研究者沉浸在既有的知识体系和理论框架中，无法获得突破；尤其是，如果研究者走在错误的惯性思维轨道上，仅仅沉思而不与人交流，缺乏纠偏的外在因素和力量，往往难以自拔。

在法律经验研究中，沉思应与讨论相结合。讨论，是指研究者针对学术问题，与其他研究者交换意见或进行辩论。讨论可以使研究者快速了解其他研究者对同一问题的认识，并与自己的思考方式进行碰撞，激发灵感，从而重新评估自己的认识，进而丰富、优化研究思路。讨论可以克服沉思可能引发的思维偏狭问题。集体调研和讨论在学术研究中起到的作用尤为突出。由于不同研究者的理论储备、生活经验、经验质感不一样，他们在田野调研中提出的学术问题会有所不同，从而更容易在思维碰撞中产生学术火花。有的研究者经验质感好，能够迅速排除虚假问题意识的干扰，快速进入问题域，但容易沿着旧有的思维模式前行，而来自新手的刺激常常可以推动其突破惯性思维。新手进入田野时往往缺乏经验质感，对很多现象都不了解，对任何现象都会好奇，常常会提一些"莫名其妙"的问题。回答这些问题，就是对人们理所当然、熟视无睹的日常逻辑进行学术解释。这就会触及更多的经验和现象。在集体讨论中，研究者需要进入其他研究者思考问题的逻辑中，以理解其他研究者陈述的经验、困惑和思考，从中受到触动，然后激发自己的思考。在讨论中被提出的任何疑问、质疑或补充，都需要研究者进一步回应。在高强度的现场讨论中，研究者可以在短时间内深化问题意识，不断清晰对经验现象的认识，厘清因果关系机制。

（三）回忆与联想

回忆，就是研究者把以前产生的对事物的反映在头脑中重现出来，以达到再认识的目的。它是一种基本的心理机制。人类就是在回忆中认识自己、认识世界、认识过去、认识现在、展望未来的。回忆的前提是有记忆，没有记忆就没有回忆，人的认识能力和实践能力也就缺乏基础。在经验研究中，研究者需要占有大量的经验材料，才能产生和形成丰富、具体、全面的对事物和现象的认识。这些材料必须进入研究者的记忆，才能在其后的理论构思中成为被分析的对象。回忆是把经验材料和理论构思连接起来的中介。

联想，就是由某事物或现象而想起其他相关的事物或现象。联想是研究者的思维活动对事物之间联系的反应。事物或现象之间是有联系的，这种联系被记忆在人脑中，使研究者在特定的时候就会产生联想。一般来说，在空间上和时间上同时或相继出现，在外部特征或内涵上相似或相反的事物或现象，很容易在人脑中留下记忆并引发联想。联想有四种：一是类似联想，是指研究者由某一事物或现象想到与它相似的事物或现象；二是接近联想，是根据事物之间在空间或时间上的彼此接近而产生的联想；三是对比联想，是由于事物性质或特点相反而产生的联想；四是因果联想，是对逻辑上有因果关系的事物产生的联想。回忆的产生和接续与各种联想有内在的联系，包括连续性联想、相似性联想、关系性联想等。[①]

回忆与联想都与实践密切相连，建立在经验把握的基础上，与经验研究具有亲和性。回忆与联想通常会使研究者产生新设

---

① 参见倪梁康《回忆与记忆》，《浙江学刊》2020 年第 2 期。

想，这在法律经验研究中可能促成学术发现或理论概括创新。经验积累是产生回忆的前提和基础，没有经验积累就不会产生有价值的回忆和联想。如果研究者没有在田野调研中与研究现象进行接触，就不会留下对相应信息的记忆，也就不会产生信息的输入、储存、选择、处理、整合、输出等过程和机制，就不会形成与研究对象相关的事物、现象的认识，也就不会由此产生灵感、获得学术发现、实现理论创造。经验研究力图通过田野调研的"饱和经验"培养研究者的"经验质感"，其前提就是要求研究者多参加田野调研，积累大量的经验材料，认识其中的现象和规律。有了这样的基础，研究者在研究中就可能不断触发回忆和联想，调动记忆深处的经验材料储备和规律认知储备，从而获得灵感。例如，笔者在成长经历和多次调研积累的经验材料、生活体验和机制认识的基础上，将"祖业"现象置于地权结构和地权秩序层面进行分析。[1] 这一研究过程富含回忆和联想。

（四）理智与情感

理智，就是研究者对事物认识、理解、思考和决断的理性能力，还同时意味着研究者在研究中能够保持冷静、辨别是非、洞察利害关系、控制行为方式。在经验研究中，理智是研究者对事物或现象进行观察、比较、分析、综合、抽象与概括的前提，它建立在经验证据和逻辑推理的基础上。与

---

[1] 参见陈柏峰《"祖业"观念与民间地权秩序的构造——基于鄂南农村调研的分析》，《社会学研究》2020 年第 1 期。

理智相对的是情感。情感是人对事物或现象的态度和体验，可以被分为情绪和感情。情绪更倾向于描述个人的心理反应，感情更倾向于描述态度评价和体验。人在社会活动中必然带有情感因素，在经验研究中也不例外。研究者在观察经验现象时，可能产生情感反应；在与访谈对象接触时，可能对具体人或事产生情感态度；甚至，是否研究某一问题也往往是在情感驱动下进行的。理智和情感在经验研究中既不可或缺，又不能避免。

理智是研究思维的基础，也是研究者研究能力的体现；情感是研究者进行研究的动力因素，也可能是干扰因素，理应受到理智的规范和制约。在经验研究中，在大脑中存储的经验材料不是单纯的材料，而是带有情感能量的记忆。当储存于人脑中的对事物的认知被记忆唤醒时，它所蕴含的情感必然被同时唤醒。经验材料的积累与经验现象的反馈都可能激发研究者的某种情感倾向，从而对理论构思产生影响。有些研究甚至是在强烈的情感体验下完成的。情感可以成为深入研究的动力，然而，研究者需要警惕的是，不能因情感而失去了研究的客观性。例如，研究者在面对信访、维权这类现象和研究主题时，对当事人的同情与怜悯，可以成为深化研究、改进制度的驱动力，却不能因此而夸大其词，甚至鼓励当事人走向极端。研究者可以因情感因素而给予当事人实际帮助，却不应将因此受到干扰的经验现象作为客观经验材料带入理论分析中。

结　语

法律经验研究主张对经验感知的法律现象进行机制分析，本章则是对经验研究和机制分析方法的二阶分析，即对法律经验研究过程进行机制分析。这是对笔者学术团队所用的研究方法的剖析。本章从个人和学术团队的研究体会出发，从经验进路展开，揭示了经验研究如何从经验材料走向理论创造。从知识社会学的立场上看，对方法论的这种探索，旨在系统化地追问知识、经验、理论如何从田野中被生产出来，并且意图发掘与这些生产相应的"过程"和"机制"。

在当代中国法学乃至社会科学场域中，研究方法早已呈现出多元化的特征，理论研究、制度分析、规范研究、个案研究、定量分析等研究进路各有特色。经验研究方法虽有深厚的理论和研究传统，但是深入田野的经验研究者对方法论总结还不够。本章及之前的一系列章节，旨在树立经验研究方法的"靶子"，深化经验研究方法的讨论。这可能在两个方面对研究者有所助益：一是经验研究者可以借此增强方法论自觉，强化经验研究的自主性，增强研究的科学性和深入程度，提高经验研究成果的水平；二是采用其他方法的研究者可以借此了解经验研究，理解和借鉴经验研究方法。当前，中国正处于巨大的社会转型期，形形色色的经验现象都具有极大的新颖性，经验研究方法大有用武之地。在方法论自觉的基础上，研究者们深入法律经验研究，一定可以有所作为。

本章提要

与基于主客二分世界观的法律实证研究不同，法律经验研究强调质性理解，需要整体论视野。法律社会学研究传统、社会人类学研究传统和基层治理研究传统，构成其主要渊源。法律经验研究从中受到方法论滋养，形成了法律生活秩序研究和法律运行过程研究两种典型进路。法律生活秩序的研究进路，以法律生活的描述、阐释和解释为中心，不仅关注社会利益结构，还重视人心、价值和活法，从整体上探究法律现象的形成和法律秩序机制的产生。法律运行过程的研究进路，以法律运行流程为切口，关注法律现象背后的诸种因素，探讨各种因素的影响及其作用机制，力图全面理解法律在社会中的实践过程、后果和内在逻辑。中国处于社会转型期，适合且需要法律经验研究，上述两种典型进路是回应时代需求、理解当代法治的重要研究进路。

法律经验研究，强调通过质性理解来把握法律现象，探讨法律制度的实践过程和效果。① 虽然经验研究与实证研究在英文中都是 empirical research，但强调质性理解的经验研究与受实证主义影响的实证研究区别甚大，因此笔者较早在法学界提倡使用"法律经验研究"，将之与法律实证研究进行区分。在社会科学中，实证研究一般是通过客观的科学方法，来展开对预设的检验，所使用的方法有较强的数理特征，具有类似于自然科学的"科学性"外表。实证研究以主客二分的世界观为前提，预设有客观世界的存在，实证研究的目标就是通过科学方法去接近、还原客观世界。就法律知识体系的逻辑性、体系性而言，法律与实证研究具有亲和性，两者一定程度上存在类似的思维方式。

不过，由于中国处于巨大的社会转型时期，而且，法治作为治国理政的基本方式并非中国社会本土长期生长的产物，而是具有相当的移植和外来特征，因此，法律与中国社会的相遇、碰撞、作用、磨合等过程就难以避免并十分复杂。其中，不仅牵涉规则与社会的关系、法律与体制的协调，还牵涉规则背后的价值观念、民众心态、生活逻辑等，对这些现象、过程和问题的理解十分重要，可以说是当代中国法学的重要任务之一。实证主义方法在质性理解方面缺乏优势，难以担当重任。费孝通早就指出，"主客二分"的实证主义方法论，无法把握中国日常生活世界的"理"、"心"和"性"等，而影响中国社会数千年、实际维护中国社会秩序的思想观念，却无法用现

---

① 陈柏峰：《法律经验研究的机制分析方法》，《法商研究》2016 年第 4 期。

代主流的社会科学方法加以研究，因此需要从社会科学知识论和方法论的角度，扩展社会科学的传统界限。[①] 法律经验研究是在法律和法治问题研究方面，回应扩展社会科学界限需求的尝试。

法律经验研究强调对研究对象的质性理解，甚至试图进入研究对象的精神世界，要求对法律现象相关的因素有质性上的全面把握，强调研究者的经验质感。在具体研究方法上，往往通过参与法治实践，观察法律现象，深度访谈当事人和知情者，掌握饱和的经验材料，从而理解当事人的法律生活经历，把握法律现象的形成发展，解析法律制度的实践过程。本章以研究体会为基础，梳理法律经验研究的主要渊源，探讨其典型研究进路，以增强法律经验研究的方法论自觉。

一 法律经验研究的主要渊源

今天中国的法律经验研究，从理论和方法等方面而言，存在三个相互关联而又有不同特色的主要渊源：一是中国的法律社会学研究传统；二是社会人类学研究传统，包括法律人类学研究；三是中国的基层治理研究传统。

（一）法律社会学研究传统

法律社会学在有着悠久的学术传统。在孟德斯鸠等启蒙思

---

① 费孝通：《试谈扩展社会学的传统界限》，《北京大学学报（哲学社会科学版）》2003年第3期。

想家的论述中，就有法律社会思想，社会学的兴起则直接促进了法律社会思想的发展。几乎所有涉及法律和社会的问题及思考，都可以划入法律社会学的范畴。毫无疑问，法律实证研究、法律经验研究都属于法律社会学的范畴。从法学被引入中国开始，法律社会学就占有一席之地。20世纪20年代开始，法律社会学研究就开始在中国展开，一些学者甚至对法律社会问题开展实地调研。例如，严景耀曾到20个城市的监狱进行调查，收集300多件犯罪的类型个案，从12个省监狱记录中抄编统计资料，据此研究20世纪初中国的犯罪问题及其与社会变迁的关系。①

20世纪80年代开始，法律社会学有了新的发展，法律社会学的经典著作和文献被大量翻译，法律社会学的理论框架被提出和丰富。尤其是20世纪90年代，季卫东组织编译"当代法学名著译丛"系列作品，为法律社会学研究提供了宝贵的理论资源。与此同时，一些学者尝试开展实地调查，立足中国基层社会分析法律和法治问题。20世纪90年代，苏力的法律社会学研究在法学界乃至社会科学界掀起了一波浪潮。在乡土中国开启向城乡中国的转型之时，苏力从乡土社会的法治切入，借助文学素材或实地调查素材，在"直觉"基础上展开法律社会问题研究，指出以西方法律和法治为理想模型的建构主义法治实践的悖谬之处，提出要重视"本土资源"，从而呈

---

① 参见严景耀《中国的犯罪问题与社会变迁的关系》，商务印书馆，2019。

现一种反思法治现代化的姿态。^① 他还从实地调研出发讨论基层司法，考量司法体系与乡土社会之间的知识紧张关系，讨论基层司法在现代民族国家建构的总体目标中的作用。^② 他讨论的这些问题，是中国法治进程中极为重要的问题；其研究问题的方法新颖有趣，学术观点富有争议，产生了巨大的学术影响。

　　法律经验研究本身就属于法律社会学传统，受到这一传统的滋养。其中，苏力的研究带动了以个案调查为基础的法律经验研究。从经验个案出发，但研究并不局限于个案，而是着眼微观场景和社会关系，上升到对法律现象的一般性讨论，进而论及中国的法律体制、法律运行等，在经验基础上分析法治实践。这种研究有着鲜明的特色：一是诉诸事理阐明法理，诉诸常情常理常识，讲述生活经验，而不是抽象地讲法理，不是从西方社会生活和法律实践的"法理"出发；^③ 二是灵活运用社会科学理论，尤其是结合理论有力分析法治实践中的案例和素材，格尔茨、福柯、韦伯、吉登斯等人的社会学、人类学、政治学理论，国家与社会理论，民族国家理论，科层制理论，权力理论以及其它多学科的理论，因此进入法律社会学领域，成为法律经验研究的理论资源；三是从理论关切回应现实，从中国法治现代化的理论层面反思现代性的法学话语及其制度基

---

① 参见苏力《法治及其本土资源》，中国政法大学出版社，1996。
② 参见苏力《送法下乡：中国基层司法制度研究》，中国政法大学出版社，2000。
③ 陈柏峰：《事理、法理与社科法学》，《武汉大学学报（哲学社会科学版）》2017年第1期。

础，切入问题的方式不是政治或政策式的，而常常是微观的，关注人的基本生存境况。① 这种法律社会学的研究方式，与恪守规范解释论的法学研究风格形成鲜明对比，吸引不少旨趣多元的年轻人学习效仿，拓展了法学研究的论域与空间。苏力的研究对 20 世纪 90 年代以来的法律社会学有较大的带动作用，今天从事法律经验研究中的不少人都直接受到了他的影响。

不过，学术发展从来不是单线的，法律社会学领域一直就存在着多种理论资源和研究方式，呈现出多元发展的格局。这与不同学者的智识追求相关，更是中国社会和法治发展中各种不同的需求所决定的。不同的法律社会学理论资源和研究进路，都是法律经验研究的资源或潜在资源。

（二）社会人类学研究传统

社会人类学的目标在于研究人类各民族的文化，对不同民族做出描述和分析。② 人类学作为一个学科始于西方文化与各种"未开化民族"或原始社会文化的接触，欧洲人对亚洲、非洲和拉丁美洲部落、太平洋岛屿各民族都贴上"未开化"或"原始社会"的标签。社会人类学旨在通过对这些民族的研究，找出人类文化的特殊现象和共通性。人类学的研究方式往往是"质性"的，而不是"量性"的，最常用的研究方法是实地调查、参与观察的民族志方法。人类学家直接参与研究

---

① 陈柏峰：《法律实证研究的兴起与分化》，《中国法学》2018 年第 3 期。
② 人类学包括社会人类学、生物人类学、考古学、语言人类学等分支，本章所说的人类学都是社会人类学。

对象（往往是初民社会）的生活，深入这些民族中进行直接
观察，参与他们的活动、与他们深度交谈、观察他们的活动，
收集第一手的素材，来了解这些民族的政治、经济、社会、民
俗和文化现象，深度理解他们的文化机制，并通过民族志写作
来呈现。民族志既是一种研究方法，也是一种文化展示的过程
和成果形式，它依赖实地调查、参与观察的田野工作提供素
材，从而完成对某一人类社会的描述和理解。

　　社会人类学早期以"原始部落"为研究对象，区别于以
本国社会为研究对象和领域的社会学。"二战"之后，由于政
治和社会条件的变化，人类学的民族志方法逐渐广泛运用于
"文明社会"的研究。费孝通的《江村经济——中国农民的生
活》是世界上第一部研究文明社会的非"异文化写作"的著
作，以太湖东南岸开弦弓村的实地考察为基础，描述了中国农
民的消费、生产、分配和交易等体系。① 人类学引入我国之
初，就以中国社会研究为己任，因此与社会学不分家。最早的
社区研究既是社会学研究，也是人类学研究，费孝通、林耀华
等都既是社会学家也是人类学家，《江村经济——中国农民的
生活》、《金翼》等既是人类学作品也是社会学作品。20 世纪
90 年代以后，人类学家王铭铭等也从社区研究开始学术历
程。② 中国的法律人类学作为人类学的重要分支，其重要研究

---

① 参见费孝通《江村经济——中国农民的生活》，商务印书馆，2001。
② 参见王铭铭《社区的历程：溪村汉人家族的个案研究》，天津人民出版
社，1997；王铭铭《村落视野中的文化与权力：闽台三村五论》，生活·
读书·新知三联书店，1997。

成果也是社区研究的产物。① 人类学的研究对法律经验研究有着重要的启发，法律人类学更是有直接的启示。

　　人类学强调"他者的眼光"，这为经验研究理解法律现象提供新视角。他者，是与自己处于不同时间或空间上的不同的人或事物、文化。"他者"是相对于"自我"而形成的概念，指自我以外的其他一切人与事物。凡是外在于自我的存在，不管它以什么形式出现，是一种文化观念还是制度实践，是竞胜的规则还是潜在的话语资源，都可以被称为他者。社会人类学把所谓的"异文化"当成与"本文化"具有同等地位和价值的实体加以理解，并通过异文化去反思本文化的局限，从而开放地吸纳本文化之外的现象和事物。在中国法治大量借鉴西方法律的背景下，"他者的眼光"有助于理解法律与社会的互动。相对于法律和法治的主导思维方式，民众面对法律时的心态、社会固有的法律文化等，有时反而是一种"异文化"，可以构成对法律和法治主导思维的反思。

　　人类学强调全面考察，这可以为经验研究理解法律现象带来丰富的资源。人类学的民族志方法在运用于当代社会的研究后，往往通过对小型社会单位进行透视，全面考察与某一人类行为相关联的现象和问题。一位研究某地区法律变迁的人类学家，如果要对法律变迁的过程进行全面描述，就需要探讨亲属

---

① 参见朱晓阳《罪过与惩罚：小村故事 1931—1997》，天津古籍出版社，2003；赵旭东《权力与公正：乡土社会的纠纷解决与权威多元》，天津古籍出版社，2003。

制度、宗教信仰、家庭关系、社会礼仪、经济发展等一系列看起来似乎与法律无关的现象。民族志写作呈现的是整体论研究方法的成果，这种方法建立在整体论认识的基础上，即一套体系的特质的理解很难被分割为各个部分的准确理解。在这种方法下，社会人类学者更容易深入研究对象之中，全面体会和理解他们的生活世界，避免部分现象对全面特质以偏概全，避免自身文化价值观和主观偏见的制约。法治系统嵌入在整个政治和社会系统之中，人类学的这种全面思维显然有助于在整体结构中全面理解法治和法律现象。

（三）基层治理研究传统

中国基层治理研究传统是从乡土社会研究起步的。乡土社会研究受到社会人类学研究的长期滋润，但并非社会人类学研究传统的直接延续。虽然乡土社会研究的开拓者费孝通等人是人类学家，之后很多人类学家也投身乡土社会研究，但是，乡土社会研究乃至于基层治理研究受惠于更多的理论资源。毛泽东的农村调查成果、梁漱溟的乡村建设理论等，都对乡村社会研究乃至基层治理研究产生了深刻影响。此外，经济学、历史学、海外汉学的乡村研究，也对它们产生了广泛影响。在乡村社会研究和基层治理研究传统中，最为凸显的是华中村治研究。

华中村治研究肇始于 20 世纪 80 年代政治学领域的村民自治研究。当时，武汉一批学者认为，政治学应该改变从书本到书本的研究方式，主张从国家转向农村基层，提出"理论务农"

口号，开始关注村民自治和农村政治发展。到 20 世纪 90 年代后，由于村民自治背负的"民主"发展理念变得越来越不现实，学者们开始转向对转型期乡村社会性质的透视，转向对村庄治理的理解和阐释，并向社会学领域扩展。之后，他们对作为村民自治简称的"村治"赋予新的内涵，将之扩展为"乡村治理"，村治研究遂发展为乡村治理研究。乡村治理研究包括"转型期乡村社会性质研究""农村政策基础研究"等，试图通过对全国不同区域农村进行深入调研，理解中国乡村社会的治理状况及其区域性差异，从而理解政策和制度进入不同乡村社会的过程、机制及其后果，并力图透过自上而下的政策和制度在乡村社会的实践差异来理解乡村社会本身。[①] 21 世纪以来，伴随中国城市化的快速发展，华中村治研究领域从农村走向城市，乡村治理研究进一步扩展到城乡基层治理研究。

华中村治研究被称为"华中乡土派"、"乡土社会学派"等，它在本土社会背景和学术环境中发展起来，带有鲜明的本土问题意识和团队方法特征。不过，在理论和方法上，华中村治研究受到社会科学理论和方法的广泛影响。例如，政治学中的政治过程理论、社会学中的结构理论和功能理论、人类学的民族志方法等，在华中村治研究成果中都有鲜明的影子。虽然笔者及学术团队大多研究法律社会学问题，但也属于华中村治研究传统，尤其是就研究方法而言，华中村治研究是法律经验研究的直接资源。

[①] 贺雪峰、董磊明、陈柏峰：《乡村治理研究的现状与前瞻》，《学习与实践》2007 年第 8 期。

华中村治研究主张村庄生活的视角，有助于法律经验研究场景化地理解法律现象。村庄生活的视角要求在村庄生活的逻辑中理解村治现象，主张结构化地理解各种村庄现象，形成对村庄的整体认知，并在此基础上理解所要研究的村庄政治社会现象。华中村治研究早已不限于村庄研究，诸多研究已经在乡镇、县域、城市层面展开，但基于村庄和社区的研究仍然是理解问题的基础。更关键的是，村庄生活的视角始终坚持日常生活的整体性，坚持各种现象之间的关联性，并从关联性去理解所要研究的现象。法律经验研究可以从这种视角和思维方式中受益。与村治现象类似，法律现象发生在特定的时空和特定的生活逻辑中，是生活的一个侧面，它同社会生活的其他方面是纠缠、交融在一起的，无法简单从日常生活中剥离，应该从社会生态中进行考察。

华中村治研究常用的政策实践过程视角，有助于法律经验研究理解法律实践过程。"农村政策基础研究"的切入路径，其核心关注是"不同的政策在不同类型农村如何实践"，研究的切入口是理解政策和制度进入不同乡村社会的实践过程、机制及其后果，并力图透过它们来理解乡村社会以及政策和制度的制定问题。法律经验研究可以从这种视角中获得方法资源。从而，研究法律现象的重心在于，理解法律现象的内在机制，理解法律在社会中实践的过程、后果和内在逻辑。这就需要探讨特定的法律现象在法治实践中是如何形成发展的，各种因素在法治实践中起到了何种作用，以及通过何种机制起作用等。

总结而言，法律社会学、社会人类学、基层治理三种研究传统，同时滋养了法律经验研究，给予了法律经验研究不可或缺的方法论启示和借鉴。这在法律经验研究的两种典型进路——法律生活秩序的研究和法律运行过程的研究中，都有十分具体的体现。

二 法律生活秩序的研究进路

法律生活秩序是与法律有关的社会生活的条理、次序和状态，具体包括：有关法律规则的社会现象是如何形成的，在日常生活中是如何自洽或不自洽的，法律规则是如何安顿或难以安顿人心的，等等。它们是法律经验研究处理的最为常见的学术问题。对这类问题展开的法律生活秩序的研究，成为法律经验研究的一种典型进路。

目前中国所处的时代，是近代以来经过了一百多年的转型，经济—社会—文化已经全面现代化的历史阶段。尤其是经过中华人民共和国成立后的社会主义建设、改革开放和社会主义现代化建设，一个社会主义市场经济的国家已经成长起来，在世界经济政治格局中占据至关重要的地位。与市场经济配套的法律体系已经建立起来，全面依法治国成为国家战略布局的重要方面。不过，无论是市场经济还是法治，与社会生活之间的亲和性，都还不是自然而然的。市场经济在中国的历史，只有短短数十年；法律体系在中国的建立，虽然基于市场经济和社会生活的需要，但是以西方发达国家的法律体系为摹本，不是中国社会生活中的自然成长，与中国人生活之间的隔膜还较为常见。

作为一个法治后发国家，中国的法治模式必然是立法先行的。国家政权推动立法，其意图是通过法律来重组社会生活，立法工作在职权上由全国人大主导，实际上起主要作用的常常是中央政府及其工作部门。在这种法治模式下，法律制定后国家政权体系的贯彻实施更加重要。由于司法干预社会的能力有限，法律实施中起到主要作用的是从中央到基层的政府系统。相对于西方发达国家而言，中国无论是法律体系的建立，还是法治作为治国方略的施行，都仅有不长的历史。中央提出"社会主义法制"至今仅40多年，提出"依法治国"至今仅20多年，提出"全面依法治国"至今不到10年。而且，相对于法律所需要重组的社会生活的广泛面向和深入程度，推进法律实施的政权力量和国家能力仍然不足。所以，法律和法治对社会的影响力还不够全面深入。在不少领域，国家制定的法律还没有完全贯彻到社会生活之中；真正规范人们生活的不一定或不全是法律规则，其他各种社会规范在起实际作用。与此同时，社会生活本身还在快速变迁过程之中，法律规则仍然需要随之调整和适应，否则法律与社会生活更加脱节，更难发挥实际作用。如此，不少领域的法律就缺乏稳定性，社会生活的预期由此产生一些紊乱，法律预设的社会生活秩序难以生成。

在上述复杂背景下，法律经验研究理解法律生活的秩序构成，就十分重要，同时也富于挑战。法律生活秩序存在多种不同的可能。移植或借鉴而来的法律规则在社会生活中缺乏嵌入的土壤，旧的规则体系已经废除而不具有合法性，新的规则体系虽然具有政权赋予的合法性，却不能在社会生根，相对于社会生活而言成为一种象征性存在。这种象征性存在会带来不确定性，法律既可能仅仅是悬于空中的无效规则，又可能被符合利益的行动者利用和援引，从而具有现实化的可能性。在特定的利益格局条件下，无论是政权赋予合法性的法律，还是社会生活中起实际作用的社会规范，都可能被特定个人和群体援引用于争夺利益，由此造成法律生活秩序的复杂面向。① 理解这种法律生活秩序，殊为不易。

在利益维度之外或之后，法律生活还可能关联人生与人心问题，涉及社会生活的心态、精神、价值诸层面。法律规则的移植借鉴，可能忽视社会生活背后的人生和人心，罔顾部分人的根本处境。人是追求意义和价值的动物，而相应的价值和意义嵌入在文化之中，是长期历史积累的产物，虽然并非不能改变，却难以在短期内快速改变。法律规则如何与人心对接，这是比调整利益格局更为困难的维度。法律规则是组织社会生活的手段，虽然是以调整行为为其手段，但其所设定的生活秩序，并不能脱离人心的安顿。法律通过规范行为来引导人们追求幸福生活，这种幸福生活终极意义上关涉人心安顿，体现精神和价值追求。法律制度作为一种规则体系而呈现，但其内在蕴含价值和意义体系，它们反映法律制度所赖以运行的社会建构、价值标准和意义系统。法律规范生活，而生活有不同的向

① 鄂南农村的地权实践，是具有典型性的个案。可参见陈柏峰《"祖业"观念与民间地权秩序的构造——基于鄂南农村调研的分析》，《社会学研究》2020年第1期。

度和活法，它们是受价值和意义引导的。法律生活中的问题，并不全是利益问题，有时利益问题只是表象，活法、价值、意义才是更深层更根本性的问题。简而言之，法律还面临如何与人心呼应的问题。在经济快速发展、社会急剧转型、法治后发的中国，这一问题尤为凸显。

　　法律制度背后隐藏有安顿人生与人心的意图，法治模式之中有人心政治的思路，它们反映不同时空人们的观念、活法和价值系统。中国古代法律制度有其鲜明特色，形成了世界法制史上独树一帜的中华法系。中华法系凝聚了中华民族的精神和智慧，出礼入刑、隆礼重法的治国策略，民惟邦本、本固邦宁的民本理念，天下无讼、以和为贵的价值追求，德主刑辅、明德慎罚的慎刑思想，援法断罪、罚当其罪的平等观念，保护鳏寡孤独、老幼妇残的恤刑原则，等等，都彰显了中华优秀传统法律文化的智慧。[①] 这些优秀法律文化，以及那些没有写入法律制度，存留于非正式制度和习惯的规则，都反映和体现了中国人的活法和过日子的逻辑。今天，中国的社会和文化已经发生巨大的变化，中国人的活法和过日子的逻辑也在发生变化。当下中国人的观念、活法和价值系统是一个复杂的构成，其中既有传统生活的惯性和中华传统文化的底色，也有西方文明观念的嵌入，还有面对当下世界结构和现代生活的能动创造。当下中国人的人生和人心，既有中国文化不变的底色，也有迈向

---

① 习近平：《坚定不移走中国特色社会主义法治道路，为全面建设社会主义现代化国家提供有力法治保障》，《求是》2021 年第 5 期。

现代社会的文化变迁。如何恰当有效地回应社会生活需求，是当下中国法律制度面临的挑战。

如果说，在法律制度移植借鉴之初，法律规则与社会生活的隔膜在所难免，那么，随着社会转型完成和文化发展综合，这种隔膜应当逐渐消解。从理论上讲，法律与社会生活的契合程度会逐渐提高，法律规则成为社会生活的写照和反映，立法成为维护常识、常理和常情，反映社会生活需求的过程，法律规则源自社会生活，符合人们的活法，能够安顿人生和人心。不过，这种状态不会快速到来。而在此之前，法律经验研究需要充分认知法律与利益、人心的互动，分析法律生活秩序的机理。20世纪90年代，苏力在讨论"秋菊的困惑"和强奸"私了"现象时，就触及这一主题。① 其中，既有利益考量，也有"活法"的阐释；既有社会内生秩序机制的揭示，也有法律介入后生活秩序的分析，它们都是对法律生活秩序的分析。如果将法律生活秩序的研究成果应用于立法和法律实施环节，就可以推动法律与社会生活协调的状态早日到来。因此，法律生活的描述、阐释和解释，应当成为法律经验研究的主要场域和典型进路。人类学的质性研究方法、基层治理研究的生活视角，就可以成为有效的方法资源。

人类学的"他者的眼光"，强调站在当地人的视角，以当地人的思维方式去理解当地人的生活世界；反对将外在于"本文化"的思维方式和理论框架强加于对当地事务的理解。

---

① 苏力：《法治及其本土资源》，中国政法大学出版社，1996，第43~47页。

如此，用"异文化"来反思研究者习以为常的文化观念和既有的理论框架成为一种选择。即使在西方社会，也存在法律职业群体与社会大众在法律思维和法律文化上的差异。法律职业群体内部（如法官、律师和其他法律工作者）的价值观念、思想意识、思维方式，以法律职业主义为底色，构成了一种"内部法律文化"。① 社会大众所秉持的观念、意识、朴素正义观等，则构成外部法律文化，是一种以基于日常生活形成的常情常理为基础的法律文化。而在中国，法律职业内部与社会大众之间的思维差异更加凸显，这种内部法律文化与外部法律文化的差异更大，法律经验研究更加需要人类学的"他者的眼光"。中国法治建设过程中，法律制度体系的基本框架来自西方，很多法律规则也借鉴自西方，法学知识体系、教育模式和研究思维也多从西方学习而来，这导致有关法律和法治的知识体系和思维模式，与社会大众的生活存在差异。出于知识储备和思维习惯方面的原因，法学研究者与社会大众存在距离，他们对民众的法律生活知之不多。在这种背景下，法学研究者研究法律生活秩序和法治实践，就十分需要站在主位视角的"他者的眼光"，这样才能理解社会大众的法律生活，理解他们的心态和精神状况，理解他们的生活世界，理解基层社会自治或不自治的内生秩序机制，从而避免法律人的知识偏见和价值霸权。

同样，无论是人类学的民族志方法，还是基层治理研究的

---

① 〔美〕弗里德曼：《法律制度：从社会科学的角度观察》，李琼英、林欣译，中国政法大学出版社，1994，第227页。

村庄生活视角，都可以对法律生活秩序的质性理解提供帮助。民族志方法与村庄生活的视角，某种意义上是异曲同工的，都强调一种全面的考察和整体的视角。这种整体论视角对于理解社会大众的法律生活秩序至关重要。中国的法律推动社会变迁的目标是全面的，法治也进入了"全面依法治国"阶段，而国家能力相对而言还未能跟上需求，因此，基层民众的法律生活，有时还缺乏国家执法和司法机构的有效介入。法律生活表现为一种与法律规则有关的生活状态和秩序模式：法律规则不一定完全有效，也并非完全无效的；人们生活在法律的阴影下，却不一定是完全依法生活的。理解这种生活状态和秩序模式，需要从社会生活的整体出发，需要对特定社会群体生活的基本社会单位进行全景透视，将法律现象置于政治—经济—社会的全景中进行整体理解：理解法律现象是如何生成的，法律生活秩序是如何展开的；理解法律现象背后的人的活法，包括生存状态和思维特性，理解法律生活的意义世界。

三　法律运行过程的研究进路

法律运行过程的研究，是法律经验研究深入当代中国法治的另一恰当切口，它关注当代中国法治是如何具体展开的，力图理解法律在社会中的实践过程、后果和内在逻辑。从过程切入法律制定、法律执行，可以在具体法治过程中理解各种法律现象，探讨各种因素的影响及其作用机制。法律运行过程的研究，可以成为法律经验研究的另一种典型进路。

法律运行过程，包括立法过程、执法过程、司法过程、守法过程、法律监督过程、法治保障过程等环节，这些环节构成了法律运行过程的整体。过程是法律运行所要经过的程序或流程，从这些程序或流程切入，可以掌握法律运行的细节，在具体的细节中勾连各种相关因素和现象，从而进入法治运行的具体进程，从微观、质性层面理解当代中国法治。在此方面，法律经验研究有着规范研究、实证研究等难以比拟的优势。

目前，针对司法过程的研究不少，尤其是对基层司法过程的研究。法律社会学中的司法研究传统较为深厚，产生了大量的学术成果。虽然在法学研究中，规范研究始终占据主流，所以关于司法的研究一直比较重视制度方面和程序方面的内容。然而，只要关注司法的现实状况，就很难仅仅停留于司法制度和程序文本，就会深入司法制度的实际运行之中，这必然涉及司法过程。与此同时，司法场域在每个县域、市域都具有多点性，容易借助调查资源进入，容易开展经验研究。即使最高人民法院，其进入和观察也已经不那么困难，侯猛就曾分析和解释最高人民法院的运作过程及其对社会经济生活的影响。[①] 司法过程的研究较为深入，一个重要的激励因素是司法与法律职业密切相关，容易引起法律人的关注，而且，司法运行和司法管理都对司法过程的知识、经验及理论创新有很大需求。

相对于司法场域的开放性，立法场域具有相当的封闭性，

---

① 参见侯猛《司法的运作过程：基于对最高人民法院的观察》，中国法制出版社，2021。

中央层面立法的有权机构数量不多，地方立法的有权机构虽然近来数量得到扩展，但仍然不多，学者难以寻找到合适的调查资源进入立法场域，更难有合适机会观察真实的立法过程。少有的立法的经验研究，也是以媒体信息为对象展开的。互联网传媒的发展为这样的研究提供了机会，学者可以从中观察媒体议程设置对立法议程的影响。①

守法的经验研究同样较少。虽然 20 世纪 80 年代就开始有对农民法律意识的测量研究，但后续的研究深入程度不够，有学术深度的经验研究才刚刚开始。② 一个重要原因可能是，守法行为涉及个体心理层面，不容易观察，经验研究的成本较高。可能正因如此，守法研究未能形成有吸引力的学术范式，这进一步加大了经验研究的成本。在国家法治规划层面，法治社会建设强调全民守法，然而其具体推进方式主要是"普法"。这从另一个角度反映了守法的经验认识薄弱。

执法过程的经验研究有一些，但还远远不够，尤其是与司法过程的研究相比。就中国法治的特征而言，执法过程比司法过程更加重要。中国法治具有很强的规划特征，无论是立法还是法治实施，中央政权都会予以规划。尤其是中央政府及其工作部门，在立法工作中常常起到主要推动作用，力图通过法律

---

① 参见张欣《媒体与立法的良性互动：以议程设置为视角》，中国法制出版社，2018。
② 参见李娜《守法作为一种个体性的选择——基于对建筑工人安全守法行为的实证研究》，《思想战线》2015 年第 6 期；李娜：《守法社会的建设：内涵、机理与路径探讨》，《法学家》2018 年第 5 期。

来改变重组社会生活；在法律实施中，更是起到明显的主力作用，力图通过贯彻实施法律来达到立法的预设目标。由于司法具有被动性，往往是出现纠纷后，社会主体诉讼至法院，司法权才启动运行。因此，法律要实现改造社会的重任，更多通过行政系统执法来现实。而且，对社会产生实际影响的法律中，绝大部分是通过行政执法主动实施的，通过司法实施的法律规范的量远小于通过执法实施的法律规范的量。执法过程的重要性由此凸显，故而，执法过程的经验研究需要加强。在此认识的支配下，过去几年笔者带领学术团队开展了较多的执法经验研究。①

---

① 例如，陈柏峰：《乡村基层执法的空间制约与机制再造》，《法学研究》2020年第2期；陈柏峰：《乡镇执法权的配置：现状与改革》，《求索》2020年第1期；陈柏峰：《党政体制如何塑造基层执法》，《法学研究》2017年第4期；陈柏峰：《城镇规划区违建执法困境及其解释——国家能力的视角》，《法学研究》2015年第1期；陈柏峰：《基层社会的弹性执法及其后果》，《法制与社会发展》2015年第5期；陈柏峰：《城管执法冲突的社会情境——以〈城管来了〉为文本展开》，《法学家》2013年第6期；陈柏峰、刘磊：《基层执法的"双轨制"模式——以计划生育执法为例》，《华中科技大学学报（社会科学版）》2017年第1期；刘杨：《执法能力的损耗与重建——以基层食药监执法为经验样本》，《法学研究》2019年第1期；刘杨：《"专项治理"科层化的实践机制与制度前景——以鄂中X镇食品药品监督管理所的执法工作为个案》，《法商研究》2017年第1期；刘杨：《基层执法专业化的实践困境及其解释——兼论基层执法的多元属性》，《华中科技大学学报（社会科学版）》2016年第5期；印子：《突破执法合作困境的治理模式辨析基于"三非两违"治理经验样本的分析》，《法商研究》2020年第2期；于龙刚：《群众话语如何"塑造"警察执法》，《求索》2020年第1期；于龙刚：《乡村社会警察执法"合作与冲突"二元格局及其解释——"互动—结构"的视角》，《环球法律评论》2015年第5期；刘磊：《街头政治的形成：城管执法困境之分析》，《法学家》2015年第4期；刘磊：《执法吸纳政治：对城管执法的一个解释框架》，《政治学研究》2015年第6期；梁永成：《论基层执法衍射效应：基于生态学视角的考察》，《法学家》2020年第6期。

　　上述几个方面都很重要，尤其是司法过程和执法过程的研究。法律运行过程的经验研究，就是要从过程的角度研究法律运行，关注法律现象背后的诸种因素，从整体视野揭示法律现象的规律，理解法律运行的逻辑，从具体环节理解当代中国法治实践。

　　法律运行过程研究关注法律运行的动态，以实际运行的法律现象而不是法律文本为研究对象，这与法律制度的研究有所区别。法律运行过程可以囊括很多要素，在规范层面上有法律规则、社会规范等，在行动者层面有行为模式、认知结构等，在运行层面牵涉各种体制、机制等，在社会层面还牵涉各种社会主体、社会利益、社会结构等。法律运行过程是这些层面的要素相互结合、综合作用的产物，法律制度的研究仅仅着眼于规范层面，很难理解复杂的法律运行过程。需要注意的是，法律运行过程不等于法律程序。法律程序是法律事务所应当遵循的法定时限和时序，它由法律规范所规定，以文本方式表述出了部分的法律运行过程。法律运行过程与法律程序相比，一是范围更广，不仅包含法定程序，还包含在政权体制内部运行的过程，也包括法律在社会中的运行过程；二是更具有现实性和动态性，不仅包含法律规定的程序，还包括法律规定之外的程序，更重要的是包括很多未被法律明文表述的互动过程。例如，司法过程不仅仅包括司法程序的运行，还包括司法行为的运行模式和过程，包括司法权与当事人甚至案外的社会公众的互动过程。法律运行过程涵盖相关的所有主体及其行为，是各种行为互动的动态过程的总和。法律经验研究关注法律运行过程，就是要进行实践的、动态的法律现象研究。法律制度、法律程序、法律行为、社会行为等都只是法律运行过程的构成要素。

司法过程研究以司法权运行为重心展开，关注司法权运行的实际过程，从而勾连起司法体制、运行机制、司法制度、司法主体、社会要素等一系列关联因素和现象。司法过程的研究，需要综合运用多种视角，囊括多种关联要素和现象的司法学研究。从广义上说，司法包括立案、侦查、起诉、审判、执行等各个环节，司法权就包括立案权、侦查权、起诉权、审判权、执行权等一系列权力，司法过程研究应当关注上述各个环节的权力运行。在以审判为中心的司法体制下，审判权是司法权的最主要方面，法院是司法权运行的最主要场所，法官是运用司法权的最主要主体。司法审判是起诉的受理、审判人员的选派、庭审活动、裁判形成和宣布、裁判执行等环节组成的行为流程，审判行为的组织基础是司法体制、司法权配置、司法机构体系、法官遴选和管理等，审判行为的观念基础是审判行为的思想保障力量和专业思维方法等。司法过程是在宏观司法体制和微观运行机制下，文本上的法律制度、司法权落实到具体司法实践的过程。司法过程包括司法体制对法院的影响、法院之间的关系、法官管理、审判组织、案件受理、审判人员选派、开庭审理、裁判形成和宣布、裁判执行、案件管理、司法效果评价等一系列环节和各种要素。容纳上述系列环节和复杂要素，才是对司法权运行的完整、全面和动态的反映。因此，司法过程的经验研究，可能需要围绕法院和法官展开。

执法过程研究以执法权运行为重心展开，关注执法行为的实际过程，从而勾连起行政体制、执法机构、执法人员、执法对象、社会性质等各种因素。行政执法一般由特定的执法机构实施，实施中大多存在再规划和规范细化；基层执法机构与立法者存在一定的行政层级距离，法律目标在传递过程中难免出现信息偏差；执法机构与科层组织内部的其他机构存在各种复杂的关系，难免会受到各种"挤压"；执法者直接面对社会和公众，难免受社会性质、空间特性、公众需求、群众素养等因素制约。如何有效执行法律，提高法律实效，使法律规范背后的经济社会政治目标得以实现，是执法系统需要面对的问题。基层执法机构处于执法一线，既有一定的能动性和裁量权，也受到执法系统内外各种因素的制约，基层执法就是一线执法者的能动性和诸种制约的产物，是执法体制在基层社会运作的样式。执法过程的经验研究，可以从两个过程和层面着手。一是科层组织体系内部的任务传递。由于有执法任务的上下级机构、同级部门之间可能存在利益冲突和不均衡，它们可能受相关利益结构的影响，还可能受信息阻滞或能力不足的制约。组织体系的复杂性给执法带来挑战。二是科层组织体系末端与社会的磨合。科层组织体系同法律所要改造的社会是相互作用的，执法者试图将法律变成社会现实，社会力量也会试图改变执法者，法律系统与社会系统之间会发生碰撞与交换、压制与反制，这是一个复杂的磨合过程。社会的复杂性给执法带来巨大挑战。执法过程的经验研究，可以从法律传递、一线执行这两个环节切入，从而勾连起一切相关的因素。

法律运行过程的经验研究，可以从人类学的"过程主义范式"受到启发，也可以从华中村治研究的"农村政策基础研究"受到启发。20 世纪 60 年代，以劳拉·纳德（Laura Nader）为代表的新一代人类学家主张放弃"规则中心范式"，转向"过程主义范式"，关注的重点不再是纠纷解决所依据的规则，而变成纠纷解决的实际过程，研究法律与社会的互动过程，重视与纠纷相关联的行为和过程的描述和分析。"过程主义范式"认为，冲突是出现在整体社会文化背景之下的现象，法律规则不是决定性的，而是纠纷解决过程中谈判的资源，法律程序则是履行规则的手段。[①] "过程主义范式"可以被借鉴用于分析纠纷解决之外的更广泛的法律运行过程，有助于理解法律现象的多样性和复杂性，可以更加细腻深入地理解法律运行。"农村政策基础研究"力图透过政策和制度的实践差异来理解中国农村，展开的主要途径是研究自上而下的农村政策和制度在不同类型农村的不同实践后果，透视产生这种不同后果的乡村社会内生方面的原因。[②] 这种研究思路可以借鉴用于理

[①] 王伟臣：《从规则到过程：法律人类学纠纷研究的理论进路与现实启示》，《中央民族大学学报（哲学社会科学版）》2020 年第 1 期；赵旭东：《秩序、过程与文化——西方法律人类学的发展及其问题》，《环球法律评论》2005 年第 5 期。

[②] 贺雪峰：《论农村政策基础研究——对当前中国农村研究的反思及建议》，《学习与探索》2004 年第 5 期。

解法律运行过程，自上而下的政策过程与自上而下的执法过程具有相当的类似性，用类似视角去看法律运行过程，可以深入社会内部理解法律秩序机制，从过程理解法律运行机制。

四　法律经验研究的时代机遇

基于学术经历和体会，本章阐发了法律经验研究的主要渊源和典型进路，论述具有相当的个人特性。法律经验研究的渊源和进路还可以有很多，一切有效的研究模式和方法都可能被借鉴，从而成为法律经验研究的渊源和进路。法律生活秩序和法律运行过程的研究进路，都只是深入部分典型法律现象的有效研究模式，不一定适用于研究所有的法律现象，更不可能穷尽法律现象的丰富性。某种意义上，法律经验研究的渊源和进路，是难以穷尽的。

中国处于巨大的社会转型过程中，法律经验研究深嵌在时代需求之中，也有着巨大的时代机遇。社会转型是社会全面和整体的状态转变和过渡，而不是某一方面的变迁。这意味着社会结构、社会性质、社会秩序、社会机制等都面临转变，人们的思维观念、行为方式、生活状态、价值体系都会同时发生变化。法律与这些要素紧密关联，法律的运行受这些因素直接或间接的影响，因此理解法律现象必须关注这些要素。法律与这些要素的复杂关系，既有的理论认知还不够，必然需要法律经验研究的深入展开。由于对转型社会的法律现象和法律社会问题的质性认识不足，因此必然需要探索性研究、描述性研究和理论阐释性研究，法律经验研究的旨趣和优势正在于此。一旦社会转型完成，社会结构趋于稳定后，法律经验研究的需求就会有所降低。

　　经验研究几乎适用于人类生活的各个方面，尤其是对于人们知之甚少的领域和现象。① 经验研究的常用方法——参与观察、深度访谈等，可以描述发生了什么，怎样发生，为什么会发生，牵涉到的人或事物，事发的时空因素等，有助于理解社会生活几乎一切现象的发生机理。这些方法尤其适用于理解人类生活所体现的社会文化背景和价值意义，研究现象发生的过程、人们与现象之间的关系及组合、现象发生的时空连贯性和模式。当然，也有一些领域和现象并不适宜用经验研究方法去研究。例如，大规模群体的有关问题、有限变量之间明确关系的测量、众多变量之间关系的锚定，这些问题最好用实证调查或实验方法去研究；还有，社会结构的宏观分析、社会历史进程的解释和预测等，这些问题最好借用宏观理论展开。如果只是了解人们在社会生活中的某一观点及其分布，实证性的问卷调查就够了；如果需要了解人们如何看待某一问题，为什么会持有特定的观点，或者需要他们解释自己的态度，或者举例、描述他们的经验，那么就需要参与观察、深度访谈等质性的经验研究方法。个人问题、社会生活和政治过程中的很多现象，都需要且适合用经验研究

---

① 〔美〕丹尼·L.乔金森：《参与观察法》，龙筱红、张小山译，重庆大学出版社，2009，第 2 页。

方法在微观层面或中观层面展开研究。①

　　同理，社会转型期的很多法律现象和法律社会问题，需要且适合用经验研究方法去展开研究。第一，这些法律现象和问题，往往需要一种"局内人"的视角，需要深入特定群体的社会互动及其潜在环境和价值意义系统中。而在转型社会，这恰恰较为困难，其中有法律职业与社会生活区隔的原因，更多则是因为，随着社会日益复杂化，不同群体、阶层、职业日益区隔，彼此之间越来越隔膜，互相不理解对方职业和领域的运行机制和现象规律。法律经验研究可以用适合的方法进入陌生领域，去理解和阐释法律现象。第二，这些法律现象和问题，在日常生活情境或特定职业场景中可以观察到。对法律现象普遍规律的认知，需要洞悉具体场景的具体机制，这需要进入法律现象的"田野"，在其中探索法律现象的规律。法律存在、运作或产生影响之处都是法律经验研究的"田野"，②只要进入田野，就可以观察、分析法律现象的规律。第三，这些法律现象和问题，在规模和范围上较为有限，不至于过大或过于复杂，可以通过质性的经验资料加以说明和阐释。因此，适合进行质性的个案研究或类型化研究，通过参与观察、深度访谈等方法收集所需要的经验素

---

① 〔美〕赫伯特·J. 鲁宾、〔美〕艾琳·S. 鲁宾：《质性访谈方法：聆听与提问的艺术》，卢晖临、连佳佳、李丁译，重庆大学出版社，2010，第2~3页。

② 王启梁：《法学研究的"田野"——兼对法律理论有效性与实践性的反思》，《法制与社会发展》2017年第2期。

材。同时，绝大多数相关的"田野"都具有相当的开放性，学者容易进入相应的场景。

转型社会的法治，面临法律和知识的有效性挑战，从而需要法律经验研究。在变化缓慢的社会，既有知识体系的有效性往往较强，从而表现出"教条"的特征。在转型社会，常规的社会科学知识的有效性降低，既有的法律规则在实践中也常常受到质疑，因此在制度层面需要重新"立法"，在知识层面需要重新认识社会复杂性。现代社会都是复杂社会，法律介入社会生活的程度较深；中国进入全面依法治国的新时代，法治正以前所未有的方式介入国家治理和社会生活。在这样的背景下，法治面临巨大的法律和知识的有效性挑战。以往的经验、解决问题的方案是否合适，往往成为问题，需要重新检验。法律常常有错，而怎样的法律是合适的？如何使法律变得"正确"？既有的知识体系并不好直接回答，它们成为需要深入研究的问题。研究这些问题，就要追问法律现象的规律、机制和原理，追问法律在社会生活秩序中的实质位置，实质性地考察法律与其他因素的关联。这些都无法来自法律和法律方法本身，而需要从法律之外、法治实践之中去寻求答案。而且，这些问题很难在预设的理论框架中按既有的思路去寻找答案，量性研究的作为空间有限，需要质性研究的探索。这正是法律经验研究的时代机遇和时代任务。

法律经验研究，要理解众多法律现象的复杂性，包括其内在机制、外在条件、社会基础、实践过程等，探讨各种因素在法律实践中起到了何种作用，以及通过何种机制起作用。具体而言，需要理解以下几个层面的问题：一是法律制度及其内在逻辑，即某一法律制度安排的规则含义，以及如此安排的出发点；二是社会内生的秩序机制，即法律制度干预之前社会生活的秩序实践，及其之所以如此的内在机制和原理；三是法律在具体场景中的实践，尤其是相同或相似的法律制度在不同场景、不同时期实践后果的差异，进而导向一种比较，以此增进对法律实践复杂性的理解，增强对具体实践机制的解析；四是外在条件对法律实践所构成的制约，包括宏观的历史背景、现实结构和微观的社会基础、民众素养等，从而理解法治实践的资源条件或约束。着眼上述方面，法律经验研究可以理解法治是如何具体展开的，理解具体的人在法律制度下的生存状态和生活逻辑，理解法律在社会中实践的过程、后果和内在逻辑，理解法治实践的内在机制和外在条件。

正因如此，法律经验研究需要整体论的视角，由法律社会学研究传统、社会人类学研究传统、基层治理研究传统构成其主要渊源，成为构建典型研究进路的重要资源。法学内部也有整体论视角，不过多是为了法律实践尤其是司法实践中的疑难案件裁判。[①] 而人类学和基层治理研究中的整体论，强调将社会生活作为整体来观察，强调各种要素之间的关联性，探讨各种构成要素如何在法律现象中起作用。法律现象存在于更大的

---

① 例如德沃金对法律原则的强调，〔美〕罗纳德·德沃金：《法律帝国》，李常青译，中国大百科全书出版社，1996，第227~230页。

政治体制、社会文化背景中，人的法律行动、法律制度的运行都需要从整体性的进路去加以理解。这既是一种知识论，也是一种认识论。法律生活秩序和法律运行过程，都是理解法治的重要视角，可以勾连起更多的构成要素，从而成为法律经验研究贯彻整体论的典型进路。在此意义上，可以说，对法律生活秩序和法律运行过程的关注，都是法律经验研究回应时代需求的重要研究进路。

2013 年，"法律和社会科学"年会在云南大学召开，在年会召开的前两天举办了第一届"社科法学研习营"。研习营以"法律的经验研究"为主题，邀请了 16 位教师主讲和评论。附录一是笔者在研习营上授课的实录。

　　大家下午好，按原计划本来是要给大家谈地权问题，顺便讲讲自己关于地权问题的研究经历。但现在要改变一下话题，想给大家谈一谈华中村治研究群体的研究方法。对于各位同学来说，研究方法比具体的某个研究题目可能更为重要。

　　华中村治研究群体被称为"华中乡土派"、"乡土社会学派"等，它在本土社会背景和学术环境中发展起来，带有鲜明的本土问题意识和团队方法特征。有一点应该是没有争议的，那就是华中村治研究群体在中国所做的田野研究是最多的，成果量也是最大的。这些研究成果也引起了不少争议，有一些学者提出批评，当然更多学者是持赞扬的态度。

一

今天主要介绍一下我们做研究的方法。从个人的研究经历和感受来说，这些研究方法对初学者的研究是很有帮助的。当然，初学者光从书上看怎么做调研其实很难有理想的效果。

像我这样学法律出身的人进入经验研究，其实很偶然。这有地域因素的影响，因为武汉是全国农村研究的中心。记得2004年，我的同学尤陈俊（他现在就坐在这里）约我一起去拜访我后来的导师贺雪峰教授。在此之前，我看过贺老师的一本书《新乡土中国》，觉得挺不错。后来也找了他的几本书来看，但印象并不是太好，觉得讲的都是些鸡零狗碎的东西，看起来没什么理论底蕴，连脚注也没几个，似乎都是他自己在讲农村的事，给人的感觉是没有学术传统。然而，过了几年，我进入田野以后再回过头去看，感觉和看法就很不一样了。当时看不懂，是因为自己还没有达到一定的高度和深度。

在法学院里，如果你爱好学习的话，老师指导你读书时，一般会建议从柏拉图读起，然后是亚里士多德，沿着这个思路去读西方名著。但是，当你读到黑格尔或康德时，估计就读不下去了，对不对？法学院中爱好学习的学生，很多都是按照这个思路去读书，但其实很少有人真正读完几本著作。我算比较用功的，（笑声）是认真地一直读到黑格尔，康德的著作就读不懂了。我读这些著作也很勤奋，但还是感觉自己对经验问题更有感觉，也更感兴趣一些。

　　我最早关注经验问题，与一位大学同学有关。这位同学本科毕业后就在新华社湖北分社工作。他刚工作的时候经常来找我，我那时在读研究生。他问我为什么有些人收到法院判决后总是不服，到处上访，还跑到新华社来找记者。他告诉我他那里有很多上访材料。我最初对这些问题的兴趣不大，也回答不了他的疑惑。有一次我这位同学发火了：你读那么多书有什么用，我讲的实际问题你根本没法回答！这话有一点刺激到我，让我下决心弄明白他说的问题。后来我就去新华社把他那一沓材料全都提回来。那个暑假我就一直研究那沓材料，最终写了一篇文章，2004 年发表在《中外法学》上。① 这篇文章就是我研一的暑假，受那位同学的刺激而写的。他帮我开了这扇窗子以后，我感觉处理经验问题比处理理论问题更愉快，面对理论有时候是很受挫的——读不懂真的很受挫。

　　研二的时候，我与尤陈俊拜见贺雪峰教授以后，贺老师觉得我对经验问题有兴趣，感觉挺好，于是给了我一些资助，建议我去做调研，硕士论文可以做经验研究选题。后来我就以经验问题为研究方向完成了我的硕士论文，前几年已经正式出版了②。再后来我跟随贺老师读了博士。

　　现在华中学派以贺雪峰教授为中心，聚集了很多研究人员，做调研的强度和规模非常大。我带学生，也要求他们做调

① 陈柏峰：《缠讼、信访与新中国法律传统——法律转型时期的缠讼问题》，《中外法学》2004 年第 2 期。

② 参见陈柏峰《暴力与秩序——鄂南陈村的法律民族志》，中国社会科学出版社，2011。

研。这些学生大部分是法学院的，但不限于法学院，有一些是经济学、政治学、社会学或者工商管理专业的，各种专业的都有；他们读书选择比较多的也是社会理论的书，有时候我也带他们去做调研。从我 2004 年认识贺雪峰教授，2005 年跟着他做调研，到现在也有七八年的时间了（当然，他之前也有很长的研究经历）。我们华中这批人慢慢地形成了相对成熟的研究方法。研究方法是逐渐形成的，我刚开始跟贺老师做调研时的一些方法，跟我们后来用的就不一样。

大概是 2008、2009 年以后，我们这群人形成了一个相对固定化的、自己总结的研究方法。尤其是对于初学者来说，这种经验研究方法相当管用。我们的资质不是那么高，贺老师就是这么说的。他说北大、清华那些人，都比我们聪明，人家智力就是要高一些。我们这些智力一般的人怎么去做学问？我们可能要去用笨办法，那么有没有巧办法？华中村治研究群体摸索出来的，很大程度上就是巧办法。我的学术产出量是比较高的，很多老师觉得我真勤奋，成天去做调研，真辛苦。其实他们不知道的是，做调研是一个成本很低而收益很高的活儿。确实是这样的，这比做法律史研究要轻松很多。做法律史研究的学者用三个月的时间写一篇文章，还会容易被人质疑很轻浮——三个月就写一篇文章，太轻浮了！史料有没有搞清楚都是问题。但是我花一个月去做田野调查，再用一个月梳理田野经验问题的学术谱系，剩下一个月就可以写几篇文章了。所以这个效率是很高的。当然这跟农村研究本身有关。如果你做城市研究，可能就没有这么高的效率。农村研究和城市研究所面临的权力结构是不一样的。中国农村正处在一个转型时期，它是训练我们经验质感很好的场域和机会。你做了农村的田野调查以后，不一定以后都选择农村作为调查对象。像我带的研究生，现在坐在下面的刘磊同学，他的硕士论文就以城管执法为选题。他在城管局待了几个月做调查。同样坐在下面的于龙刚同学，他的硕士论文是关于警察执法行为的，他为此在两个派出所呆了几个月做调查。虽然他们都不一定要专门做农村的调查，但是他们都会在农村做调研以训练自己的经验质感。

二

我要给大家介绍，华中村治研究群体是如何在农村里面训练对经验现象的质感的。这是个很重要的问题。

经常有本科生或研究生找我说，他们申请到了一个课题，想设计调查问卷，请我指导指导。这时候我觉得很为难，感觉没办法指导他们。同学们很热情，我不能粗暴地直接说。有的同学如果确实有学习的热情，而不只是为了申请项目用作未来保研等实用用途，我就会跟他们说，我开了一个读书会，你到我的读书会来，多学习理论，我们才好进一步交流怎么做研究；至于项目结项很好应对，我可以指导写作的思路，你现在不用着急，到结项时好说。支振锋教授上午跟我说他审了一篇文章，觉得挺好，最后交谈下来发现正好是我曾带过的一个学生写的。这个学生大一时找我指导他申请的项目，然后听从了我的建议，从大一开始就跟着我读书，读社会理论的书，奠定了比较好的基础，读了研究生以后，就慢慢进入经验的研究，很快就有感觉。

华中村治的经验研究方法，从粗的方面讲，就是要"练两经"。两经是什么呢？一个是读经典著作，一个做经验研究。读经典就是要求所有的学生在硕士阶段以前尽量不做调查，要读书，而且要读经典著作，读那些被实践证明了的、是某一个学科的经典的著作。比如说社会理论的经典著作，可能有那么几十本书。还有管理学、经济学、法学方面的。随便什么专业的书都可以，但是要读经典著作。读书会一般从本科的时候开始，到硕士时主要任务仍然是读书。但是硕士时开始慢慢地进入田野，在暑假或者寒假时进入田野，平常是不去做田野研究的。做田野就是老手（老师和博士师兄师姐）带着新手去做，硕士生作为新手也没有任何硬性的任务，就是跟着去看田野调研怎么做。

在硕士阶段之前基本是要求读经典著作，但是进入硕士阶段以后，也要开始读一些研究性的著作。我们一般都会特别强调，不要读华中村治研究学者自己的著作。这有点反其道而行之。因为一般的老师会要求学生读他的书，说你连我的书都不读，那你怎么领会我的意思？但我们要求大家不要上来就读自己的著作。当然也有很多学生悄悄地去读了，因为你进田野的时候，很多东西你搞不明白，都进入不了调研讨论时的话语系统，所以想去看之前的人做的研究。但是一般这个时候还是以读经典著作为主。到了硕士高年级以后，到面临写作硕士论文任务的时候，才会正式地进入田野，或者借助暑假的机会，或者单独地做一些田野研究。

关于田野研究的方法，贺老师有个说法，称为"饱和经验法"。"饱和经验"就是说要做很多很多的经验调研。那怎么个多法呢？他有一个要求，就是要求每个博士生，每年至少要有一百天住在农民家里做调研。在贺老师那里，你到博士阶段基本上就没什么时间读书了，再读书的话只能偷偷地读，因为贺老师已经把你的时间全部安排了。博士阶段每年至少有一百天在调研，这个时间就占据了（一年的）三分之一。你调研回来，基本上就很疲倦，休息几天以后，你想写一下调研报告，但是你关于这个调研报告的想法还没完全写出来时，下一个调研又被安排了。而且贺老师要求在做博士论文之前，必须至少要在十个左右的省份做过调研。

在这种训练下，大家的经验感会提高。我们刚进入这个领域的时候，有很多老师说你们虽然写了那么多东西，但我觉得创新不大啊。但贺老师认为重要的不是这个阶段来创新，创新是博士毕业之后的事情。他对年级高一点的学生的研究会提创新的要求。比如说我的兴趣比较广，碰到什么都有兴趣，想要研究。他就经常批评我说，你要在一个地方挖深井，不要再像以前一样，不要东一锤西一锤。他对博士生的要求，跟对工作以后的学生的要求就不一样。对博士生的要求就是你什么都应该去关注，你不要想着你是做什么研究的，你就是要去做农村研究，去培养经验质感的。这种"饱和经验"的特点，首先是量比较大，然后是在调研的时候，他不给你具体任务，没有预设任务，所以是不预设目标的。

当然这不代表我们调研时没有提纲。我们做调研时也有提纲，但是是很粗的提纲。在我们这里，拟定提纲最早是我和董磊明老师的摸索。记得有一次在河南开封做调研时，我们俩有时候问这，有时候问那，有时候这会儿想着说，待会儿把另外一个问题也问一下，后来却忘记问了，就觉得挺可惜的。那个人那么能聊，我们当时怎么就忘了问那个问题呢？后来我们就觉得应该列个提纲，说以后这么十个八个问题，每个人都问他一遍。这才慢慢地有了提纲，刚开始提纲都没有，见到人后就聊天，发现什么有趣就去研究什么。我们慢慢地发展出来一个"半结构化"的提纲，就拿着这个提纲去访谈农民。

这样提纲是有了，但是没有目标；它有问题域，但没有具体的目标。有的人下去调研（比如说有很多做定量研究的），目标很明确，比如说就是要下去验证一下社会团结与村民政治意识之间有没有关系，所以他可能很明确地有多少个问题需要被调查者去回答。而我们觉得进了一个村以后，有好多问题都需要关注，土地问题、水利问题、农民纠纷怎么解决的、婚姻问题、家庭问题，很多问题都要去问一下。你问不同人，他的兴奋点会不一样；发现哪一个问题在这个人身上值得挖掘，就继续往这一方面深入去问。比如说，你发现一个访谈对象对农村婚姻仪式的变迁很清楚，他是个礼生，负责主办红白喜事这些事情的，那就重点问这方面的事情；另外一个人是"老掌盘子"，他经常解决村民之间的纠纷，他这方面很有经验，你就去问他这个；还有一个人是村干部，经常到外面跑项目的，你就去问他关于项目的问题。就是说，看他的兴奋点是什么，你就去问什么。

三

这种调研方法，第一是前面讲过的不设目标，第二是要总体把握。之所以要讲从总体上去把握，就是因为对一个现象的解释，往往需要与其他现象关联起来理解。你发现这个现象很有趣，要解释它，就需要了解各方面的信息。

举个具体的例子。中央电视台曾报道过，说现在礼崩乐坏真不得了，农民办丧事的时候，放的却是《今个儿真高兴》这样的歌曲。（笑声）确实是这样，我见过，而且不但放这样的歌曲，还有脱衣舞表演。（笑声）我见到一个案例，属于比较极端的。他老娘死了，办丧事，外面表演脱衣舞。老头子就不愿意了，要把他们赶走。他儿子就说不行，对表演的人说你们继续。表演的人问我们到底听谁的，儿子说谁给钱你们就听谁的，于是就继续表演。中央电视台找了个民俗专家去对这种事情进行评论。这个民俗专家说，现在礼崩乐坏，只是在这个基调上进行道德谴责。我们研究问题，是要进行更深层次的社会科学的解释，不能仅仅道德谴责了事。这个民俗专家之所以只是泛泛地做些道德谴责，坦白地讲，是因为他没有深入研究这个问题，而人们又把他们当专家去咨询，这时他就只能应付一下。

如果换成我，我会用竞争去解释。这实际上就是一种"面子"的竞争，因为现在大家都很忙，你不办一点涉黄的东西，大家就没兴趣去。（笑声）大家都不去，就会导致你办丧事很冷清，就觉得人死了没意思。你只有办一场脱衣舞，吸引大家都去了，就显得热闹。人死了办丧事的场面，其实就图个热闹。虽然有白喜事这么一个说法，但是人去世是一件比较悲伤的事情，对不对？而且应当是一件严肃的事情。这个时候你唱《今儿个真高兴》真的不恰当。我外公去世的时候，乐队也播放一些喜感的歌曲。我当时有点生气，就要去管这个事情。我母亲就拦着我不让我管，她说你是外面回家来的，要给大家尽量树立好的形象，这种场合你不能发火。她说现在都这样，你管那么多干嘛呢？那是她爸爸去世了！（笑声）对这种现象，你要进一步解释它为什么会这样。这就需要社会科学的解释。你在调研这个问题的时候，如果只关注一个方面，根本就不会知道原因究竟在哪里。从一个现象本身是找不出解释这个现象的因素的。哪个因素可能有用，之前是不知道的，是无知的。所以，你掌握的因素越多，就越有可能把解释链条给找出来。这就是我所说的要总体把握。

总体把握的另外一面是要注重细节的例外。访谈是个很容易令人疲倦的过程，因为见了十个人，问了同样的问题，而那些问题的答案你常常还都知道，也就说你问他们的时候，你常常是知道答案的。但是，是不是说你知道答案，你就不用问了呢？那也不行。我去了那么多的地方，大概有十几个省，大部分农民会怎么回答问题，他说真的还是假的，我通常都知道，只有百分之一的意外。虽然最后的学术创新就藏在那百分之一的地方，但前面那百分之九十九的无用功，还是必须去做，而且必须聚精会神地去做，因为你不知道哪个地方是百分之一，所以就必须不断地重复。尤陈俊有一次和我一起去山东青州做调研，我们见了人重复地问问题，然后他就疲倦了、麻木了、睡着了。（笑声）

做调研有时候确实非常疲倦，也有很恼火的时候。有一次，我一个人带了三个新手去做访谈。一上午是我在问，一下午还是我在问，我上个厕所，他们都等我出来再问。（笑声）这个时候是最累的。如果我带个熟手的话，我问一会儿后，如果不想再问了，就会说你问吧，我记笔记。这样我就可以轻松一点。一个人做访谈是很累的，因为你的精神必须集中。虽然调研很累很疲倦，但为了这百分之一的意外可能成为学术创新的地方，就必须坚持下去。

我们去访谈的时候，大部分地方是用已经学过的理论可以解释的，而碰到那个意外的地方时，就会觉得这个事情怎么这么奇怪，不理解。不理解，就是没办法用已经掌握的理论去解释它。因此，你得有理论准备。没有理论准备，你根本就发现不了问题。比如说，农民对自己的生活很熟悉，你问他什么，他就觉得这还不简单么，你们这些大学生怎么这么傻呢？还有的时候，他认为就是这样的，这个问题你不用多想。比如说，你问他这个人为什么自杀，他就说还不是因为家里没钱。千篇一律都是这样回答。你要问他为什么另外一个家里很有钱的也自杀，他就说有钱他精神就空虚嘛。（笑声）农民总是用这种日常生活中大众传媒传播的那一套解释模式去解释一切，他还不觉得有任何矛盾。但作为一个研究者，你就能发现问题。贫穷和自杀之间有没有联系？这就要严谨地去分析，不是三两句话就能解释清楚的。或许贫穷对自杀有影响，但贫穷不是直接因素，它会通过一个中间变量去影响，那么你去调研的时候，就要总体把握，把中间变量给找出来。

所以，这里面涉及的第三点就是不要怕重复。重复也是一种工作，也是调研时必须的。你去一个陌生的地方，往往在第一天、第二天、第三天会觉得很新鲜，因为你没去过这个地方，别人讲的什么都是新鲜的，都是有感觉的，都是增进了你对这个地方的理解。但是接下来一个星期的话，可能做的都是无用功，之前别人都和你谈过了。可能到第十一天的时候，你发现了一个新的问题。这就要你不断地去重复，或者你过了几年以后回去看，还会有新的感觉。我上午本来想问朱晓阳老师一个问题的，但是没来得及问。人类学家的任务通常就是所谓的"进村找庙"。朱晓阳老师在小村住了十几年，他到现在才发现村里的那个石猫猫对村民来说是很重要的。你们想过这个问题没有？朱老师当年在小村当知青，后来就做这个地方的研究，他最近几年才发现那个石猫猫原来很重要。其实这是非常正常的现象。那些熟悉的不能再熟悉的东西，经过一段时间之后，可能会重新陌生化。你这时再去研究它，重新熟悉化。这是做田野研究必经的一个过程。

四

再举个例子来说。我的博士论文研究的是"混混"。很多人见我这个样子，说你是不是跟混混一起混，混进去了刚出来？（笑声）大家老喜欢拿我的博士论文跟我开玩笑。

有不少对古代边缘群体的研究，例如流民、光棍、地痞无赖。"混混"跟之前的这些群体是没有血缘关系的，甚至可以说是一个新的社会现象。那么这个问题又是怎么发现的呢？源于我跟罗兴佐教授一起去调查水利问题。回来以后，贺老师就问我有什么感受啊。我当时评判问题很道德化，就说你们荆门人真坏。（笑声）一个人在外面坏还不是最坏，中国人在外面坑别人是常见的，（笑声）但是在家坑自己的亲人、家人、邻居，这就比在外面坑人的坏得多。当时调研得知这样一件事：两家人因为水利灌溉时争水，两个人打了架，第二天出现什么情况呢？这两家人各纠集了一帮混混弄到村里去了，一边几十人。这怎么得了！就为了一点水而吵架，就把混混全都搬到村里面去了。那些混混都是在市区里面混的。这个在我的老家是不可想象的。所以我回去就说荆门人比较坏。贺老师先是把我批评了一顿。他本来对大家说荆门人比较坏心里就感到不舒服。（笑声）然后他从我说的例子出发有深刻反思，后来在

《读书》上发了一篇文章,题目叫"私人生活与乡村治理研究"①。他感慨说,自己每年都要回荆门去做调研,做了十几年的农村研究,很多同学和朋友都经常谈到混混这个再熟悉不过的问题,自己却一直熟视无睹,因为根本就没将之当作学术问题。

后来我做博士论文,其实更想研究农民自杀问题,由于贺老师的坚持,我最终选择了研究混混问题。这就是一个关于怎样发现新的研究对象的例子。我敢说这是一个新的问题,因为过去虽然有看似与其类似的群体,但是混混却是改革开放以来重新崛起的一个边缘群体。一个社会的秩序与边缘群体是有极大的关系的。革命是怎么回事?革命就是少数知识精英把底层的边缘群体给动员起来了。一个社会如果不把边缘群体安置好的话,是很危险的。而对于混混这个群体,我们之前却几乎毫无研究。对于我来说,发现这么个很有意思的学术问题,完全是出于意外。

其实我们很多学生的问题都来自意外,都是原先在不断的重复当中没有什么感觉的,结果过了很久以后,不一定是在田野里面,可能是在生活里面的别的方面发现了问题。比如说本土心理学方面的一些研究。我自己有一篇这方面文章是比较得意的,专门研究"气"的文章,② 是从社会学的角度讲本土的概念以及它是怎么样牵扯本土生活的。提出"气"这个日

---

① 贺雪峰:《私人生活与乡村治理研究》,《读书》2006 年第 11 期。
② 陈柏峰:《"气"与村庄生活的互动——皖北李圩村调查》,《开放时代》2007 年第 6 期。

常生活中的概念，这本身就很重要。虽然这篇文章可能从学术规范或者逻辑结构上讲不是那么完善，但以后的人再要关注这个问题，可能需要重新审视我讨论的这些内容。所以说在田野调研里面，关键的是意外。

这种意外跟读书是一样的。我叫同学们去读书的时候，有很多同学说老师我资质不行，师兄们一个星期读两本书，而我两个月两本书都没读完，或者我读完了但真不知道他讲了什么，合上书后就觉得没读过。（笑声）我说你读书得有一个量的积累，你的阅读能力才能提高，如果你没有量的积累，你的阅读能力是不会提高的。读书不一定是为了去做研究的，其实读书最主要的是培养阅读能力。你毕业后去律所，去会计师事务所，面对这么高的档案资料，要把它的条理理出来，而你只有三天的时间。缺乏阅读能力，你能知道哪个地方是重点么？调研和阅读是一样的，第一次去时你只是小跟班，等你去得多了以后，经验丰富以后，你就慢慢可以提出一些问题，你就会发现些既有理论解决不了的问题，发现掌握的工具还解决不了的问题。而这些就是意外。

五

从具体的方法来说，刚才已经讲了，我们要进行多点调查，要去很多很多地方，要做区域比较。我甚至觉得经验型知识大多来源于比较，没有比较的话，是很难发现掌握的经验知识的。农民对他的生活非常熟悉，但是他发现不了问题，因为他没有比较，也不太有办法进行比较。但是如果比较了两个不同的地方，差异的感觉就会非常强烈。为什么两个地方会不一样？这个时候就会去提问。

很多做中国本土问题研究的学者，其实不只是在做中国具体的研究。包括苏力老师，我觉得他也有比较，只不过和华中村治研究的比较对象不一样。华中村治研究是把中国不同的地方拿来比，而苏力老师更多是把中国和西方国家进行比较。之前那么多人去了新疆，也没见到他们受到多少学术性启发。而苏力去西藏、去新疆，就比较出很多问题。这些知识在他那里一比较以后，就会发现问题，然后他就回去找文献，看别人是怎么解释这些问题的，他发现这些解释都无法令人满意。他不满意，这就是他的学术增长点。学问就是这样做出来的，要不断地去接受刺激。

华中村治研究群体做的调研，可能在异文化的强度方面不是那么高。我是湖北咸宁人，老家在文化上的感觉更靠近江西。同样是湖北的农村，它们之间其实还是有差别的，还是有性格地图的。当然，要说不一样，每个村庄都不一样。但当放在一起比较的时候，就会发现这一片的村庄和那一片的村庄真的不一样。有了调研过的很多点以后，就会发现区域性的差异。中午我们和朱晓阳老师吃饭的时候，朱老师就说小村和隔壁的村肯定不一样。我们当然不否认这一点。不同的村庄会受到很多偶然性因素的影响，它们肯定是很不一样的。但是在这些"不一样"当中，也可以提炼出"一样"出来。比如说昆明的两个村庄的差别，如果拿去跟湖北的村庄比的话，可能共性就更突出。这种共性，做了大量调研后才能发现。

我们做的调研通常都是集体调研。去调研的时候，不是所有的人都放到一个地点。我们是四五个人一组放在不同村里，蹲点调研。调研两天以后，大家会从分驻的不同村庄聚集到镇上开会。开会的时候，大家会把各个村的情况汇总起来互相交流。这时你就会发现大多数情况下它们的共性是很大的。在一个村蹲点调研一两个星期以后，还可能去镇上找干部把每个村的村长或村支书都叫到镇上，然后跟他们谈。这样一来，至少一个镇的情况就比较清楚了。干部尤其是乡镇的干部，他们都是在全县范围内流动的，对全县的整体情况往往都很了解。他会跟你讲，我们县南片和北片还是有点不一样的。听他讲一个县域的情况后，这个地方的同质性程度有多高，你就会有一些把握了。当然，人不可能两次走进同一条河流，也从没有两个事物是完全一样的。关键是共性在什么地方。所以必须进行多点的调研。我们强调区域的比较，而不是说多点的调研、多点的比较，就是因为同一个区域的不同村庄之间有一定的同质性。对于学术研究来说，过于偶然性的因素，很多时候没有很大的学术意义，虽然并不总是这样。找出一些共性，可能会更有用一点。举例子来说，比如农民上访。不是说农村负担越重的地方，或者政府行为越不受约束的地方，上访就一定越多。事实也有可能是，那个地方的政府行为很不受约束，而当地的上访数量很少；那些政府比较受约束、比较讲规矩的地方，反而上访数量更多。在具有区域共性的前提下，怎么去解释这种现象呢？这就需要进一步研究并给出答案。

集体调查和现场研讨，这也是我们慢慢发展出来的调研方法。从这方面来说，我觉得毛主席真得很厉害，他没受过社会学的训练，但他干什么都很高明。他没有受过系统的学术训练，但读他的调查报告，你会发现他跟受过系统的学术训练的人（如费孝通）讲的很多东西有相通之处，有共同点。毛主席讲一个人怎么对很多人做调研，他的控场能力不是一般的强。这可能跟人的气场有关，有的人气场大，有的人气场就小一些，气场小就控制不住场面。毛主席对方法讲得比较少。我记得他讲到方法时最后说："具体我就不多讲了，同志们还是下去吧。"下去后自然就会有方法。方法其实不是那么重要。毛主席说只要你和农民做朋友，农民就会跟你讲。成为朋友之后，你甚至可以"逼问"他们，提让他们感到为难的问题。在他们在"逼问"之下，可能提出一些值得你深究的因素来，会启发我们思考的方向。

集体调查的时候，不同的人在不同的地方做调查。有一对一的调查，不过比较多的是一个老手带着几个新手跟一个人做访谈。新手的提问有时候方向不明确，而且会提一些离奇的问题。但这些并不是没有意义的，有时候恰恰是那些离奇的问题，可能激发了农民的表达欲，或者是农民突然在这个问题上找到了他对你的优越感，然后他的表达欲就突然出来了。如果说什么都是由你来控场的话，农民就没有优越感了，他会觉得很被动。有时候你问一个很幼稚的问题，他就很有优越感。（笑声）他给你解释这个问题。那你要的答案也就来了。所以说调研本身没有那么多的讲究。也不一定要喝酒，虽然个别场合要喝一点酒，但是你只要能表现真诚，别人一般也不会逼你的，又不是整人。我讲的表现真诚，就是说即使像我这样酒量不大的，场面上也能很好地应对过去。当然，你要是一点也不喝，有时也不行。确实不能像我的同学尤陈俊，他就经常一点也不喝。（笑声）

六

我们的研究是不分专题的。在研究当中有时会碰到这样的情况，就是说提问过程中觉得对 A 问题更有兴趣，所以就去问 A 问题，但等我要去研究 A 问题，还没研究出来时，我发现 B 问题更趣，我又去追问 B 问题了。所以我总是在路上，我没有一个项目是按照原先的计划结项的。（笑声）我结项的时候，总是觉得自己是在敷衍了事，还有好多问题没有去研究，真的是这种感觉。比如说我承担的那个研究土地的教育部项目，虽然已经将成果上交并结项了，但是这里面有好几个问题还没有展开论述，还应该再去做深入的研究。其中有一个问题我同黄宗智先生提过，土地制度在某些地方实践是"通三统"的。黄先生很感兴趣，但是我一直没有时间去做专门的研究。在我调研的那个地方，形成了一种非常奇怪的、但是广受认可的地方性制度。讲这种制度背后是"通三统"的，就是说三个时代的因素都在实践中有影响。① 这非常有意思。

我个人的研究在面上铺得太广，有时候精力顾不过来，但是做研究就是要对社会有好奇心。如果确实觉得这个问题有意思，就会去探索是怎么回事，碰到有意思的问题就舍不得放下。我们做基层研究的，都不是只研究一个问题，而是很多问题交叉进行的。比如说信访问题，我关注了十多年。2004 年发表了一篇文章，2006 年发表了另一篇文章，但之后一直到2010 年，我都没有再写这方面的文章。虽然每次调研时都关注这方面的情况，但是并没有特别强烈的刺激点促使我做出更深入的研究。直到后来我读了师弟申端锋的博士论文，很受启发，后来我又继续做了信访研究，写了几篇论文。

研究不分专题，同样体现在理论阅读方面。我指导学生读书时，要求广泛涉猎、不求甚解。如果事事都一定要求甚解，其实是不可能的。某一个词是什么意思，这可能有很多种说法，有几百个人讲过，有时很难求得准确的理解。经验研究需要很多理论工具，比如你用马克斯·韦伯的理论或吉登斯的理论作为工具，但如果这两个理论对研究的问题毫无帮助，那怎么办？这时你就必须借助于其他的理论工具，一个理论没有用，就换另外一个，总有一个会有用。人的精力有限，很难事事都求甚解，很多时候只要大致把握它的意思就可以了。只有当你觉得这个理论大概有用的时候，再把关于这个理论的那本

---

① 后来对这一问题进行了研究。参见陈柏峰《"祖业"观念与民间地权秩序的构造》，《社会学研究》2020 年第 1 期。

书重新找出来去读。这是说不分专题。

每个人都要有一个总体的质性感觉。等有了总体的感觉以后，由于人的精力是有限的，可能需要找一个研究点来挖深井。当然，我们的理想很远大，所能做的总是很有限。但是，如果没有"取法其上"的目标的话，那么最终可能连"得乎其中"的成绩都做不出来。

七

有人说，华中村治研究是朴素的经验主义；或者说，是下乡找问题。这些批评不是全无道理，但有不少误读。比如这些批评将一些研究习作看作代表性的作品，但实际上我们写的一些东西自己并没有太当成一回事。刊物的编辑要求修改的时候，我们甚至觉得有点麻烦，因为靠我们当下的能力，再怎么做技术性的修改完善，也改变不了实质意义上的学术高度。如果再过几年，在另一个高度再来看其中的问题，我们可以写出更高水平的文章。一般性的习作，就像那种讲一个政策问题的，其实没有太高的要求。真正比较核心的问题或重要的作品，最终是要指向一个制度或一个理论领域的。

中午我们一起议论时，很多老师，比如张芝梅老师，都说西方理论很多时候确实不适合中国的情况。做经验研究常常会有这种感觉，但是我们自己创新理论又存在不少困难，毕竟不可能一下子就提出跟吉登斯的理论相提并论的理论。如果能在某个小的领域中提出独到的见解，就很不错了。但是，这并不意味着就排除了努力方向。我个人的理解是，大部分理论都是有经验背景的。你读理论的时候，可能觉得玄乎又玄，读不懂，但其实是因为对它背后的经验不理解。如果理解理论背后的经验，就很容易理解理论。而对于来自西方的理论，由于我们对西方社会的理解只是皮毛，理解起来自然就很困难。十年前我读《论语》时，体悟不多，但我现在读《论语》，体悟会深一些。我喜欢把《论语》放在床头，睡觉之前看两页，会有很多体会，觉得很舒服、很愉快。这种感觉就是读书带来的愉悦感。它需要有经验质感，需要有生活阅历。只有当阅历和认识逐渐积累以后，才会对社会、对理论有感觉。每个人对理论的感受都是慢慢加深的。

创新理论，往往是在旧的理论无能为力的地方。真正的理论大家，肯定是对理论有感觉，但不会是像我们这样专门去做经验研究的。比如汪晖，他是当代中国最有思想的人或者最有理论创新力度的人，这应该没有太大疑问，或者稍微修正一下，是几个人之一。汪晖对实践问题其实是很关注的。虽然他很少去做经验研究，但是他的研究很有理论深度，能给做经验研究的人以启发。经验研究也许是给能够在理论上走得更高的人做铺垫工作。我们做得好，可以提出一些中层的理论，即便做得不好，也可以积累资料。再进一步说，做得好可以积累一些能够出现中层概念的内容，让以后出现的有影响力的理论能够从这些中层概念中有所提炼、有所受益。也许这就是中国理论诞生的地方。当然，这只是个人的看法，也许是错的。每个人都不要以为自己完全掌握了真理，尤其是在批评别人的时候。

互动环节

学生提问：我的印象是您做的区域比较研究主要是停留在时间的横截面上，不知道您自己怎么看？还有不知道当您面对一些变迁的问题时，比如说针对同一个问题他现在是这样回答的，过一段时间他又是另一个答案，您在研究中是怎么来处理的？

答：这个问题很有启发性。历史维度在我们的研究中确实比较缺乏。我个人对此还是有所警醒的。

关于第一个问题，我首先想到了一点，我们的很多研究可能看起来也关注变迁，比方说前三十年怎样，后三十年又怎样，但是很多时候相关看法有些刻板化，我得承认这一点，我们的研究比较缺乏历史维度。朱晓阳老师对小村的系列研究做得非常好，尤其是第一本。他讲延伸个案，有历史的维度，而且是非常丰富的，在各个方向上都有扩展。

我自己读书，除了法学、社会学之外，还喜欢读历史学方面的，尤其是社会史研究的书。社会史研究非常有启发性，因为处理的也是经验问题。而且，历史学科是比社会学更成熟的学科。

朱晓阳老师讲到过，费孝通先生晚年的忧虑之一，就是认为西方的实证主义方法论没有办法解决中国人的心性问题，所以我们要扩展社会学方法。那么扩展后怎么样谈中国人的心性？我觉得一定得向历史中去寻求。苏力老师昨晚的讲座做得很好的一点，也是学界很缺的一点，就是用现在的社会科学方法，去阐释古代的一些可能已经被人遗忘、变得不可理解的现象。苏力给了它们重新的阐释，贡献是巨大的。他让很多事物有了历史感，让社会科学的研究向历史延伸。这种延伸是非常重要的。

第二个问题其实也是关于历史的问题，是关于个人的历史的问题。关于这个问题，坦白说，我在研究当中还没有多想，有时候会当作变迁问题来处理。上午王晓丹老师讲的时候也提到过，她说听访谈对象讲同一个文本的时候，在同一次调研中三次讲到都不一样，过了半年再讲肯定更不一样，甚至面目全非。我们的研究，需要不断地去反思。但是人的精力和能力总是有限的，不可能在每个具体的研究当中做到面面俱到。

2022 年，第五届"社科法学研习营"在线上举办。研习营以"学做法社科"为主题，邀请了 32 位教师主讲和评论。附录二是笔者在研习营上授课的实录。

今天我来给大家讲"基于田野调研的法律经验研究"。之前我写过五六篇这方面的文章，比较细致地总结了这种研究方法。当然，这些文章是不同时期从不同角度写的，处在不同的问题意识之下，关注点也不太相同。就这个主题给大家做一次报告，我大体讲四个要点。

我们可以讨论田野调研方法，但实际上田野调研的方法也许不是最重要的，去了田野以后就会自然地想办法找需要的材料。毛主席从来没学过社会学，他可以去调查农民、调查农村。当然，在前面写的这些文章中，有的文章其实是非常见调研功力的。我也看过一些讨论田野方法的文章，写得非常哲理化，这不一定可取。越是哲理化，越容易让人怀疑作者有没有掌握田野调研的技巧。

我讨论调研方法的文章是对自己切身

体会的总结。但是，把它和经典的社会调研方法比较，很多东西有类似之处。比如，跟人类学方法、跟社会学的质性方法，尤其是看扎根理论时，就会觉得很类似。它讲的很多东西，我平常就是那样用的，只不过没有那么理论化。所以说，这些方法是从哪里来的真不好说。2014 年，我们学校开了"社科法学与法教义学的对话"会议①，为了应付那次会议，我写了一篇文章；后来好几篇文章，其实是有自觉地去写的。这个自觉来自哪里？就是法社会学的方法，其中有来自对苏力的反思。

反思比较深入的地方，也是关于方法。苏力也写过方法，比如他写过"语境论"②。但是苏力写的语境论，有两个问题。第一，他要借助婚姻制度这个案例去说，那如果把这个案例抽离、不借助任何素材，能不能单独地说方法？这就会有挑战。第二，这个方法是否具有可传承性？前几天侯猛也讲到，苏力有很多特殊的东西，甚至每一代人都有很多特殊的东西，是后一代人很难学习的。前一代人的特质源于上山下乡、源于对周围社区的体会、源于少年时期对世界与人生的深入思考；我们这一代人较为缺乏，下一代很多学生更没有。

当然，我们这一代人可能在少年时期还曾经"野"过，小时候对自己的社区会有认识，下一代人连"野"都没有"野"过，这就是现在小孩的成长环境。虽然每一代人都不一

---

① 龚春霞：《竞争与合作：超越学科内部的藩篱——"社科法学与法教义学的对话"研讨会综述》，《光明日报》2014 年 06 月 18 日，第 16 版。
② 苏力：《语境论——一种法律制度研究的进路和方法》，《中外法学》2000 年第 1 期。

样，但总体来说，苏力那代人理解社会的环境比我们要好。其实，我想说的是，除了这些有特色的因素外，有没有一种方法是可以传承的？这种传承意味着我们只要有中等素养、中等资质的学生，就可以去做研究，把研究做好。如果都指望天才、指望悟性特别高的学生，那传承就很难说。我们当然希望同学们、也希望自己属于悟性高的，但是悟性高的在人群中的分布肯定是有限的。教育制度、研究方法就是要让通过努力来实现某种目标、写出论文。这也是我进行田野调研方法总结的一个背景。

从传承来说，还是需要比较严肃地去讨论田野调研方法，这是方法论的自觉。我上半年把相关的七篇文章又看了一遍，把它稍微汇成了像一本小书，大概十三四万字，准备拿去出版。这些文章中，《法律经验研究的微观过程和理论创造》①我自己比较满意，今天中午还稍微翻了一下。不过，很多同学如果没有经验、没有去做过田野，读的时候不会有这样的体会，这是一个矛盾的地方，也是方法很难通过文字传播的原因吧。总之，如果有体验，再去读就会觉得很有意思；如果没有体验的话，可能就很难把握方法讨论的内涵。

另外，社科法学没有统一的方法论，这是没有办法的事情，很难统一、也不需要统一。我们在方法不统一的社科法学旗下，应该有很多特色方法，要能讲得清这些方法。以上算一

---

① 陈柏峰：《法律经验研究的微观过程和理论创造》，《法制与社会发展》2021年第2期。

个导语，给大家讲了我对法律经验研究方法论的思考。今天准备讲以下几个方面的问题。

一 法律经验研究的目标

第一个问题，我想讲法律经验研究的目标。法学的研究在某种意义上都是现实问题，只是在现实性上有强弱的区分而已。现实问题就是真实世界里发生的问题，比如法院的管理问题、案多人少问题、法院和检察院的关系问题，这些都是现实法治实践中的问题。研究这些问题有个前提，是必须知道相关现象。如果连现象本身都不知道，怎么去做研究？

说实话，有一些现实问题领域，如果我听别人讨论，也能够分析是否靠谱，但让我做相关研究，我会觉得很困难，毕竟没有深入地去做过调研。当然，如果现在没办法去做调研，也可以先去接触经验素材，看能不能从中找到灵感。如果又不能去田野、又不接触经验素材，那现实问题就没办法研究。虽然也可以拼凑，但拼凑出来的成果，可能作者自己都不信。

我记的 2016 年写的《法律经验研究的机制分析方法》①，最早是一个演讲的录音，然后在录音基础上改成的。录音之前我也没多想，只理了一个提纲就去讲了，后来有同学把它整理出来。当时讲这个题目针对的问题，很多同学，包括要做各种挑战杯项目的，包括要论文开题的，他们不知道研究现实问题应该怎么做才能够算是研究，所以我在那个文章里讲："最后

---

① 陈柏峰：《法律经验研究的机制分析方法》，《法商研究》2016 年第 4 期。

要完成一个机制分析。"很多人写的文章，是列举了一个现象，又列举了一些原因，最后列举了一些他所认为的解决方法。全部都是列举，就没有形成一个比较有逻辑的，尤其是有因果关系的链条。所以那篇文章，就是申明法律经验研究要寻找因果链条，这就是我们做法律经验研究的目标。

简单来说，就是要有针对、有价值，要选有学术意义的法律现象或法治现象来研究。然后就是对现象做出解释，它为什么会是这样的。这里说的学术意义就是指，研究的法治现象在这个学术的谱系里是有一个位置的。我举一个例子来说，我今年上半年有两篇关于社会诚信建设的文章发表了：一篇是发在《中国法学》上面[1]、一篇是发在《中国社会科学》上[2]。这两篇文章的现象就是，基层很有动力去运用社会诚信机制。我两篇文章都是要解释这个问题。我去调研的时候发现，我们的社会信用体系建设讲了那么多，到基层去以后，基层的政府很有动力去运用这种制度。那么，这个问题意识就在于，为什么有这个动力？社会诚信制度在基层治理中承担了怎样的功能？《法治社会建设实施纲要（2020～2025年）》专门有一节讲社会诚信建设，那么在法治社会中、在基层治理中，社会诚信建设处于什么位置？所以首先要找一个这样有学术意义的现象。

当然，找到一个这样的现象需要长期的经验积累，现象的

---

[1] 陈柏峰：《社会诚信机制基层运用的实践逻辑》，《中国法学》2022年第3期。
[2] 陈柏峰：《社会诚信建设与基层治理能力的再造》，《中国社会科学》2022年第5期。

学术意义要靠发现。当时我们师生五六十人去湖北的宜都市做调研，我因为行政事务比较忙，没有跟同学们同步，大概只去了两周时间吧。我去了以后就觉得这个现象很有意思，然后就研究这个现象，其实我们学术团队的老师和同学针对这种现象写了多篇相关的文章。同样一个现象，我们不同人把它放的位置不一样，做的解释不一样，整个学术论题所处的这个位置也不一样，那它的学术意义也不一样。这篇文章能够在比较权威的杂志发表出来，肯定是这个杂志对我所分析的现象表示认可，认为这个现象与分析是有它的学术意义的。

　　法律经验研究的目标，实际上是要针对一个有意义的现象，然后要给出一个解释。如果这个现象的学术意义不大，那这个选题就是失败的。如果现象有意义，但做出的解释很单薄，那也不行。所以目标还要针对有意义的现象做出有深度的解释。当然，在对现象本身进行解释之前，其实还有一个环节叫解读。我刚才说的 2016 年的那个文章①，里面讲了解读，我把机制分析的构成概括为解读+解释。实际上在社会科学里边有两个研究的传统，有解读传统，也有解释传统。

　　有一些研究其实偏重于解读，即偏重于意义的阐释、不太重视因果关系的解释。比如人类学中政治人类学的作品，例如《弱者的武器》②。虽然这本书也遭到了一些批评，说它只有解读。确实，它解释的这一方面比较少，是对东南亚农民的行为

---

①　陈柏峰：《法律经验研究的机制分析方法》，《法商研究》2016 年第 4 期。
②　〔美〕詹姆斯·C. 斯科特：《弱者的武器：农民反抗的日常形式》，郑广怀、张敏、何江穗译，译林出版社 2011 年版。

进行解读。很多人类学的作品都是在做解读，因为它的重心就是要阐释一个行为的意义。所谓的深描，背后其实是解读社会行为、社会关系，把它放在文化背景中去理解。所以我们看到一个现象，首先要有一个正确的解读，如果从解读就错了，那后边就很难做出有意义的解释。当然，我今天不再展开"什么是解读"，我那个文章里边都有。①

二　"解释"传统

"解释"是我要讲的第二个问题。我们解释一个现象，最主流的应该是解释因果关系，而且这个因果关系要构成一个链条。科学研究当然不仅仅是解释因果关系，也会有很多相关关系需要研究。之所以研究相关关系，是因为我们不确信它具有因果关系，所以我们只发现它们俩是相关的。比如说每当长江涨水的时候，黄河的水位总是降低（我随便乱说的），在这两个现象之间，是不是一个因果关系？黄河的水位下降是不是因为长江涨水了？不一定能找到明确的依据，但是测量能发现两者的相关性。虽然我们不敢说它有因果关系，但至少可以给出个结论：它们具有相关关系。就是负相关，一个涨水、一个降水。

因果关系要比相关关系更为复杂，相关关系可以测量，但因果关系要接触到内核。因果关系本身就是机制，要解释它为什么会这样，这是在处理经验问题时最重要的。如果针对一个

①　陈柏峰：《法律经验研究的机制分析方法》，《法商研究》2016 年第 4 期。

现象，我们只是罗列了这些要点，列举说：影响因素有五个方面，第一个是政治方面、第二个是社会方面、第三个是文化方面、第四个是宗教方面、第五个是经济方面。如果都列举了的话，不能说这是错的，但是没有对真正起作用的因果关系做出说明。这种说明是非常重要的，如果没有这种说明，这个研究就是个假的研究。大家知道：之所以需要社会科学，就是因为人类希望认识世界、控制世界，这也是社会科学最主要的目标。当然，这个世界不是自然世界，而是人构成的世界。认识社会事件、控制社会事件的发生，这是社会科学的目标。如果我们做一个研究，不能够有助于认识世界的因果关系，以便于控制世界、控制事件的进程，那就意义不大。比如说：社会学是要控制社会进程的；经济学是想通过认识经济规律来干预经济。始终是有一个目标在里边的。

讲不清因果关系，就找不到正确的方法去解决问题。所以我们做一个有意义的研究、要达到法律经验研究的目标，就要做出有效的解释。这个有效的解释，核心就是辨析因果关系。而且，这个因果关系太简单，也不能够叫研究，如果常人都能看到的话，那就不需要研究。所以为什么讲要有一个因果的链条？就是要深入地去看好有几步、要有几个的环节、要做系列推演。意思是不仅仅要找原因，还要找原因的原因，最好有几个步骤去分析这个问题。如果不能够做到这样，那研究就没有深入进去。我这样讲，显得很空洞，但是看我的文章，每篇文章都会有深入的环节。我在《法律经验研究的微观过程与理论创造》里讲到了写文章要有布局①。但是布局的结构和思考的结构不同，思考往往和布局顺序相反。写一篇文章的时候，是要引导大家去想这个问题，所以布局要适合读者去理解这个问题；而自己在思考一个问题的时候，是先看到现象和问题，然后再顺藤摸瓜去找原因。

例如，社会诚信建设的这个文章②，它是很符合法律经验研究的写作方式的，思路非常清晰简单：第一个是问题与进路，把问题指出来、把背景讲出来，然后把理论工具摆出来，后边讲因果关系；第二个部分是基层治理的事务与难题；第三个部分讲的是社会诚信机制对基层治理难题的化解；第四个部分是基层治权的流变与重建；第五个部分是基层话语权的流变与对接；后面就是结论与讨论。这个逻辑线条非常简单，就像我刚才讲的，首先是看到基层治理当中"运用了社会诚信这种机制（制度）"，然后我要去解释"它是为了干什么的"，实际上它是为了解决基层治理的难题的，那么"它为什么要这样去（以及可以）解决难题"，我通过治权和话语权去解释。所以这里边是有逻辑纵深的，至少有几个步骤，然后到第二个步骤还分了一个叉，有并列的分析，然后最后还有一个总结。这个论证的过程其实就是：A—B—C1—C2—D。

但是我写作的时候呈现出来的，首先是基层治理的事务与

---

① 陈柏峰：《法律经验研究的微观过程与理论创造》，《法制与社会发展》2021 年第 2 期。

② 陈柏峰：《社会诚信建设与基层治理能力的再造》，《中国社会科学》2022 年第 5 期。

难题，基层治理有哪些事儿、它有什么困难解决不了，这是现象层面的呈现。所以，我在呈现这个现象的时候，不是直接讲社会诚信制度。虽然去调研的时候看到的是社会诚信制度，但是写作时先写的是基层治理的事务与难题，然后再去讲社会诚信机制对基层治理难题的化解。实际上讲的就是社会诚信机制在基层治理当中所承担的功能，然后再去解释为什么要用社会诚信机制去克服基层治理的难题。我是从理论上去解析它的，分成两个要点：一个是治权、一个是话语权。对一个经验问题，它背后有没有理论？治权本身是理论，话语权本身也是理论，把治权和话语权并列放在一起，也是理论。没有理论思维，怎么能看到想到这些呢？

所以我从治权上解释基层治权在历史流变中是怎么样越来越被弱化的，然后再讲社会诚信机制是怎么样重建了基层治权的，这样内部也是一个完整的、有逻辑的链条；然后话语权也是，话语权在历史的流变当中是怎么变化的。这个文章处理的跨度非常大，可以说是处理了两千年。在这么一页里处理两千年，从传统中国处理到新中国、到改革开放、到今天，跨度非常大。要讲的是今天的话语权面临什么问题，然后再讲社会诚信机制是怎么样去克服的。所以这样就从治权和话语权解释了社会诚信机制的运用。最后在结论部分，又反过来有一个总结：它的本质是国家能力在不同维度的重组。文章在发表的时候，这一块被压缩了，可能删了两千字左右。主要是编辑觉得讲这么多显得很庞杂，所以只让简单地提了一点。其实我讲这个，内部也是有一个逻辑关系的。

这么一个现象，从我发现到布局，是一个典型的经验研究。它要解决的问题是要完成一个解释，而且是通过因果的链条去完成的。它不是一个简单的罗列，像开中药铺一样，而应是"从什么方面是什么样的、从另外一方面是什么样的"，解释得有直接的针对性。这是我举这么一个例子来给大家讲因果链条。实际上，我推荐大家读的那篇"机制分析方法"[①] 的文章里讲到，因果链还有很多种。

三　田野工作的意义

第三个问题，我想再给大家讲一讲田野工作的意义。沿着最开始讲的，年轻的学生其实对社会不了解，其实很多老师对社会也不了解。我们每个人只了解自己生活工作当中的那一小块。那要研究一个现实问题，不调研怎么能行？对于我们不了解的领域，其实获取信息的渠道非常有限，一定要去做田野调查，才能把一个问题理解得更深、吃得更透。所以研究肯定要去了解与这个问题相关的所有经验现象，去做田野调研。当然，这是从研究的具体现实问题去说的。

延展一步说，做田野对于提高我们的经验质感、对于提高我们的理解能力，也是非常有锻炼意义的。我们很多人同时去一个地方做调研，就会发现大家的学术能力是不一样的。我在调研的时候从来都是跟同学们说："我们调研当中讨论的话

---

① 陈柏峰：《法律经验研究的机制分析方法》，《法商研究》2016 年第 4 期。

题、所说的话都是没有知识产权的，而且必须放开说、不能藏着掖着。"大家交流的时候，从来不藏着掖着，有什么想法都讲了。而且说："我的想法，你们有本事拿去写成文章，写出来是你们的，我绝不主张知识产权，你写你的，我写我的。你写出来的和我写出来的肯定不一样，我们的理论储备不一样，它写出来的不可能一样。这是一个基本的规律。"当然也有水平差不多的写出来有点类似的；或者是看着自己提出的一个观点被别人写到文章里边去了以后，心里不舒服的。其实别人写了你再写也不影响，写出来也不可能完全一样。每天成千上万的文章发表，这观点都能一样吗？好多都是别人说过的话。别人说过的话，和你基于自己的调研、在经验当中的思考、用自己获取的材料重新说一遍，这还是不一样。尤其在学习阶段，重新说一遍也是很有意义的。

分享了一个点子，无论是谁，把它写出来了，那都是很有意义的，因为要把点子组织起来、表达出来也很不容易。《经验研究的微观过程与理论创造》① 一文专门写了表达、写研究的物化。从一个观念层次，把它（点子）变成一篇文章，这中间还要付出艰苦努力的。当然，重点是，田野对我们提高质性感受能力非常关键。还是拿"社会诚信建设"② 来说，我刚才给大家提到了：我去调研，只调研了不过两周；我们同学在

---

① 陈柏峰：《法律经验研究的微观过程与理论创造》，《法制与社会发展》2021 年第 2 期。

② 陈柏峰：《社会诚信建设与基层治理能力的再造》，《中国社会科学》2022 年第 5 期。

那里蹲了一个月。但是我写出来的文章，发最权威的杂志；他们写出来的文章苦苦挣扎在 C 刊上，到现在还有没发表的。话题都是诚信建设，因为经验质感不一样，提问的层次就会不一样。而且，我调研的时间比他们短、掌握的素材还没有他们丰富，为什么我提问的层次会更高？很简单，因为我做调研的时间长，经验积累多，所以我去实地一看就比他们更快地明白现象和事理。当然，这背后有很多原因，也包括理论积累。

而且这种从经验调研获取的质感，可以提高人对社会的理解能力。这种理解能力的提高不是仅仅就某一个问题的研究而言的，在这个研究当中提高了理解能力，也可以迁移到别的研究当中去。所以一旦有了理解能力，可能甚至不需要亲自去田野做调研，读几篇二手材料，也能写文章，这就是苏力所讲的那个"田野"，他在书斋里边也能写文章。他去西藏一趟，虽然是支教，在那里待的时间长，但是他没有去做真正的田野。他就是观察思考，然后在大学里面碰到同事随便聊一下。那也是一种调研，加上他的经验质感比较好，所以也能增进对问题的理解、也能写文章。当然，他写的那些文章，包括一些经验处理的文章，有些可能有错讹。比如说我印象特别深刻的，《送法下乡》里面有这样一段，他讲，早上八九点钟的时候去乡政府，发现乡政府就没人了，然后说这是法律的不毛之地、国家权力的不毛之地。这明显有理解偏差，因为那个时候（90 年代）的乡镇干部，主要工作就是计划生育、去收取农业税费。他们的工作模式就是，早上大家到乡政府碰个头，然后就各自下村去收粮去了等等。所以这个时候去乡政府，连看门的人都不一定能找到。这就是一个很简单的经验层面的真与假，他没做调研，靠自己想象去弥补调研的缺乏。所以我们好多时候，包括一个出色的研究者也很难避免这一点。有时候材料不够"想象"来补，但是如果没有自觉的话，都没有意识到这是"想象"。这个想象的填充其实好多时候是我们已经接受的那些经验或者理论，例如，去找农民访谈的时候问他为什么会这样？他实际上接受了媒体传输给他的很多理论，一个著名的理论就是"经济发展了社会就会怎么样"。所以这些解释，都是他想象的。人人都会想象，所以要有辨析能力。

总之，田野工作至少可以让我们去接近真实。很多人说：你怎么知道别人跟你讲的是真的是假的？那我就赤裸裸回一句："那就看水平了！"这也是个经验质感的问题。有时候访谈，就明显感觉到对方说了半真半假的话。时间长了，没有一个人可以时时刻刻完全说假话，因为说假话总会前后矛盾。而且尤其是就住在他们家，或者每天去那个村里，看着他跟群众打交道，看着他怎么样去调解一个纠纷、怎么去开展工作，他能骗得了你吗？调研真正地深入了以后，很难系统性地作假。如果经验质感比较强的话，没有那么容易被忽悠。

四　田野中的学术发现

第四点我想再讲一讲田野工作时学术上的发现。学术的发现有很多种渠道，它是一个综合性的：有时候确实是在阅读文献的时候受启发而发现的；有时候就是看别人的文章，因为有不同的感受和想法而发现的；有时候可能就是聊天当中发现的。我的博士论文（陈柏峰：《乡村混混与农村社会灰色化——两湖平原，1980～2008》，华中科技大学 2008 年博士学位论文）是导师给我命的题。我最开始调研时并没有打算以这个题去做，我只是把它当一个搞笑的事情去讲。所以某种意义上，这个学术发现不是我发现的，是我导师发现的。他让我去做，我就把这么一个话题分解成很多小的话题，后来每一章都发表了。每一篇都是相对独立的文章，都有独立的论证，然后把这些所有的章节加在一起，又构成了一个总体的论证。它总体上回应的是乡村社会性质的变迁，然后每一个部分的论证是从不同的侧面去讲乡村混混群体或者乡村社会变迁。所以一个大的问题意识，是有很多小的问题意识组成的。

我们发现一个学术问题，有很多途径，需要有经验的积累。写博士论文时也是这样，它不是单线条的，其中有一个线条跟个人成长经历有关：我们那个县城有一座山，里面都被挖空成了防空洞，特别凉快，我们上初中时喜欢去里面"探险"，经常遇到"混混"在那堵截勒索。每次遇到混混堵截，我们拔腿就跑。这些跟"混混"打交道的经历真是刻骨铭心，这也引发了我对作为学术问题的"混混"研究的兴趣。

当然，我在研究的过程中也看了一些历史文献。后来黄宗智先生看了这个文章，还给我提了一些宝贵意见。因为他是学历史出身的，所以希望我把混混群体与古代的各种看起来相关的群体做一些比较等等。不过，尽管学术发现可以有很多渠道，但是田野肯定是一个最重要的渠道、也是一个最容易出成果的渠道，尤其是为了毕业写好一篇论文。如果我们要以学术为业、要研究现实问题的话，经常地去做田野调研，是非常有必要的。昨天我也听到有同学讲缺乏田野的资源，你们这个阶段确实是会面临这样的问题，但是总体而言，今天田野的资源还是非常多的，而且整个社会对调研也相当认可，进入田野比较容易。当然，进入一个陌生的环境、碰到不熟悉的东西确实会带来一些困难，但是对于不了解的东西，想去知道，难免就会用自己所掌握的理论与方法去解释这个新现象。一旦去解释，其实就是在做理论研究，如果发现了所针对的现象在学术上有意义的话，就可以做出成果了。

而且这个学术意义，通常是需要建构的；不一定需要预设性地对接某一成熟理论。如果看我发表的一百多篇 C 刊论文，我敢这样给大家说：应景之作（命题作文）可能也就数篇，其他的都是在田野里边的发现。不少论文中的发现不一定很大，但往往有一个有趣的现象。我对一个问题的理解增进了，我就很开心，并不只是在权威期刊发表才很开心。在田野当中，会有很多学术发现，只要看到一些不理解的现象，就会去想它为什么这样，而且只要能讲出一个比较合适的因果链条，就不用担心它有没有理论意义。即使没有通常的那种理论意义，也可以自己来对接建构理论意义。我的大部分文章中，文献梳理与研究发现并没有直接关系，就是因为写文章需要有文献，所以我在梳理表述出学术发现的内容后，在前面补充一些看起来相关的文献。

在现实当中发现一个问题，把它解释清楚了，这就是有贡献的。因为现实本身就是新的，文献都是旧的，我们为什么要去迁就文献呢？我还是以"社会诚信建设"这篇文章①为例，我之前并不研究"社会诚信制度"，后来我就去找了一些社会诚信的研究，引用的文献作者包括社会学家翟学伟，法学家罗培新、王瑞雪，还有戴昕，还有跟我一起做调研的小伙子孙冲。就这么几篇文献，还都是后面找的，我只是引用了他们对社会诚信的看法。而我的研究在他们的话语体系里面是不怎么适配的。除了戴昕，因为戴昕虽然不去做田野研究，但是也在思考社会信用制度在中国社会的意义；像罗培新，因为他干过实务工作，所以保持了开放的心态，认为这个空间可以去探索；其他老师，尤其是行政法老师，他们的思维就比较直接，始终考虑的是社会诚信建设如何对接既定法治标准的问题。而我的研究，其实面对的是一个基层治理的问题。我如果要和他们对话，也很容易：你们那么讲的，我的讲法跟你们不一样，所以我的学术有创新。我的研究不是从文献阅读里来的，而是先有了学术发现，然后去解释它，再拿我的解释去对话既有文献。别人去读这个文章，并不会觉得这种对话就是违和的。

所以说要进入实践的场域，可以发现很多这样的问题。只

---

① 陈柏峰：《社会诚信建设与基层治理能力的再造》，《中国社会科学》2022 年第 5 期。

要把运行的逻辑关系、因果链条讲出来，再找到别人以前看这个问题的视角，就构成对话了，就是有理论创新的，而且这种创新会非常多。我每次去调研的时候，只要有渠道，都会找政法委的同志聊一聊。今年我们去某县政法委，有个干部特别能讲，她讲得很细，把他们工作讲得很清楚。虽然我不能立马用这些经验素材写论文，但这种积累十分重要。一起调研的龚春霞老师就说："今天给我们讲的素材，至少以后上课时可以用来给学生讲清楚政法委干哪些工作，而且可以讲得非常生动，都是教科书上从来不会去讲的。"所以说，如果有很多新的经验素材，就容易有新的学术发现，也就很容易有学术产出。

于龙刚与谈

陈老师长期从事法律经验研究，关注了基层执法、基层司法、乡村社会治理等方面的问题等。在长期的研究实践中，他提炼和总结出一系列关于法律经验研究的方法。我听了以后很有启发，就从以下几方面谈一下自己的想法。

首先，研究方法与研究实践紧密结合。近年来，学界十分重视对研究方法的讨论，很多学生也希望通过学习研究方法来提高自身的研究能力。这是一个很好的现象。不过，根据我的观察和理解，当下对于研究方法的讨论和学习可能存在一个误区，即研究方法和研究实践之间存在过大距离，甚至相脱离。例如，我上高中的时候会买很多介绍学习方法的书，书本里面会讲述如何学习、怎么考高分等。当我读完这些书以后，却发现并没有太大用处。读本科和研究生的时候我也会去看一些介绍研究方法的书籍，也是感觉可操作性不强，有很强的距离感。我认为，陈老师有关法律经验研究的讲述则避免了这些问题，他所讲授的研究方法拥有很强的可操作性，听众也没有距离感。我想，之所以会这样，是因为陈老师有关研究方法的认识都是从自己二十多年的研究经历中总结出来的，是跟他的研究实践紧密结合在一起的。他有关研究方法的认识并不是基于某种理论或者某个概念抽象提炼而来，而是基于自身丰富的调研和写作经历。

其次，他所讲的是"方法"还是"方向"？陈老师刚才讲了很多内容，包括如何分析因果关系、如何写作、文章如何排布等等。我们在写作的时候会碰到很多问题，例如在写作之前如何确定主题和大纲，在写作的时候如何谋篇布局、遣词造句，等等。我相信，陈老师刚才所讲的内容对于大家解决这些问题一定会大有帮助。不过，我想说，陈老师上面所讲的内容实际是一个"方向"而非"方法"。很多时候同学们会把研究方法误认为研究的操作准则，按照研究方法来做，似乎一切都能迎刃而解。其实不是这样的，我认为真正好的研究方法是给大家提供了一个研究的"方向"而非"方法"。大家需要在"方向"的指引下自己去琢磨、体悟和实践，进而找到适合自己的研究方法，包括在田野调研时如何访谈，写作时如何谋篇布局，等等。所以，大家需要对经验研究方法有一个准确的认识，不要把它教条化。

再次，田野为什么重要？陈老师刚才讲到，田野调研能够让我们更加了解超出自己生活工作范围之外的领域。我认为，这个论述精准阐释了田野的意义。为什么这样讲呢？同学们平时阅读文献，可以发现有一些文章的理论水平很高，研究者的理论功底也很深厚，但是文章对于实践的分析并不全面，研究者对于实践的认识也比较欠缺。这是因为，要充分了解实践，需要掌握方方面面的信息，而只有进入田野，我们才能掌握这些信息，进而对于实践的认识才能逐步全面和深入。所以说，田野调研对于学术研究十分重要。对于各位同学来说，更是如此。有时候大家投稿不顺，没被刊物录用，可能会反思是不是自己书读的不够多，对于问题的理解是不是有欠缺。除此之外，还有一个很重要的原因，就是大家对于研究议题所涉及的现象了解得不够全面和深入。如果大家通过田野调研弥补了这方面的缺陷，那么研究能力一定会有很大的提升，文章发表也会变得顺利。

最后，呼吁走向田野。刚才陈老师讲到在田野中是可以有学术发现的，我认为这一点也特别重要。当下不少研究的学术发现主要来自书本和理论，很多理论又主要以西方的经验为背景，这个时候就很容易陷入经验与理论的"两张皮"困境。要走出这个困境，只有真正进入田野。我们要把论文写在祖国的大地上，我们的研究要跟中国的现实结合起来。要做到这一点，也需要进入田野，从田野中进行学术发现。当下中国正处在大转型大改革的时代，中国的经济发展是举世瞩目的，社会变化也是巨大的，这都为我们开展研究提供了丰富的素材。那么，只有通过田野调研，这些素材才可能被激活，成为学术研究的源头活水。

刘杨与谈

针对陈老师讲的内容，以及刚才于老师讲的一些补充，我再讲一些同学们更加关注的问题。"田野"这个词，其实有两个层面的含义：第一个层面，它是一种学术训练方法，是一个训练学生的场域；第二个层面，它是一种研究方法。

所以如果我们从第一个层面来讲，它的意义就是陈老师开篇讲的那个问题：我们想要寻求一种关于法律社会科学或者法律经验研究的可传承的方法。因为不可能人人都像苏力那代学者，他们在自己早年有丰富的人生阅历。我们可能没有太多的机会去接触社会的一些现实问题，没有办法积累社会感，所以对一些基本的社会问题是没有太多深刻的认识的，也没有办法展开对现实问题的研究。我们从第一个意义上来讲田野的话，我认为田野它其实是一种训练的方式。

做我们这方面的学术研究，刚才陈老师讲到了一个词叫"天分"或"悟性"，其实我个人认为可能悟性不是最重要的，心性才是最重要的。因为我们相信，这种研究方法是可以通过比较科学的途径传承下去的。对同学们来讲，可能是说你可以用一种比较合理的方式来去习得这一系列技能，然后成为一个合格的学者。我们不能指望所有做现实问题研究的人都是苏力，但是我们有可能寻找到这样的一套方式，把同学们带到可以做经验训练的场域中，通过合理的训练，然后一点一点地去教他们。其实我们这样的经验研究，陈老师在很多篇文章里已经讲得很清楚了，不过，如果你没有做过田野调研或者是没有相应的实际操作感受的话，你可能没有办法完全理解陈老师文章里的一些话。田野方法有一个很重要的特点，就是只能身教不能言传。要问研究方法的话，可能只有一句话：如果确实有兴趣的话，有机会就带到田野里面去，手把手地教一遍就什么都清楚了。当你有具体的田野研究经历时，再回头去看陈老师刚才讲到的一些文章，可能会有更深刻、更完整的体会。

至于我们为什么去村里面，也要解释一下。因为农村很适合做经验研究的训练。你去法院研究一个法院的问题、去律所研究一个律师问题，如果贸然跑去，法官或律师不会有心思跟你好好聊天。如果你没有很好的权力资源，是下不去的。但是如果你在农村，可能农民的闲暇时间比较长，他可能愿意跟你聊天。这样子的话，你就可以通过一个特别的场域去慢慢开展训练，去学习怎么样跟访谈对象聊天，去学习怎么样在研究的过程当中把握具体的社会关系，去学习怎么样在具体的场域里面挖掘经验、挖掘资料、寻找案例。

还有一个很重要的原因，村庄它是一个比较完整的社会结构，在村庄当中，经济、政治、文化各方面因素的联系是比较紧密的，而且它的整合程度整体性是比较高的。前几天有老师说：研究现实问题要有整体论的视野。在村庄当中你就很容易发现整体视野的重要性，因为村里面的每一个事情都跟其他方面的事情有一定关系，这是城市社区或其他特定经验领域里不具有的特点。所以，在这种情况下进行经验训练，你对于社会因果关系与社会整体结构的把握会更加便利一些。

我们再从第二个层面来讲作为研究方法的田野，这也是陈老师和于老师刚才重点讲的问题。我们如果去田野做现实问题的研究，那肯定要进入具体的经验场域中，因为问题是发生在这些场所当中的。我们要做法官相关的研究，那只能去法院；我们要做诉讼研究、司法研究，肯定也是要去法院；我们要做执法研究，那肯定要去执法部门。在这个过程中，去发现一些具体的、现实的问题。我们如果坐在办公室里、书斋里，肯定是不可能想象的到社会当中有什么样的具体问题，也就不可能发现真问题。这其中有一个很玄乎的词，可能大家会觉得比较奇怪，或者是说听起来不太好理解——"质感（经验质感）"。

质感与经验，两者所表达的意思看起来是矛盾的。但是，质感其实是研究者透过现象看本质的能力。这个本质可能有很多方面，它决定了很多学术问题的问题意识产生。刚才陈老师举了很多例子，比如说那个混混的例子，一个问题、一个经验现象产生了，它背后有没有具体的社会机制？它的原因是什么？就这个现象，你要去解释它，那么你就需要调动生活经验或者田野调研时获得的素材。

其实有基本生活常识的人进入田野中，所发现的绝大部分问题都可以自行解释，这些问题出现后，你可以调动朴素的生活经验去理解。但是随着调研的越来越深入，就会发现有一些问题与现象是没有办法理解的，基于现有的常识或者理论，没有办法理解这个事情为什么是这样，会觉得它很奇怪。这样的话，怎么样去开展解释、解答疑惑呢？最简单的方法就是去问访谈对象，问这个村庄里面的人，他们会给你一个解释。至于解释能不能够说服你，或者是说这个事情的背后是不是像访谈对象讲得那么简单，逻辑链条单一、因果关系简单，事后再检验。如果你发现在这个过程中，你动用了各种各样的方式都没有办法对这个问题进行解释时，包括找了既有研究与文献也没办法解释时，那么恭喜你，你发现了一个极具价值的经验研究问题。你对这个问题进行进一步的解读和解释，可能就会形成一个比较好的研究成果。

上面说的这种不理解的认识状态或观察对象，可以概括为"悖论"，这也是陈老师在文章里面讲到的问题。就是说，你在生活或调研的场域中，如果发现了没有办法解释的东西，那么悖论就产生了，而悖论往往会直接带来问题意识，也就是经验的意外。通过长期在田野中的浸淫，这种训练方式会使你通过现象看本质的能力越来越强，因此发现问题意识的能力也越来越强。这两个层面，是具有相关性的。

所以陈老师之前讲的，为什么同样一个问题，他去的时间短，别的同学去的时间长？甚至他发现的问题更加有学术意义。其实这就是能力的差别，但是这种能力只取决于田野的积累，我们看到的是这一次他在调研时只去了两个星期，但我们可能忽略了他长期的学习生涯中所积累的深厚调研经验。所以说，其实做田野也不复杂，去了之后你就知道怎么做了。换句话说，在田野中发现问题的能力，跟你在田野当中的时间直接相关，大部分同学在田野中待个几次后就基本具有了做现实问题研究的能力。至于这个问题意识有多大价值，或者是说它在宏观意义上的理论性有多强，那就要看这个问题本身以及你对这个问题的把握，或者是你之前所做的研究准备和理论积累。

但是无论如何，只要是有经验和素材，这种方法可以让研究者在不同的问题领域开展研究。因为往大一点说，社会本身的运转是有规律的、人与人之间的关系互动是有规律的、一个部门机关的运作是有规律的，归根结底还是人在里面。这些东西都可以在不同的问题、不同的主题中去迁移，这是一个非常重要的方面。其实归根结底，朴素一点讲还是通过田野获得一种社会感，获得处理不同社会经验的能力，然后在其他场域里为我所用。内化之后的这种能力一生都忘不掉，很多硕士同学跟着我们做暑期调研，尽管之后可能不会继续从事研究，但是他在田野调研过程中所形成的能力，即使不做学者不做学术，在其他的一些工作场域中也是非常有用的。

讨　论

刘杨：我本人也是通过陈老师刚才讲的这样一套训练方法慢慢地进入这个行列的。其实我们都是坚持这种方法做研究的，侯老师把我们三位放在一组，我的与谈可能会缺乏对话感。

侯猛：刘杨说，他们三个人的同质性太强。我当时跟柏峰商量的时候，实际上是希望按团队定专题，把团队放在一起，特别是在定性这一块。中南财经政法大学柏峰这个团队是一个偏定性、偏田野调研的；香港大学刘思达、贺欣也是做田野的，不过他们其实不是一个团队，他俩都是很个体化的，这与柏峰那边又有不同。所以我想着让研习营的同学可以看一下这三位老师之前关于田野的研究，他们有什么一样和不一样的地方。

除法律的经验研究外，之前在排专题的时候，还有几个团队。比如说，桑本谦在中国海洋大学那边形成了法律经济学团队，包括戴昕也是在海大跟本谦做过同事，他们认识也有十一年了。云南大学有法律人类学的传统，王启梁之前在云大工作、现在也在云大带博士，还有启梁的老师张晓辉教授；包括张剑源，这次也会给我们做一次专题讲授，所以云大也已经形成一个比较固定的、成一定规模的法律人类学研究团队。再有是李学尧在上海交通大学形成的法律认知科学团队，十来年前还有成凡、还有葛岩，当然，这个团队虽然不仅仅限于交大，但都是跟交大或者跟学尧有关系，比如说这次请的王凌皞、郭春镇，其实都是学尧的师兄弟，他们都是做一些跟法律认知有关的。此外，法律数据科学方面，刘庄和吴雨豪他们俩人，现在已经开始形成一个课题组了，刘庄之前也是跟着唐应茂一起在国内做研究，所以法律数据科学研究也有团队。

侯猛：考虑到研习营的受众对象，我想再讨论一些大问题。研习营里有很多做定性的同学，其实定性也是需要做一些田野工作的（虽然不是大规模的），比如说预调查：第一，谁去做，如果你不做的话，那你的团队成员也是一定是要做的；第二，这个结论出来之后，可能还要做小范围的验证，谁去做。这些都是跟田野有关系。不管怎么样，田野是我们这次研习营一个非常重要的主题，比如我看今天推送的这个文章说：做法律经验研究实际上是有三个渊源，一个是法律社会学研究传统、一个是社会人类学研究传统、一个是华中村治研究传统。① 但是狭义上还是以苏力为代表的法律社会学传统，而社会人类学其实是坚持乡土社会的研究传统。

其实我一直有个疑惑：为什么要去村里面调研？刘杨说，因为村里面不需要权力资源，我们直接进去就可以了。如果说去法院的中院、高院都得靠权力关系，没有权力关系所以都要到村里面，那你们都一窝蜂去村里面了，法院谁研究？柏峰说，因为去村里面是一个基本功，但是我们做法社会学研究，必须要研究很多个单位，不能只去村里。如果说很多单位都需要很强的权力资源，那重点就是去找权力资源，只要能带进去，就能去做研究。只要把这个问题解决不挺好吗？为什么都要把几十人带到村里面？

然后，学生写出来的文章要在法学类刊物发文章，你说怎

---

① 陈柏峰：《法律经验研究的主要渊源与典型进路》，《中国法律评论》2021 年第 5 期。

么发吧？你都是在村里面做的那种法律问题，虽然说它是来自真实问题，但是我们法学主流还是要跟规范联系在一起，尤其是在法学核心期刊上发文章，肯定要向规范妥协，所以你的文章就是有点不那么田野，你总还是要跟法律传统写作对应。

陈柏峰：训练肯定是一个很重要的方面。你如果没有对基层社会的感受，那法院的案卷你都看不懂。即使看了以后，也不知道它为什么这样。比如说，你去村里了解这种婚姻的状况，和你在法院里面看到离婚案件，把两者结合起来，理解就会更完整；你在村里看到土地纠纷，你再从法院里看到土地纠纷，把两者结合起来，你看到的关于土地纠纷的图景也就更全面。因为所有的事情，最后都落实在基层。这是一个原因。

第二个原因确实有成本的考虑。你让我带五六十个人去法院，那法院不瘫痪了吗？事实上我们每次集体调研的时候，都会有一些延伸，也会去政府的各个部门，包括去法院。每次都去了，但是没有办法容纳所有人都去。但是到写作博士论文的阶段，你选定了一个题，你肯定是要做相关研究的。其实我们做法院研究的人还挺多的，还有一些其他专题性的研究。但是非毕业年级的硕士等低年级的同学，如果你自己有渠道、有时间去做相关研究，我也不会反对，甚至还给他们提供一些帮助。

然后，再说说社会的"质感"。确实在基层社会，尤其是农村里边，这种训练还是比较综合的。你说的发文章这个问题，不是因为他老在村子里边，所以他不好发文章，而是因为我们的低年级同学他自己的视野没有完全打开，而不好发文章。

另外，我们其实有很多研究，它会往法学那里延伸，比如说，过去我们法学的法律社会学也不太会去做社会诚信的研究，那我们现在有学生以社会诚信为题来做博士论文；还有法律社会学的，土地也可以做；很多方面都可以做；你将来比如说法治政府评估，现在还没有人做法律社会学研究，成果都没有，这也可以做。当我们有了一定的经验后，再去做别的，还是很有发挥空间的。当然，我们年轻的老师要做到能够在法学核心期刊发文章，确实还是要付出很大的努力，这个对谁来说都是如此。即便对基础比较好的同学，也没有那么容易做到。

侯猛：对于我们大部分的人来讲，集体调研是基本功，必须得去。我不太建议第一次单独去，但是到了博士阶段，应该让他自己独立去做调研。让他去选一个，不一定是村里面，基层应该是到地级市了。写博士论文的话，自己调研的时间要足够长，但可能还是有两个问题，当然至少有一个问题不只是中南存在的。第一个，我们下去调研某个专题的时候，其实对已有文献的把握并不多，反正是先下去。这个其实还是个问题，有的人说"你不要带着什么东西（前见）下去"，有的人说"要先做足功课"。但如果说你不事先在这个议题的文献上做足，那你下去也不会有什么感觉。

陈柏峰：他们做博士论文的，已经比较少在村子里边做了，他们的研究范围其实还是比较广的。此外，你说的功课问题，我还比较认可的。完全没有准备的话，在这些领域确实会没有收获。但这跟农村还不一样，在农村你搞不懂就去问嘛。而政法委的话，提两个问题很外行，别人就没兴趣跟你聊了。所以你去政法委这样的地方还是要做好准备：一个是要读既有的研究；一个是要有一个往复的过程，边做调研还要边阅读一些既有文献，这有一个互相的对话。

侯猛：掌握现有文献可以让我们知道哪些是大家已经讨论过的，再去写的话，可以留意一些新的现象，所以针对调研的理论储备很重要。因为我们毕竟还是做法社会学，但国内做法社会学的（包括我在内）直接的理论来源不是法社会学而是社会学。法社会学的经验研究都在美国，结果我们国内这代和再下一代学者，大家都不去读美国的研究，反而直接从社会学那边学习理论。虽然也很重要，但对于建立法社会学经验研究这个传统则缺了很重要一环。我指的是理论储备，问题意识那是另外一回事。

所以这一块儿的话，包括中南、包括人大，其实都缺。缺的原因不是说学生不主动学，实际上是我们没有教好，你说哪个大学里面开法社会学课会系统地讲美国的这些法社会学著作？包括弗里德曼，我读书的时候也没人让我去读弗里德曼；还有之前我们推送过 23 个美国著名学者，包括楚贝克、西尔贝、摩尔等等。除非学生去美国，否则大部分是没有读过这些的。要不是我这两年刻意地去了解英美世界，包括开始组织翻译，我也不会去读。但是如果你是做法社科，这些还是很重要的。今天问现在在场的同学，有谁读过吗？别说原文了，译文可能都没读过。我其实也不是说强制大家去读这个东西，只是说作为知识储备的一环，不要直接跳到社会学，法社会学它已经是一个独立的研究领域了，如果大家都不去读，这还是挺欠缺的。

陈柏峰：关于英语世界的理论，第一，我觉得它也不一定就那么高明，第二，你又不需要跟它对话，所以你为什么就必须读它呢？那些大家，例如弗里德曼，他的什么框架可以拿来直接用的？例如布莱克，读的时候还是觉得挺有意思的，但是也没有办法直接用。这些研究只能增长我们的知识和理论，但我从来不会觉得哪一个理论就一定可以用来解释某个现象，也不觉得有非读不可的理论。但是读社会理论感觉不一样，例如我熟悉的吉登斯，我好多文章里面都用了吉登斯的理论，因为确实可以用来理解我们的现实。所以说，如果读了有的学者的研究后，还不知道谱系在哪里，你说我读不读？我带学生，也跟他们说多读当代的社会理论，我们是有这种倾向。但是我也是主张他们读一些法律社会理论的，你像刚才说的这些，他们的研究也都蛮有特色的。还有一些具体的研究，确实是可以对话的，比如你说的研究合同的学者麦考利，但英语世界好的研究文献也是淹没在文献的汪洋大海里。

问　答

学生提问：老师怎么看待田野调查的隐私伦理？

陈柏峰：我先介绍一下处理田野资料的方式。在田野调研的时候，我们一般不会录音。从学术伦理上来讲，录音得告诉别人，悄悄录音不太好。但是，一旦告诉访谈对象录音，对访谈对象可能会有影响。我们会拿本子记，也有访谈对象有时会说"这个你别记"。

田野调查的隐私伦理，这不是太大的问题，给人解释清楚就好：我们的调研不会给你造成麻烦，也不会给你起到什么帮助。因为我们写文章，最后都会匿名处理，我不会告诉别人我在哪里调研取得的材料，当然，如果是对别人有积极意义的话，可能会把真实的地方写出来。例如我们有时候会帮当地总结经验，有时候是会做一个客观中性的描述或展示，这不是什么坏事情。凡是不太好的事情，都会匿名化处理，这是个基本的学术伦理。

此外，相关的讨论有很多，比如说："如果说你看到很悲惨的事情，或者很不公平、很不正义的事情，你要不要介入？"我们是不主张去介入的。比如你看到家庭暴力，那你怎么办，你要去报警吗？我没报过警。比如你碰到虐待老人的事件，你要不要去报警？我们也碰到过，但是没有报过警。当然，如果是正在发生的人身伤害行为，又没有其他人可以立即处理的，我想还是应该介入，不过我们没有遇到过。隐私问题其实不是什么问题，只要给调研的对象讲清楚就好。

学生提问：老师能不能结合自己的经验讲讲，从田野点回来后对田野资料的整理和取舍？

　　陈柏峰：没有必要特别看重资料，所以我们调研记了很多本子回来以后，有的资料也没用着。有时候从别人那里搞了一大堆资料来，也没有用，这种时候其实是比较多的，能用上的资料还是少的。但是，在调研的时候，还是会有意识地去收集一些资料，因为有可能会用得着。资料的整理，可能每个人的方式都不太一样。我是不主张大家去整理资料的，没有必要把访谈的那些细节全部都整理出来。我们白天记了笔记，晚上会去看这些笔记，然后去想：这一天的调研访谈，有什么样的点可以在学术上深入研究。一般是这样来做的，在这个过程当中，如果发现资料不够，第二天再去想办法收集相关的资料。

　　调研回来以后，就开始写东西，这也是一个资料的留存。我对同学们有个要求：凡是低年级的同学，或者说进入田野时间不长的同学，要按照类似于民族志的那种写法，把接触的资料方方面面都记下来，最好能够有一定的逻辑关系，我们叫作"村治模式"。我们每年会把同学们的这些资料，全部合成一个集子，基本上每年都有两三百万字。这些资料其实并没有什么用，没有人会用这个资料去做自己的研究，这个资料主要是一个纪念。对于个人来说，把自己调研当中的一些体会记录下来了，有的同学会在这个基础上面再去写论文；但是低年级的同学可能也就是一个资料记录，没有能力再去写论文。不过这种资料的积累肯定是有意义的，因为你把它记下来以后，时间长了即使对这个地方的印象慢慢淡漠了，再去翻自己写的东西，也能慢慢地想起来，你下一次再研究什么相关的问题，就可能去翻以前的资料。

　　总体而言，我们对资料的处理是比较粗糙的。这种处理方式也跟我的导师贺雪峰带学生的方式有关，他不太重视资料留存，他重视的是对田野的感觉，要求在田野里边去提问题。至于资料，如果你需要还可以去问，你跟人建立联系了以后，还可以打电话等。比如说，我在写社会诚信这篇文章的时候，中途就多次问当地的政法委副书记，看有没有更新的资料。你跟人家建立了联系后，你要更新材料或者是之前哪个环节的调研不够，再去追问都是可以的，没有必要把别人说的每一句话，像做历史研究那样整理出来。历史学家研究"满铁"的资料，当然对"满铁"的调研是规划性比较强的，它的那些材料也值得运用得那么细；但我们的调研资料不是这样去用的、不是这种风格，不要当作史料去用，我们重要的是在调研的过程当中去思考所谓的因果链条，从而提高自己对经验的质感。这是我们对资料的态度。

　　学生提问：我即将赴某基层政法委调研，想请问老师，在这种与乡村差别很大的田野中独自调研，应当注意什么事项？

　　陈柏峰：一个人调研，独学无友，容易走偏。有时候你认为很重要的问题，想得自己激情澎湃，结果一讲出来，人家说你这是个啥嘛。有的同学经常会有这样的情况。所以你即使去做一年调研，我也建议你不要一年老待在那里。你可以调研两个月，有什么想法后到我们这里来做个学术报告，我们给你出出主意、大家交流一下，这会有纠偏作用。别人冷不丁地跟你说一句话，可能是无心的，但你正在琢磨相关问题，就可能会受到启发。人类学家有时候甚至到迂腐的程度，他们在那里非要待一年，这实在是太无聊了，他这样有可能会有他的收获，但是现在资讯这么发达的情况下，还坚守一年的调查期限的教条，到底有没有必要？你能不能出来开个学术会议，这一周不在那，然后你再回去？可能在人类学家看，这样是违背他们的调研方法的。

有很多人会把调研的方法变成一个条条框框。我过去调研的时候，如果想不通一个问题，就会反复追问调研对象为什么会这样？他如果也说不清楚，我就会逼着他问，就想让他动脑筋帮我把学术问题解决。在美国任教的史天健教授，因为他也研究中国农村，我曾经就和他交流过这个事，那是十几年前了。他说，你不能这么干，这样违背学术伦理，你不能为难你的调研对象，你不能提他回答不了的问题。我觉得他有一点教条了，我到现在也不太认可他这一看法。因为你可以给人提问，让他为难、让他去帮你琢磨这个问题，他会调动很多你没想到的因素。如果一个人始终处在舒适区，你问他什么东西，他调动不起更多东西，而你又想不到那些因素，那你的问题就没有办法获得突破。学术伦理是相对的，我们中国人做学问也不一定非得尊重美国社会科学的伦理，所谓法无定法。他说的那些伦理是他们在他们那个社会总结出来的，我们可以参考，也只是参考。

其实，很多很聪明的调研对象真的能帮你解决学术问题。

毛主席讲群众路线就是集群众的智慧，说实话，我们做调研也是占很大的便宜，例如跟那些官员谈，只要他们真的愿意跟你谈，多数情况下都有很多收获。这些人都是绝顶聪明的，他们在那么竞争激烈的环境下能当上一个科长、局长，脑子肯定是好使的。他们可以帮你出出主意，或许不能用学术的方式表达出来，只要你能通俗地表达出学术问题，他也许可以帮你考虑问题的因果关系，然后你再把他说的用学术语言表达出来。这不算抄袭的，我们很多文章是这样写出来的，不是我们的脑瓜子好用，而是善于向别人学习，善于把群众的智慧变成自己的学术成果，善于贯彻毛主席说的群众路线。而且，你跟学者聊，从他那里学了一点东西，他还要说你抄袭他的，你从一个乡镇长、政法委书记那里学了东西，他绝不会说你抄他的。你把他的智慧传播出去，他还要感谢你，你们想想，这占了多大的便宜？

学生提问：访谈者因为担忧他说的话造成不利的影响，在访谈当中不愿意深入去谈或者"绕圈圈"，有没有方式促进访谈的深入？

陈柏峰：这种情况肯定是有的。我们访谈的时候，不是对一个人访谈，会跟很多人谈。这个人讲的是假话，另外一个人可能讲的是真话。而且就我的感受来说，其实访谈这些干部，即使跟他没有任何交情，你去找他时，他只要愿意接受访谈，一般是不会说假话的，很少有人专门说假话来误导你。或许有一些人讲到某个地方时，可能不愿意再深入去讲了，他觉得比较敏感，这种情况比较常见。专门说个假的来忽悠你，我也碰到过，但真的很少。大多数人还是愿意讲的，尤其是泛泛地去讲，不讲具体的人和事，只讲现象。

因为对他们很多人来说，访谈也是一个情绪的出口。你看有很多人跟我们聊着聊着，他自己掉眼泪的。把他聊得动感情了。他平常没有这样的机会去表达，很多人就讲工作的苦衷，能跟你诉苦一下午。当然，如果你碰到绕圈圈，你就跟他绕两下，回头你再去找别的人再谈嘛。我们聊一个事情，不是只聊一个人就要达到绝对真理，是要把很多人聊的东西，不断地互相印证、不断地增进我们对这个问题的理解。所以不可能只有一个访谈对象。当然，有时候比较特殊，只有那么一两个人掌握的信息最全，他不跟你讲实话，你在这个点上要推进就可能有困难。碰到这种情况，那也没办法。但是，大多数现象是有开放性的，这个人不愿意谈总可以找到愿意谈的；在这个地方调研没有办法深入，还可以考虑换地方嘛。

学生提问： 集体调研的团队如何组建？

陈柏峰： 我们的调研团队，除了我之外，同辈的老师，还有龚春霞老师，还有别的老师，还有我们早期带出来的学生慢慢也成为骨干力量。比如说在这里的与谈人刘杨和主持人于龙刚，都是中南财经政法大学的本科、硕士，都是很早就跟着参加我们的读书会，然后在一起做调研，再开始带队，后来又留校当老师。所以这个团队就是越来越大、人也越来越多，我们今年暑假调研有 69 人，吃喝拉撒都是几十万元。

学生提问：当地司法机关总是想让我们解决问题、出对策，而我们只是想收集资料，如何协调？另外，对于访谈对象的问题，如果回答不好，会不会影响访谈者的积极性？

陈柏峰：至于调研对象提问题，你们也帮他们想一想。虽然你们只是想收集资料，但实际上互相要妥协，他肯定有他的这个想法。而且你去调研他，他还想调研你，这总是一个互动的，不要把社会科学的工作弄成自然科学的工作。自然科学的工作就是，你的客体不会对你的观察活动产生影响，当然量子力学是另外一回事，在牛顿力学的范畴之内，你的观察对象不会影响你；但社会科学不是这样的，它具有反身性，你介入了，你去调研，你就会对整个场域产生影响。因为他也想反向调研，你想从他那里获得信息，他也可能想借这个机会从你这里获得一点好处。如果不影响原则，你就被他利用一下，没有问题。他们找你，想让你出出主意，你能出主意就帮忙出，出不了主意，你表达同情、对他的诉苦表达认可，他也能在另一个层面获得收益，所以说身段要柔软一点。你如果一门心思只想去收集资料，就是把人家就当作客体了。

我们在与人互动的过程中，是互为主体的。如果你只想收集资料，人家当然不爽。如果你跟他聊天的时候，摆出一个朋友似的姿态，这样你也好进一步访谈。好多时候聊天，实际上都有这种预设。你看现在，我们见了谁，聊了一下都会加个微信，大家想的是，说不定日后有什么事情还可以问问你。比如说他的小孩要上学报志愿，你在学校里当老师的，能帮他出出主意，人家隐藏的有这种想法在里面。但你能帮到的时候也是可以去帮一下的，这样就互为主体了。因为他有这种预期，他愿意交一个知识水平比较高的朋友，所以他也愿意按照你的需求去给你提供一些资料。所以我们中国人处理问题（包括调研在内）始终和西方不太一样，这也是为什么在西方做质性访谈还是挺难的，反而是量性的方法比较发达。"你填一张问卷多少钱"就是把人客体化，这种互动模式反倒在他们那里吃得开。在我们这里就不一定了，你想，你见到一个人说："给你10块钱，你帮我花10分钟填份问卷。"别人一定对你起疑心。还不如我们这种方式。

　　遇到访谈对象向你提问，你首先态度谦虚，别人是想你能不能给他出点主意。你们知道我最为难的是什么吗？我是法学院院长，经常想跟人搞合作，人家一听说我是全国杰出青年法学家，就想让我去给他讲个课。而且，讲课还不是说你讲什么就是什么，还会给你提要求，让你结合他们的工作，谈一谈贯彻习近平法治思想等。我又不是全能的，我咋能啥都知道、啥都能结合呢！所以像这样的事情，有时候我也很为难。

　　我们调研当中碰到这样的问题，都是同质的。有时候有一些事情先应下来再说。如果你没做到，他也没办法。我也是很谦虚地去跟他讲："你们的具体工作我也不懂，我其实是来做学生的、是向你们学习的。我们学的那些理论对你们也不一定有多大的用。"你不要觉得我是博士，我就应该把他的问题解决。如果你有这种心态的话，这个事就不好办了。事实上，对策其实是挺难出的。最好出的对策是你们写论文最后一节的那个对策，因为那是不用负责任的对策，是最简单的。你要出一个真正有用的对策，可太难了。他们这些人都不比你们傻，经验比你们丰富，他们都搞不定的事情，指望你们能搞定？我到现在为止，跟他们打那么多交道，从来没有自信给他们出过有效的对策。

学生提问：初学者做机制解释的时候，会不自觉增加不同影响因素的解释和讨论，让解释显得冗杂，如何在解释的过程中"剪枝"？是否可以借用社会理论？

陈柏峰：确实。有时候你会感觉到几个方面都会有影响，但是写文章的时候，还是要有个重心。这个重心怎么来确定？肯定有很多不同的方式，有时候是从事实出发；有时候还有策略的问题，别人都讲过的，可能不需要我去讲，那你就在那方面少讲；别人讲过的，你就作为对话的对象去讲，比如说他讲政治因素有作用，你不否定别人的研究，但是说社会因素在某个场景下面起更大作用，然后重点聚焦社会因素。有一些是我们的理解不深入，觉得都有作用。所以你可能还要进一步把事实层面的、经验层面的东西搞清楚，这也是一个应对的方向。

当然，其实这样去说的时候都是比较抽象的，还是要针对具体问题。所以我也会从经验出发，和博士硕士同学一起去讨论某个问题，我有时候也会和他们讲，首先你不要讲那么多高深的东西，你先想想经验层面的东西，这个在实践当中最直接的反映是什么，先把这讲讲清楚；然后再一起去探讨进一步的东西。所以这里边各种情形都有，有时候我们觉得各个因素都起作用，是因为我们对问题本身的理解还没有到位。有一些因素，只是一个背景性的东西，它不是直接起作用的，或者说它是一个比较边缘化的。

学生提问：我平时在看一些档案、材料时，更喜欢去看那些具体的中国问题，但是好像现在好多论文往往都需要用西方的理论包装一下。老师怎么看这个矛盾？

陈柏峰：你这个预设不成立。你们在线的这么多同学，未必有几个人比我带的学生读理论书多。我对他们要求是非常严格的，好多人本科开始就跟着我读书。我对他们的起点要求是：一个月要读五本书，还是要有一定难度的书。而且我还给他们要求：要读我没读过的书。他们研究生毕业时认真啃过几百本书的人不少，坚持下来读上百本书的也有很多。所以并不存在说，我只让他们做田野不让他们读书。硕士同学做田野，只是暑假去做。因为我们今天正在谈研究，所以没必要再谈积累，刚才也就没提。

把这个问题说得更直白一点，我们当代法律社会学研究，这个传统可以说是从苏力这个地方开始的。之前是有人做研究，那些人是先驱者，他们没有形成传统，包括前面费孝通的研究也好、瞿同祖的研究也好，民国时期也有学者研究过北京的监狱，但这些研究是零星的，这个传统在中国是比较短的。那么你说，西方国家所有的社会科学对我们肯定都有启发，但我们的传统肯定不直接来源于美国社会学，因此如果我们将来建立传统的话，用"章"来描述，可能第一章讲传统的萌芽，第二章讲传统的初步形成，就直接讲苏力了。

另外，就你说的这个理论问题，我知道有很多人写文章，理论说白了都是用来装点的。要追求对现实的实质性理解，研究要有解释力，而不是用一些看起来很酷炫的理论词语。当然，我的文章里面也会引用一些理论。但是你们仔细去看这些理论，我不用那些词也可以用口语解释出来。而且我写的都是我自己懂的，都是确实对解释问题有帮助的，不是为了装得我有理论修养。这不需要装的，即使你写的全是大白话，行家看你的文章，也都知道你有没有理论修养。

学生提问：经验研究、实证研究如何处理成果代表性问题？

陈柏峰：这个问题经常被提到，社会学里讲"个案研究的代表性"的研究，有很多讲得很细。这个代表性并不来源于量的代表性，而是来源于质的典型性。北大社会学系卢晖临有篇文章讲得非常清楚。你揭示的机制它在质上面有没有典型性，这个机制是不是针对个别现象、是不是在个案里的主导性机制。这是我通俗地去讲的，用"量"和"质"，大致是这个意思。对，李欣睿说，王宁也讲过这个问题，是的。

昨天还有一个同学私下里加我微信，给我提了一个类似的问题："如果别人给你一个他们的典型乡镇，你怎么去研究？"别人问我要去研究什么样的乡镇，我从来都说随便，你给我哪个乡镇，我研究哪个乡镇。你给一个城郊镇，我就研究城郊镇；你给一个山区，我就研究山区。你给个典型村，我就研究典型村；你给一个没有特色的村，我就研究没有特色的村。我们研究的始终不是在量上的代表性，而是其中质性的机制。比如说研究社会诚信，你给一个做得不好的村，我可以研究，我就会去研究它为什么做不好；你给一个做得好的村，我也可以研究，我就会研究它为什么做得好。所以去哪里、给你什么素材，都能够研究。

一直觉得法理学可以看作对枯燥法律条文的一种诗性阐释，二十余年浸淫其中，对她的热爱早已搅入了魂灵，至今《大国宪制》还是我的枕边书。虽然当编辑就意味着日日案牍劳形，但一直不愿错过身边摇曳的风景，于是小心翼翼地采撷着那些触动过我的字行，那些书，那些人。

书与人：一本"小书"的微言大义

在我认识的学者中，陈柏峰老师一直是很与众不同的一位，虽然早已名声远播，但每次见面其身上那份学者特有的质朴甚至是羞涩始终未改。记得上次给陈老师出书还是 2018 年的《半熟人社会》，那本书出版后获得了中国图书评论学会的重点推荐并上榜 2019 年 12 月的"中国好书"。时隔几年，又跟陈老师提起要做一个法社会学领域的交叉学科论丛，再次请他赐稿，陈老师热心提携后辈，先是积极推荐了几位年轻老师的课题成果，最后才说起自己还有一本"小书"问是否合适放入论丛，并一再强调这是一本"小书"，陈老师的过度谦虚导致我原本并未对这本书有太多期待，直到拿到书稿才越发品出其不凡之处——从篇幅上讲的确"小"，但书中不乏大家境界，看得出超出同辈学者的胸襟与视野。

法学著作，除了专注研究文本的法律解释外，大多专注于讨论具体制度，"研究现状——外延内涵——中外比较—现实问题——制度建言"，沿着这个方向去铺陈，大体不会错，但一本阐释方法论的著作，却无法按着这种既定的范式去展开，没有具体的范式可供参照，因为其本身就把探讨和提炼"范式"作为主旨，是一种纯"载道"的存在。几乎逐字逐句都是作者多年的总结和体会，看似平实，却微言大义，这类著作对作者的逻辑构思能力、概括能力都比制度建言性的著作提出了更高的要求。

本书谋篇布局上有章法，行文中有声色。问题论述简洁而精当，结构上又清晰严整。整本书通篇看似明白如话，但细品起来却充盈着思想和美感，可以说是一本"亦秀亦健"的"小书"，比起陈老师之前的著作更上层楼。

问题意识：于无声处听惊雷

学习和检视研究方法往往是进入一个学科的入场券，但写一本对实际研究有指导价值的法学方法论著作却十分不易。博登海默《法理学——法律哲学与法律方法》读过的学生不少，知道书名的法科生遍天下，但真能看完后得到多少在撰写论文和法律实务中可用的经验？似乎有限。

记得读书时导师苏力先生曾开过一门课就叫"法学方法论"，如今毕业后四处辗转搬家厚厚的笔记已不知去向，但老师一句对方法论的实用主义阐释言犹在耳："所谓方法论，就是假如你有一个工具袋，你根据现实情况来判断何时应该拿出锤子何时该拿出刀子，方法论就是运用一切你能用的工具来尽可能地解决问题（大意如此）"，这句评论看似功利主义，实则点出了总结方法论的难度所在，因为往往大多数情况下当你能准确判断出面对一个问题该用锤子还是刀子的时候，你其实已经对问题有了大致的解决方案，真正难的恰恰是你面临一个具体问题的时候不知该从哪里下手，甚至找不到问题所在。撰写一本对法学研究者有价值的方法论著作，就是要解决如何去发现问题，又如何入手去研究的问题。这件事看似平易，实则难工。比如法学著作讲究个案研究，但难的是在形成"个案"以前，如何从他人看似平常的、原生态的生活经验中敏感地发现和抽离出"个案"，发现他人眼中寻常生活的"不寻常"之处，并用高度的逻辑和抽象思维能力将其提炼为可以研究、总结和重现的法律中的"案例"。这不是一件容易的事情，也是田野调查者应具有的"问题意识"。这种问题意识来源于"世事洞明皆学问"的敏感，要求写作者不仅善于观察，同时内心也是一个有热情、"有意思"的人。

这里的"有意思"不仅包括对探索学术的热忱，还包含了"较真""个涩"等惯常看来不那么具有"褒义"意象的词汇，这些词汇描述的性格在一个"熟人社会"中也许并不讨喜，但对于一个从事田野调查的学者来说却是难能可贵的品质，因为"较真"，才能在以"他者"的身份进入研究对象的生活中时不是将研究对象的行为视之"自然"而是去探究行为背后的一系列行动逻辑，"个涩"才能在他人忘形时始终保持冷静的理性从而解读出事件背后的因果联系。而这些对于生活经验的"较真""个涩"累积起来，就可能从点滴的社会经验中提炼出具有一定普适性的方法论和理论框架，让阅读者产生"于无声处听惊雷"的震撼。费老的《江村经济》等著作莫不如是，《法律的经验研究方法》这本"小书"也是如此。

"新"与"老"：学术传统的形成

部门法学者可以伴随着制度变革不断更新研究热点，著述丰富甚至比较容易"著作等身"，而法学理论学者尤其是专注方法论的研究者却难以追"新"，更难有快速产出，其追求的恰恰可能是"老"，是辐射更广、更大的时代跨度，提炼出更具普适意义的理论体系，从而做出对知识谱系和文化传承的贡献。

这一点在重视沉淀和传承的艺术与知识领域中存在共性，中国书法推崇"人书俱老"，中国文学也有"庾信文章老更成""暮年诗赋动江关"的美谈。社会科学研究尤其是方法论研究依凭的不是少年才气，更多的是多年修炼的内功，将人生智慧融入凡常的社会生活，发现寻常中的不寻常，不规矩中隐含的"规矩"。正是这种对社会经验的长期酿造，默默地在心中积蓄，在脑中发力，最终提炼出那一点精神结晶。与其说过程似乎有种宗教般的虔诚，不如说是需要一种学者独有的韧性和智慧。

法理学研究尤其是方法论研究不比制度研究，后者时常形成一波波潮流，而前者是一种较难进入市场化操作、难于短时间内产出成果的领域。在学术日益产业化的今天，热闹的研究领域本身就意味着高引证律，因此方法论研究比起其他部门法研究多少显得有点寂寞。研究方法论的著作和学者若无过人之处，则无法于当今学术圈中觅得一席。

但好的方法论研究对理论创造和学术传统的贡献又是其他部门法所不可比拟的。以法律经验研究为例，其需要研究者对通过经验感知到的法律现象进行机制分析，从经验层面洞悉法律现象之间的关联机制，探究因果链条，而每一次社会现象之间因果链条的被发现和被书写，既展现了具体的特殊性，又体现出研究过程的一般性，发现、阐释、总结这一因果链条的过程即实现了一次完整的理论创造，而一国的法律传统即在这一次次理论创造中得以形成。

当代中国法学乃至社会科学场域中，研究方法早已呈现出多元化的特征，理论研究、制度分析、规范研究、个案研究、定量分析等研究进路各有特色。当法教义学醉心于设计和阐释精巧的法律结构的时候，法律经验研究者在通过深入的社会调查发现生活中"活"的法律，通过对事件、条件、逻辑的考察，解读人民需要怎样的法律，而不是仅仅追求学者自身的逻辑自洽。相信本书的出版可以更好地增强法律经验研究者的方法论自觉和理论自信，强化法学界面向中国的问题意识和理论意识，从而为中国自身法律传统的形成做出知识增量。

结　语

对于大时代而言，我们都是小人物，能够做的非常有限。但中国正处于社会转型期，形形色色的经验现象都具有极大的新颖性，只要每位学者将自己的个体经验通过研究呈现和累积起来，就可以从整体上呈现出中国的经验研究图景，从而形成"中国"的社会科学理论，而不是"在中国"的（西方）社会科学。沿着这条进路，"善其身"的个体社会经验可以发挥出"兼济天下"的能量，对中国的法治发展有所作为。

图书在版编目（CIP）数据

法律的经验研究方法 / 陈柏峰著. -- 北京：社会
科学文献出版社，2024.1（2024.10 重印）
（"法与社会科学"论丛）
ISBN 978-7-5228-2675-2

Ⅰ.①法… Ⅱ.①陈… Ⅲ.①法律-研究方法 Ⅳ.
①D90

中国国家版本馆 CIP 数据核字（2023）第 190576 号

· "法与社会科学"论丛 ·
法律的经验研究方法

著　　者 / 陈柏峰

出 版 人 / 冀祥德
责任编辑 / 李　晨
责任印制 / 王京美

出　　版 / 社会科学文献出版社（010）59367126
　　　　　　地址：北京市北三环中路甲 29 号院华龙大厦　邮编：100029
　　　　　　网址：www.ssap.com.cn
发　　行 / 社会科学文献出版社（010）59367028
印　　装 / 唐山玺诚印务有限公司

规　　格 / 开　本：889mm × 1194mm　1/32
　　　　　　印　张：10　字　数：206 千字
版　　次 / 2024 年 1 月第 1 版　2024 年 10 月第 3 次印刷
书　　号 / ISBN 978-7-5228-2675-2
定　　价 / 68.00 元

读者服务电话：4008918866